REVISITANDO "INVEJA E GRATIDÃO"

Blucher

REVISITANDO "INVEJA E GRATIDÃO"

Organizadoras
Priscilla Roth
Alessandra Lemma

Organizadora da tradução
Nina Lira

Revisão crítica
Nina Lira e Caueh Perrella

Revisitando "Inveja e gratidão"
Título original: *Envy and Gratitude Revisited*
© 2008 Priscilla Roth e Alessandra Lemma (organizadoras)
© 2020 Editora Edgard Blücher Ltda.

All rights reserved.
Authorised translation from the English language edition first published by Karnac Books Ltd. and now published by Routledge, a member of the Taylor & Francis Group.

Imagens da capa: Julia Panadés, *Mulher novelo*, nanquim sobre papel, 2015.

Blucher

Rua Pedroso Alvarenga, 1245, 4º andar
04531-934 – São Paulo – SP – Brasil
Tel.: 55 11 3078-5366
contato@blucher.com.br
www.blucher.com.br

Segundo o Novo Acordo Ortográfico, conforme 5. ed. do *Vocabulário Ortográfico da Língua Portuguesa*, Academia Brasileira de Letras, março de 2009.

É proibida a reprodução total ou parcial por quaisquer meios sem autorização escrita da editora.

Todos os direitos reservados pela Editora Edgard Blücher Ltda.

Dados Internacionais de Catalogação na Publicação (CIP)
Angélica Ilacqua CRB-8/7057

Revisitando "Inveja e gratidão" / organização de Priscilla Roth, Alessandra Lemma / organização da tradução de Nina Lira. – 1. ed. – São Paulo : Blucher, 2020.
384 p.

Bibliografia
ISBN 978-65-5506-036-2 (impresso)
ISBN 978-65-5506-037-9 (eletrônico)

1. Psicanálise. 2. Klein, Melanie. I. Título. II. Roth, Priscilla. III. Lemma, Alessandra. IV. Lira, Nina.

20-0439   CDD 150.195

Índice para catálogo sistemático:
1. Psicanálise

Conteúdo

Agradecimentos 9

Prefácio 11
R. Horacio Etchegoyen

Introdução 15
Priscilla Roth

1. "Ainda agora, agora, nesse instante...": sobre a inveja e o ódio ao amor 41
   Ignês Sodré

2. Inveja, narcisismo e a pulsão destrutiva 65
   Robert Caper

3. "Inveja e gratidão": algumas reflexões atuais 87
   H. Shmuel Erlich

4. Uma resposta independente a "Inveja e gratidão"   105
   Caroline Polmear

5. Sobre a gratidão   129
   Edna O'Shaughnessy

6. Mantendo a inveja em mente: as vicissitudes da inveja na maternidade adolescente   149
   Alessandra Lemma

7. A inveja na sociedade ocidental: hoje e amanhã   173
   Florence Guignard

8. Ele se sente lesado: a personalidade patologicamente invejosa   193
   Ronald Britton

9. Compulsão à repetição, inveja e pulsão de morte   215
   John Steiner

10. Perversão romântica: o papel da inveja na criação de um universo atemporal   235
    Heinz Weiß

11. A inveja e a reação terapêutica negativa   255
    Michael Feldman

12. Reflexões sobre "Inveja e gratidão"   281
    Irma Brenman-Pick

13. Invejando "Inveja e gratidão"   303
    Peter Fonagy

14. Círculos viciosos de inveja e punição   317
    Henry F. Smith

Referências   343

Sobre as organizadoras e os autores   363

Índice remissivo   369

Agradecimentos

Este livro não seria possível sem o engajamento apaixonado de todos os colaboradores. Gostaríamos de agradecer a eles por aceitarem o envolvimento e ao Comitê de Publicações da International Psychoanalytical Association (IPA) pelo suporte dado ao projeto. Para nós, foi um prazer e um privilégio organizar esta coletânea. As organizadoras gostariam ainda de agradecer ao Melanie Klein Trust pelo apoio e pela permissão de reimprimir a foto de Melanie Klein. As organizadoras agradecem também a Klara King pela inestimável ajuda com a produção deste livro.

Robert Caper gostaria de agradecer a Michael Paul e a Priscilla Roth pelos valiosos comentários e sugestões.

Heinz Weiβ gostaria de expressar a sua gratidão a Mike Gibbon e a John Steiner por lerem e discutirem as diferentes versões do manuscrito.

Finalmente, as organizadoras gostariam de deixar os seus agradecimentos a Nick e Jeremy.

Priscilla Roth e Alessandra Lemma

Prefácio

R. Horacio Etchegoyen

Durante o 19º Congresso Internacional de Psicanálise realizado em Genebra, na Suíça, no final de julho de 1955, Melanie Klein apresentou um artigo intitulado "Um estudo sobre inveja e gratidão". Dois anos depois, após o desenvolvimento de certos temas e o acréscimo de material clínico, esse artigo tornou-se um livro: *Inveja e gratidão*.

Este volume de quase cem páginas foi o ponto culminante de quase 40 anos de trabalho e, ao mesmo tempo, constituiu uma mudança drástica e um novo ponto de partida na psicanálise. Pois foi aqui que Klein apresentou seu conceito audacioso e revolucionário de inveja primária – o qual causaria grande agitação entre os psicanalistas, que desde então não deixaram de estudá-lo e discuti-lo.

Mesmo que a noção de inveja possa ser encontrada ao longo do trabalho de Klein e, naturalmente, nos escritos de Freud e seus seguidores, a inveja que é apresentada neste pequeno, mas muito significativo livro, é algo completamente novo, e por isso desperta admiração, rejeição, controvérsia – e até inveja!

Na minha opinião, a chave está no adjetivo "primário", que Melanie Klein define na breve introdução e capítulo de abertura do livro: a inveja é primária porque é direcionada para o objeto primário, o seio; é primária porque é parte integrante do indivíduo e é constitucional; e é primária porque é endógena e intrínseca, além de não depender da frustração.

Neste texto, Klein argumenta que tanto as relações de objeto quanto o ego estão lá desde o início (algo que Freud nunca – ou praticamente nunca – aceitou), e também que já chegamos equipados com instintos, impulsos e tendências, como Freud sempre disse.

Meio século depois de ter sido publicado pela primeira vez, ninguém pode duvidar da influência deste pequeno livro sobre teoria e a técnica psicanalítica, ou sobre a nossa compreensão da complexidade humana e sua vida social. De fato, a passagem do tempo e o estudo contínuo ao qual esteve sujeito constituem uma prova positiva de que este é um trabalho perene e fundamental.

Para mim, não é coincidência que após meio século da publicação de *Inveja e gratidão*, já tenham surgidos variados livros que o estudam de diferentes ângulos: por exemplo, o livro de Mabel Piovano, que tive o prazer de apresentar à Associação Psicanalítica Argentina há alguns meses, e também o presente volume, para o qual estou igualmente feliz de escrever o prólogo.

Revisitando "Inveja e gratidão" é uma coleção de ensaios valiosos que Priscilla Roth e Alessandra Lemma sabiamente souberam organizar de modo a ilustrar as ricas ideias de psicanalistas-chave do hemisfério norte. Com inteligência e paixão, além de uma ampla gama de perspectivas – ou vértices, como Bion diria – essa coleção se ocupa das duas questões mais caras à Klein no final de sua vida: a inveja e a gratidão. Os catorze capítulos, todos de grande importância, abordam a natureza da inveja, a sua relação com a pulsão de morte e a destrutividade, a relação sempre complexa entre a inveja e o ciúme (Otelo eternamente presente), as semelhanças e as diferenças entre inveja e voracidade, a relação entre a inveja e a relação terapêutica negativa, o dilema teórico sobre a inveja e o narcisismo, o conflito contínuo entre a criança e o cuidado da mãe, a relação complexa entre a inveja de um lado, e a culpa e a repetição do outro, e, também, o círculo vicioso de culpa e inveja, tudo isso contrastando com a gratidão, a reparação e a criatividade, e sempre em relação à dependência. Eu poderia seguir listando as questões abordadas nesta estimulante coleção, mas, felizmente, tanto para os leitores como para mim, a excelente introdução do livro resume os artigos e entrelaça-os de forma crítica e precisa.

Quem quer que esteja familiarizado com o trabalho de Melanie Klein e tenha lido e relido "Inveja e gratidão" encontrará nesta valiosa seleção, organizada por Priscila e Alessandra, uma oportunidade maravilhosa para refletir e repensar essas questões. Eu a recomendo com sincero entusiasmo.

Buenos Aires, 20 de janeiro de 2008

Introdução

Priscilla Roth

Tradução de Nina Lira

Inveja

Esta coletânea de artigos é um estudo sobre "Inveja e gratidão", de Melanie Klein, e um testemunho da fecundidade e complexidade desse trabalho. Escrito apenas alguns anos antes do fim da vida de Klein, a elaboração das suas perspectivas mais maduras sobre o amor e o ódio representou o apogeu da sua obra e uma contribuição radical a ela.

O artigo começa com o enunciado da premissa kleiniana de que todo desenvolvimento psicológico evolui a partir da experiência e da internalização da primeira relação com a mãe:

> Ao longo de todo o meu trabalho, tenho atribuído importância fundamental à primeira relação de objeto do bebê – a relação com o seio materno e com a mãe – e cheguei à conclusão de que se este objeto originário, que é introjetado, desenvolve-se no ego em relativa se-

gurança, está firmada a base para um desenvolvimento satisfatório. Fatores inatos contribuem para essa ligação. (Klein, 1991[1957], pp. 209-210)[1]

Todo o decorrer do texto reflete essa convicção. É impossível entender adequadamente a discussão de Klein sobre o poder destrutivo da inveja se não for considerada a sua crença de que a perniciosidade da inveja reside, precisamente, na sua interferência estrutural no estabelecimento do bom objeto amado e amoroso dentro do ego – "a base da esperança, da confiança e da crença no bom". Ela acreditava que a expectativa desse seio "inesgotável" era inata e que isso prontamente começava a apoiar a vida e a criatividade. Klein também acreditava, seguindo Freud, que os primeiros meses de vida eram caracterizados pela luta entre a pulsão de vida, representada pelo amor ao seio e à mãe, e a pulsão de morte, representada pela inveja da "bondade intolerável" do seio.

"Inveja e gratidão" foi imediatamente cercado por controvérsias centradas naquilo considerado como sendo a insistência de Klein na qualidade constitucional da inveja e sua relação com a pulsão de morte. Na verdade, Klein é clara ao dizer que "a capacidade tanto para o amor como para os impulsos destrutivos é, *até certo ponto*, constitucional, embora varie individualmente em intensidade e *interaja desde o início com as condições externas*" (p. 211, grifo meu). No entanto, a justaposição entre o poder da relação com o seio e a destrutividade mortal de um ódio inato à própria bondade do seio provocou um estremecimento na comunidade psicanalítica britânica, apresentando a alguns leitores um drama de drásticos contrastes, facilmente reduzido a uma batalha

---

[1] Todas as citações traduzidas do artigo "Inveja e gratidão" que aparecem neste livro correspondem à edição brasileira de *Inveja e gratidão e outros trabalhos*. Rio de Janeiro: Imago, 1991 [N.T.].

entre o bom e o mau. Na verdade, as questões são muito mais complicadas e multidimensionais e, apesar da controvérsia, continuam a gerar progressos importantes na compreensão psicanalítica e a serem de enorme valor clínico, o que ficará claro ao longo da leitura dos capítulos deste livro.

Todos os colaboradores deste volume acreditam que as descrições da Klein sobre as manifestações da inveja são clinicamente essenciais, mas eles têm diferentes maneiras de pensar sobre a noção de uma pulsão de morte. Peter Fonagy e Shmuel Erlich explicitamente aplaudem Klein por considerar, desenvolver e enfatizar os fatores internos inatos em detrimento dos externos; ao contrário de outros, não acham a questão da natureza constitucional irrelevante. Michael Feldman e John Steiner também concordam com o conceito de pulsão de morte; Steiner o descreve de forma bastante específica como sendo uma pulsão destrutiva que é *antivida*, o que significa hostilidade às realidades fundamentais da vida: a bondade do seio que amamenta, a criatividade e a exclusividade do casal parental, as dolorosas e imutáveis circunstâncias de dependência, separação, limitação e diferença. Nesse artigo, ele entende a compulsão à repetição como uma manifestação particularmente poderosa contra, e uma defesa, um ódio invejoso à dependência, à diferença e à criatividade. Feldman, penso eu, concordaria com isso, embora ele enxergue a inveja em si mesma não como uma expressão da pulsão de morte, mas como uma provocadora dos seus impulsos sádicos. Ron Britton prefere o termo "pulsão destrutiva" [*destructive instinct*] em vez de pulsão de morte [*death instinct*]; ele entende a destrutividade como originalmente "direcionada para o exterior e internalizada no curso do desenvolvimento" (Britton, 2003, p. 3). Ao explorar o narcisismo destrutivo, a inveja e a culpa, ele considera que a inveja existe como um composto de vários elementos na personalidade, incluindo, especialmente, a desilusão das fantasias narcisistas e idealizadoras do *self*, o reconhecimento da diferença e a diferenciação. Esse composto, ele sugere, pode se formar no limiar da posição depressiva e pode, quando combinado a "uma quota poderosa de hostilidade inata", criar um "complexo invejoso potencialmente patológico". Tanto Robert Caper quanto Henry Smith ficam desconfortáveis com o que eles entendem por dualidade moralista da ênfase kleiniana em pulsões opostas. Caper considera insustentável e incompreensível um instinto "construído na mente que é dirigido precisa e exclusivamente a matar a mente"; ele vê a inveja como uma parte de uma defesa mais geral contra a ansiedade esmagadora causada pelo "narcisismo em perigo" – uma defesa considerada necessária à autopreservação, mas que é trágica e acidentalmente catastrófica para a vida mental do *self*. Smith compara a ênfase que Klein dá aos estados puros da mente – a generosidade pura, a inveja pura – com os derivados kleinianos mais clínicos, que, segundo ele, são *insights* clinicamente significativos sobre estados de mente mais complexos e multideterminados. Caroline Polmear, ao trabalhar na tradição Independente, também rejeita a noção de uma pulsão de morte, entendendo que a destrutividade e a agressão surgem mais adiante no desenvolvimento.

A questão relativa ao momento que a inveja emerge não é insignificante. A visão de Klein de que ela está "operante desde o nascimento" tem consequências teóricas: a inveja primária é tão singularmente perniciosa, e seus efeitos têm de fato longo alcance, porque evita a cisão bipolar, a primeira e essencial defesa do bebê. O argumento é assim: para que a criança possa lidar tanto com conflitos internos poderosos quanto com as frustrações e exigências da realidade externa, seu ego deve fortalecer-se e desenvolver-se gradualmente. As sensações, as percepções e os impulsos aleatórios devem, pouco a pouco, tornarem-se estruturados e compreensíveis – isso exige um ego que tenha certa força e coesão. A primeira tarefa para o bebê, portanto, é a organização e estruturação do seu ego, e a organização de sua experiência, para que ele possa começar a perceber e gerenciar, de forma mais ou menos acurada, eventos internos e externos. Capaz de perceber e responder aos objetos desde o início da vida, o bebê também é capaz, desde o início, de experimentar os eventos, e os objetos considerados ligados a eles, como bons (por exemplo, o quentinho, a barriguinha cheia) ou maus (as dores de fome, as cólicas). A criança começa a internalizar, a incorporar e a identificar-se com experiências boas desde o início: elas "criam raízes no seu ego" e, gradualmente, o ego vai respondendo de forma consistente a essas experiências repetidas e até esperadas de seu objeto bom. Em outras palavras, gradualmente o bebê começa a ter uma noção inconsciente de si mesmo, que amplamente se fundamenta e depende da noção que ele tem do seu objeto bom, a partir de experiências boas. A cisão binária permite que o bebê proteja a noção que tem do seu objeto bom, a partir da qual sua crescente noção de si mesmo fundamenta-se, desde seus próprios sentimentos de ódio e fúria – seu ódio inato, bem como a fúria despertada pelas inevitáveis frustrações –, preservando, assim, sua mente, de modo a viabilizar que ela se desenvolva e se fortaleça.

Se os sentimentos invejosos, durante estas primeiras semanas, impedem que o seio bom seja experimentado como bom (ideal), a introjeção dele é impedida. Uma vez que é a identificação com um objeto bom (ideal) internalizado que leva a um fortalecimento do ego, permitindo que ele comece a lidar com incrementos crescentes da realidade, uma interferência da inveja primária nessa identidade tem efeitos profundos em todo o desenvolvimento futuro.

Há, no entanto, um problema com esse argumento. Na opinião de Klein, a criança cinde o mundo não somente entre Bom e Mau, mas, ao mesmo tempo, entre eu e não-eu, e essas cisões sobrepõem-se: o Eu é sentido como tudo aquilo que é bom, incluindo o objeto bom; e tudo aquilo que é mau (*self* mau/objeto mau) é sentido como não-eu. Sendo assim, durante o período em que a *experiência* do bebê é de unidade com seu objeto ideal – seja esta primária ou secundária (defensiva) – o objeto ideal é experimentado como sendo Eu. Então, a questão que se coloca é: como o seio pode ser "intoleravelmente bom" se ele é experimentado como sendo Eu? Como a inveja pode interferir nessa fase? Penso que é possível conceituar isso se pensarmos em minimomentos de reconhecimento da alteridade – pequenos momentos de consciência de um espaço entre, desde o início. Mas, se pensarmos na inveja tão poderosa a ponto de impedir qualquer internalização e identificação com o objeto bom (ideal) nesse estágio inicial, precisaríamos supor não apenas um *quantum* especialmente forte de inveja, mas um subdesenvolvimento da organização defensiva primária da criança: a capacidade dela de proteger-se da invasão do mundo na forma mais efetiva de servir a vida – sua capacidade de sentir que ela e seu objeto bom são apenas um.

Muitos dos colaboradores abordam e enfatizam o breve debate de Klein sobre o significado da experiência externa no desenvolvimento de uma personalidade invejosa: Lemma, Polmear, Brenman-Pick e O'Shaughnessy discutem a importância da capacidade do objeto de conter e lidar com estados de mente perturbados e perturbadores; alguns, em particular, Alessandra Lemma e Caroline Polmear, cada uma à sua maneira – dando a esse fator mais peso do que Klein explicitamente o fez, ressaltando que a "privação" inclui a privação desta continência vital. Brenman-Pick e O'Shaughnessy, particularmente, enfatizam a complexa interação entre as qualidades inatas do bebê e as experiências fornecidas pelo ambiente. Florence Guignard dedica-se aos efeitos das mudanças advindas da sociedade ocidental contemporânea sobre a capacidade da criança pequena de processar adequadamente tarefas desenvolvimentais e sobre o modo como as qualidades particulares das mães impactam em seus bebês. De especial interesse é a descrição que ela faz das manobras defensivas que uma criança precisa empregar quando é invejada por sua mãe: uma criança desse tipo terá que se identificar com um objeto externo invejoso e suportar as proibições de um objeto primário invejoso internalizado. Fonagy escreve sobre a "colonização" da inveja; a forma como, através do seu poder projetivo, estabelece vínculos peculiares, altamente ambivalentes e duradouros entre a pessoa invejosa e a quem ela inveja. Isso, claro, é particularmente catastrófico quando a dupla invejoso/invejado é uma mãe e seu filho pequeno. O artigo da Lemma descreve esse processo detalhadamente.

Todos os colaboradores escrevem sobre as qualidades efetivas do analista cujas capacidades ou dificuldades reais afetarão o paciente – como a mãe real que afeta a capacidade do bebê para lidar com a inveja dele. Como O'Shaughnessy escreve: "A natureza dos objetos internos do paciente, seu amor e seu ódio, afetam suas percepções em relação ao analista..."; mas ela observa que eles também são afetados pelas qualidades reais do analista. Para esses autores, assim como para vários outros (Steiner, Sodré, Erlich, Feldman, Smith), a experiência do paciente, tanto na análise como – mesmo que talvez de forma diferente – na infância, é uma mistura complexa de percepções, projeções, introjeções, re-projeções e novas percepções, embora uns (Polmear) atribuam mais peso aos fatores externos e outros (Fonagy), aos internos.

Todos os colaboradores descrevem e enfatizam a forma como a inveja, como uma força dentro da personalidade, é sempre complicada por outras experiências emocionais – nesses capítulos, particularmente os ciúmes e a culpa.

Unidade, narcisismo, separatividade[2]

Experiências de inveja e experiências de gratidão dependem de uma consciência de separatividade – uma consciência da alteridade do outro [*otherness of other*]. É difícil formular um conceito de inveja que teria lugar dentro de uma relação de fusão absoluta entre o *self* e o objeto; considerando que aquilo que é Bom sou Eu, o que é experimentado como bom precisaria não ser invejado, já que pertence a mim (Eu). A inveja só pode surgir no momento – por mais breve e fugaz que seja – em que o indivíduo percebe que o que é Bom não sou Eu. Da mesma forma, a gratidão só pode ser experimentada em relação a outra pessoa – um não-eu. Klein acreditava que a consciência momentânea da separação do objeto começa desde o nascimento. Ela acreditava que os bebês têm uma consciência inata de um objeto separado e abundante – uma preconcepção nos termos de Bion (1962a, p. 89) – que é alcançada na primeira experiência de alimentação por meio da realidade do seio. Como Shmuel Erlich ressalta nas páginas deste livro, a bondade do seio, em primeira instância, não tem a ver com suas qualidades reais, mas sim com a projeção do bebê de uma generosidade ideal dentro dele. É a chegada daquilo que vinha sendo esperado. O primeiro e original Messias. Ainda que a capacidade para gratidão ou a propensão para a inveja possam ser constitucionais – possam ser manifestações dos instintos de vida e morte – e

---

2 No original, *separateness*, que em inglês significa a qualidade de estar separado e não somente a própria separação (*separation*). Ao longo do livro, os dois termos muitas vezes aparecem numa mesma oração, ou parágrafo. Apesar de ambos estarem semanticamente relacionados e, em alguns contextos, apresentarem significados indiferentes, consideramos que, nesses artigos, *separateness* está sempre se referindo a uma consciência/senso/noção de separação do eu em relação ao objeto e não somente da separação em si, por isso seria importante manter essa diferenciação na versão em português. Sendo assim, nos apropriamos do neologismo *separatividade* [N.T.].

Klein certamente acredita que sejam –, *experimentalmente* essas emoções não podem existir em sua forma verdadeira até que haja alguma, pelo menos momentânea, consciência da separatividade: seja no nascimento ou logo após o nascimento, como Klein certamente acreditava, seja se tal consciência momentânea chegar algumas semanas depois. As questões de separação, portanto, são fundamentais para a exploração dos conceitos de inveja e gratidão.

Caroline Polmear e Shmuel Erlich escrevem sobre uma experiência de união entre o *self* e o outro, cada um à sua maneira. Polmear descreve um panorama do desenvolvimento infantil em que as primeiras semanas da experiência convencional do bebê são caracterizadas por uma completa dependência física e emocional da mãe, de modo que existe uma fusão das psiques dos dois e uma ausência, perfeitamente normal, de diferenciação entre as vontades da mãe e as do bebê. Nessa visão, a mãe convencional é capaz de perceber, compreender e ter empatia com as necessidades do bebê como se fossem próprias dela. Sob essas condições (ótimas), a experiência do bebê de si mesmo e da mãe como uma unidade não sofre interferência ou invasão das expectativas variáveis da sua mãe. O distúrbio psicológico grave, sob esse ponto de vista, é um resultado da provisão insuficiente do tão necessário "*holding*" na primeira infância e uma incursão prematura no desenvolvimento do senso de si mesmo (*self*) da criança. A fusão entre mãe e bebê nas primeiras semanas e a permitida experiência de fusão entre analista e paciente, em certos momentos de certas análises, não são entendidas como organizações defensivas, mas como estágios necessários ao desenvolvimento. Em "Inveja e gratidão", Klein enfatizou que os impulsos invejosos e odiosos são frequentemente excindidos da consciência do paciente e que reapresentá-los ao paciente requer grande sensibilidade e cuidado e "só se torna possível após um longo e laborioso trabalho". O trabalho de Polmear com seu paciente é uma demonstração desse tipo de esforço.

Shmuel Erlich também não concorda com alguns dos pontos de vista de Klein sobre separatividade e unidade; em seu ensaio, isso se concentra em um desacordo com a justaposição kleiniana da inveja e da gratidão. Enquanto ele concorda que a inveja é um derivado da pulsão, ele vê a gratidão – e o amor que a alimenta – como um resultado de uma experiência de outra ordem. Ele sugere que esses sentimentos positivos decorrem de uma "experiência de unidade", sentimento de unidade, que ele sugere talvez estar ligada à "unidade pré-natal" descrita por Klein. Erlich não vê as experiências que ele relata como defensivas ou como ilusões – ele as diferencia das identificações movidas pelas defesas, as quais ele também reconhece explicitamente; mas, em vez disso, ele considera que tais sentimentos positivos de gratidão e amor têm seu próprio tipo de verdade, e são uma manifestação de integração em um nível diferente da personalidade. Ele relaciona isso com o comentário de Freud de que "as atitudes [relações] de amor e ódio... estão reservadas para as relações entre o *ego total* e os objetos" (1915c, pp. 133-137).

Dois colaboradores, Caper e Fonagy, discutem a inveja quando ela emerge em grupos; ambos observam que as instituições – incluindo institutos e organizações psicanalíticas – muitas vezes rejeitam a independência de pensamento e *insights* criativos porque tal criatividade e autonomia suscitam inveja e, penso eu, ansiedade. Essa ansiedade resulta tanto da culpa quanto da inveja, e do terror da perda da coesão do grupo. Guignard sugere que a antipatia à alteridade – que é tão central na inveja – pode ser potencializada num nível social pelo crescente domínio da comunicação virtual/ realidade virtual, criando, assim, a ilusão de que não há diferenças entre os sexos e as gerações, de modo que a experiência da inveja é negada e, portanto, nunca processada.

Assim, questões de separatividade – relativas às organizações narcísicas e como elas operam, ou uma capacidade para viabilizar uma diferenciação entre o *self* e o objeto – aparecem em quase todos os capítulos, e essa é uma apurada reflexão de um crescente interesse nessas questões entre autores kleinianos e não kleinianos (Spillius, 2007b). Ao mesmo tempo, há uma crescente sensação de complexidade e entrelaçamento de conceitos, de forma que uma investigação da inveja nos encaminha ao papel desempenhado por ela nos distúrbios narcísicos e na compulsão à repetição, no medo da perda do objeto e na culpa, e nas organizações defensivas que incluem idealização, engrandecimento do *self*, desprezo e onipotência.

Defesas

Qualquer estudo sobre a inveja é, ao mesmo tempo, um estudo sobre as defesas construídas contra a inveja, e essas defesas são construídas não só porque a inveja é uma emoção inerentemente dolorosa, nem porque é sentida como tão reprovável e indutora de culpa. A experiência da inveja provoca defesas porque trata--se de um reconhecimento da alteridade do outro com todas as consequências aterrorizantes decorrentes de tal reconhecimento: na maioria dos casos, a dependência de um objeto que não está sob seu controle.

Há algo particularmente oneroso sobre a inveja. Os sentimentos invejosos – a dor mental no reconhecimento de que outra pessoa possui algo valioso e a vontade de que isso não seja assim – são experimentados como ruins e culpabilizantes, mas também podem criar sentimentos intoleráveis de inferioridade, humilhação e ódio. Pelo fato de a experiência da inveja ser tão dolorosa, ela é poderosamente defendida de várias maneiras, e são as defesas que erigimos para nos impedir de sentir inveja que são as mais perniciosas. Essas defesas sempre envolvem uma destrutiva deterioração do objeto. Esse estrago pode ser predominantemente na mente do sujeito ou pode ser atuado de uma forma que o próprio objeto é realmente atacado e suas qualidades mais invejáveis são estragadas. Existem diferentes tipos de estragos: o estragar pode depreciar e humilhar, ou pode supervalorizar, idealizar. Em ambos os casos, o que está sendo estragado é o reconhecimento das verdadeiras e reais qualidades, bem como do valor do objeto. Além disso, esses ataques podem ser explícitos e até conscientes – embora não conscientemente reconhecidos como invejosos (Sodré sobre o Iago) –, ou podem ser sutilmente perniciosos e mais inconscientes (os pacientes de Steiner, Feldman, Brenman-Pick e Smith). Embora a nossa imagem de como isso possa funcionar entre uma mãe e seu bebê – em ambas as direções (ver os capítulos de Lemma e Guignard) – seja amplamente teórica, em análise podemos observá-la mais de perto, de forma mais precisa, e começar a abrir caminhos para lidar com o processo.

A fantasia de estar eternamente combinado com o objeto é uma defesa autoprotetora contra aquilo que pode ser sentido como uma ansiedade esmagadora. Quando tal fantasia narcísica é duradoura, interferindo nas relações com os objetos importantes e reais e sobrepondo a percepção da realidade, torna-se caracterológico aquilo que Rosenfeld chamou de *organização narcísica* (Rosenfeld, 1971) e que Steiner denominou como *organização patológica* (Steiner, 1993). Rosenfeld (1987) e Britton (2003) escreveram sobre a diferença entre os distúrbios narcísicos amplamente defensivos (libidinais) e aqueles copiosamente destrutivos. Examinando o narcisismo em detalhes esclarecedores, Caper escreve principalmente sobre o primeiro (defensivo): a maneira pela qual certas pessoas sentem-se tão fortemente ameaçadas ao reconhecer sua dependência de um objeto, cuja importância é inquestionável mas que não está no controle delas, a tal ponto de elas precisarem manter uma ilusão de possuírem ou de serem seus objetos.

Muitos dos analistas que escrevem neste livro (Sodré, Britton, Steiner, Weiß, Feldman, Brenman-Pick, Smith) descrevem tais organizações à medida que elas se manifestam na análise ou em personagens da literatura. É, obviamente, característica de tais sistemas que eles possam ser intratáveis na análise, uma vez que as tentativas analíticas de influenciar o processo narcísico destrutivo geralmente levam ao que é simplesmente uma forma mutante da mesma estrutura narcísica básica. O capítulo de Heinz Weiß é uma excelente ilustração de tal arranjo em uma análise. Seu paciente cria uma "perversão romântica da atemporalidade", construindo em sua análise um mundo imutável de admiração e adoração em que não há limites, a fim de que não haja espaços ou lacunas perceptíveis entre ela e seu analista, evitando, assim, a inveja. Quando uma interpretação analítica invade essa situação idealizada, o paciente arma um engodo sadomasoquista para o analista: os dois estados são igualmente impostos e igualmente aprisionantes – nenhum deles permite a presença de dois indivíduos separados interagindo um com o outro. Eles são formas equivalentes de obliterar os fatos da vida: diferenciação, separatividade, dependência e, é claro, os limites do tempo. O capítulo de Henry Smith também revela lindamente os engodos entre paciente e analista que frequentemente acontecem em uma análise em que a necessidade predominante do paciente é impedir qualquer experiência de separatividade entre eles; descrevendo detalhadamente os movimentos na sessão, Smith mostra-nos como a paciente interrompe o contato mais profundo – com seus próprios sentimentos ou com o analista – e, assim, pode manter um estado de mente em que nada muda.

Steiner escreve exatamente sobre tais situações intransigentes e repetitivas em seu capítulo. Ele cita Freud dizendo: "Continua a ser decisivo o fato de a resistência impedir que qualquer mudança ocorra – que tudo permaneça como estava". É essa qualidade do tudo-permaneça-como-estava que caracteriza tantas das defesas contra a inveja: o objeto é controlado, aprisionado, possuído; enobrecido, punido ou secretamente desprezado. Mas não é permitido que se mova da posição em que foi colocado pelo sujeito e, portanto, não tem permissão para estar vivo. E o mundo em que isso acontece, na psique do paciente e depois na análise, é um mundo de eterno *enactment* de uma fantasia primitiva. A atemporalidade dessas fantasias faz parte daquilo que as caracteriza como tendo suas raízes nos eventos mentais mais primitivos, nos quais, quando a fome, a raiva ou o terror dominam, tudo é sentido como se existisse infinitamente. O capítulo de Sodré é uma poderosa exploração de tal estado de mente: ela demonstra como a imagem mental que Iago faz de Otelo e Desdêmona juntos – "Ainda agora, agora, nesse instante..." – é uma visão fantasmagórica do sentimento de união: precisamente o outro lado da moeda de uma união idealizada, imutável e ilimitada.

O próprio Steiner descreve um caso em que a atmosfera emocional era muito diferente daquela de Weiß ou Smith, mas que muitas vezes parecia ser igualmente inalterável: em vez de um amor infinito ou um pântano de sadomasoquismo, seu paciente negou resolutamente ter qualquer sentimento por seu analista. Nesse caso, a compulsão à repetição parecia ter suas raízes no ódio invejoso do paciente pelo vínculo emocional entre ele e seu objeto, um medo e intolerância à dependência e à receptividade que o paciente via como fraco e feminino. Steiner descreve a forma como o paciente frequentemente usava a identificação projetiva para enlaçar seu analista em uma organização narcísica e sugere que, se o analista pode ser receptivo a experiências tão perturbadoras, algum progresso pode ocorrer na análise.

Michael Feldman detalhadamente acompanha uma sessão analítica, ilustrando o trabalho pontual, momento a momento, de uma reação terapêutica negativa constituída de inveja, defesas maníacas contra a experiência da inveja (acompanhadas dos sentimentos corolários de pequenez, humilhação e dependência) e a culpa persecutória que vem junto. Isso está lindamente resumido no "ato" de abertura da sessão quando o paciente, tendo chegado atrasado (pelo terceiro dia consecutivo), torna-se freneticamente arrogante e pseudoanalítico em relação ao atraso, e então cai em uma identificação com um analista que, nesta altura, é sentido como enfraquecido e não contratável.

Feldman discute os pesos relativos da culpa e da inveja na produção de reações terapêuticas negativas. Muitos colaboradores afirmam que a estreita relação entre inveja e culpa sugere que, às vezes, é difícil saber se o que interfere no progresso do paciente em determinado momento são as consequências da culpa ou da inveja. Smith afirma que as reações terapêuticas negativas incluem analistas e pacientes, enfatizando que "não poderá haver nenhum tipo de trabalho... que não atravesse este lugar de tormento mútuo".

Muitos dos pacientes abordados aqui parecem lidar com a inveja, direcionada aos seus analistas, assumindo o papel daquela pessoa capaz de elevar o analista por meio da sua apreciação: a paciente que Brenman-Pick relata, acredita que ela mesma "enobrece" sua analista, fazendo dela uma "gênia". Sodré, escrevendo sobre bebês pequenos, sugere que o bebê sente que sua mãe pode doar infinitamente porque ele a alimenta ao sugar seu seio, produzindo, assim, o fluxo de leite. Um paciente discutido por O'Shaughnessy elogia sua analista parcialmente de forma genuína e parcialmente de uma forma a *conceber* a ela um lugar meritório, atribuindo-lhe um dom. Estas são experiências sutis e confusas: em parte, obviamente, o amor do bebê *de fato* tranquiliza a mãe em relação à bondade dele e dela própria; em parte, o paciente do supervisionando *é* grato ao seu analista. Por outro lado, os pacientes em cenários assim também podem ser considerados como estando em identificação projetiva com um objeto idealizado: toda gratidão é projetada, então o analista deve ser grato por ser "enobrecido" e promovido pela apreciação do paciente, tal como o peito é sentido como tendo sido preenchido pela sucção do bebê. A discussão de Steiner sobre as questões relativas ao dar e ao receber volta-se para o seguinte ponto: receber muitas vezes é sentido como sendo algo inferior e até humilhante, e dar – seja leite, análise ou louvor – é sentido como algo superior e potente (veja também Spillius, 2007b). Todos esses colaboradores enfatizam as partes integrantes de tais experiências e chamam a nossa atenção para o que é, quase sempre, a interação complexa de motivos conflitantes, frequentemente difícil para o analista desenredar. Smith aborda essa questão mais diretamente; e, claro, como Polmear propõe, diferentes analistas escolherão abordar diferentes aspectos do material, cada um de acordo com suas teorias e personalidades próprias.

Triangularidade

Um dos temas que frequentemente aparece ao longo deste livro é o da triangularidade. A própria Klein refere-se explicitamente à inveja como sendo uma experiência entre duas pessoas, diferenciando-a do ciúme, mas, mesmo assim, em artigos anteriores, descreveu longamente as fantasias da criança de seus pais combinados em uma relação sexual de contínua satisfação oral, anal e genital:

> *a frustração oral desperta na criança um conhecimento inconsciente de que seus pais desfrutam prazeres sexuais mútuos e uma crença inicial de que eles são de tipo oral. Sob a pressão de sua própria frustração, ela reage a essa fantasia com inveja de seus pais... um conhecimento inconsciente desse tipo sobre o ato sexual entre os pais... já*

emerge neste estágio de desenvolvimento muito inicial de desenvolvimento... Inveja oral... logo deixa(m) de ser dirigida(os) contra a mãe apenas e se estende(m) ao pai... [e as crianças] imaginam que o pênis do pai é incorporado pela mãe durante a cópula oral e permanece escondido dentro dela. (Klein, 1932, pp. 130-132)[3]

E em "Inveja e gratidão" ela se refere à inveja que surge durante "os primeiros estágios do complexo de Édipo", que inclui as "fantasias do seio da mãe e da mãe que contém o pênis do pai" (1991[1957], p. 197). Uma série de colaboradores escreve sobre as formas nas quais a inveja é, de fato, sempre uma experiência na qual existem três figuras, mas esse ponto é particularmente enfatizado e explorado por Ignês Sodré e Ron Britton.

A noção da triangularidade da experiência invejosa repousa no pressuposto de que a própria inveja emerge apenas em um momento de diferenciação – o espaço no qual a separatividade entre o *self* e o objeto é momentaneamente percebida. É essa percepção de separatividade que cria a crença de que a bondade do objeto, que agora não pertencente mais ao *self*, está sendo dada a um Outro, um terceiro, mesmo quando esse terceiro é percebido como sendo outros aspectos do *self* ou do objeto. Sodré descreve esse momento como um deslocamento da crença: "O seio *é* bondade" (presumivelmente incluindo "e o seio sou eu"), para uma noção de que "o seio *tem* bondade" (presumivelmente incluindo "e eu não a tenho, já que o seio *não* sou eu").

Essa noção de triangularidade – a presença do terceiro – contém as sementes daquilo que se tornará o complexo de Édipo completo, mas, em sua primeira aparição, trata-se de fantasias

---

[3] Página 152 de "A psicanálise de crianças". In: *Obras completas de Melanie Klein*, vol. II. Rio de Janeiro: Imago, 1997 [N.T.].

primitivas de satisfações orais e anais, bem como genitais, e começa com a dupla seio/bebê. Wilfred Bion escreveu notoriamente sobre os ataques aos vínculos entre a dupla mãe-bebê que são motivados pela agressividade e pela inveja (1959, p. 105). No presente volume, uma série de colaboradores, influenciados pelo trabalho de Bion e de Rosenfeld, descrevem situações em que uma parte do paciente ataca, invejosamente, o vínculo entre o seu analista e outra parte sua, infantil e que acredita. Sodré, Caper, Steiner, Weiß e Feldman descrevem como uma parte invejosa do *self* pode se separar da dupla analista/paciente e, assumindo um papel crítico de observação, atacar o vínculo entre eles. Sodré localiza convictamente as raízes desse processo nas primeiras relações de amamentação mãe-bebê, quando, em momentos de separação, o bebê que não está mamando observa/lembra dele mesmo amamentando no seio e percebe-se a si próprio como um Outro. O "amor", escreve Sodré, tal como o leite, é "coisa fluida, fluindo de uma pessoa para outra, formando um vínculo vivo entre as duas". É esse vínculo, diz ela, que é sentido como insuportável para a criança excluída, que observa, o bebê que não está mamando alegremente, que agora é um terceiro invejoso.

Alessandra Lemma apresenta um material clínico que ilustra vividamente a situação em que o "terceiro" é considerado como sendo a própria mãe. Para a paciente, a mãe *tem* a bondade – o leite e, ainda mais importante, seu amor, sua atenção, sua capacidade de curar – que ela esconde *do* bebê e guarda *para* si mesma. Para essa paciente, a situação é imensamente dificultada pela probabilidade real de que sua mãe real tenha, de fato, privado a filha de sua bondade materna.

Mas, é claro, mesmo um bebê muito invejoso não *apenas* inveja sua mãe; ele também, temos sempre de lembrar, a ama profundamente, uma vez que ela é a encarnação de toda a bondade que ele conhece. Na verdade, sua inveja é uma consequência de sua experiência da mãe como toda a bondade do mundo. E sua sensação da mãe como profundamente boa sugere que sua inveja e seu ódio contra ela, e contra o vínculo dela com ele, ou com os próprios objetos internos dela, incluindo o pênis do seu pai, criam poderosos sentimentos de culpa nele. Esse é um dos círculos viciosos que Klein descreve: a parte invejosa do *self* ataca a dupla bebê--mãe ou paciente-analista, o que leva a uma sensação de culpa, um sentimento doloroso de ser mau e de não ser amoroso nem amável. E isso, é claro, leva a um desespero em relação ao *self* e depois a defesas como persecutoriedade (Polmear, Lemma, Britton) ou erotização (Sodré, Weiß). Brenman-Pick, descrevendo o modo como a inveja, o ciúme e a culpa interagem entre si, ressalta que, porque a inveja é sentida como sendo tão imperdoável, o Outro, o terceiro – outros filhos, outros pacientes, a esposa ou o marido – é sentido como mais amável e amado, aumentando dolorosamente os sentimentos invejosos. As discussões de Britton sobre o reverendo sr. Crawley, de Trollope, o Satanás de Milton (*Paraíso perdido*) e a relação entre o ideal do ego, o ego ideal e o superego também expressam esse ponto de forma convincente: a inveja cria a culpa e a culpa aumenta a inveja, e outra pessoa é considerada santificada, vivendo em um paraíso perfeito livre de inveja e culpa com o objeto (e o superego), e "assim percebemos serem diminuídos nossos próprios méritos". A paciente de Weiß, na infância, quando esperava uma punição severa de seu pai, recuava para um esconderijo onde ela mordia seus braços e sugava ansiosamente sangue de si mesma. Isso nos lembra o sonho do paciente de Britton em que um bebê está comendo a si próprio. Em ambos os casos, percebemos no pano de fundo uma criança muito desesperada mordendo-se, concretizando a experiência interna de morder e se sentir mordida pelo seio, erotizando-o. No histórico psicológico de ambos os pacientes, imagina-se uma criança que se sente infinitamente menos amada e, portanto, sente-se cheia de "bagulhos" hediondos (como o paciente de Feldman), consequentemente "lesada" e *justificadamente* menos amada.

Mais adiante, o *self* observador também observa a cena primária: o casal parental visto como se estivesse em constante contato sexual polimorfo, relacionando-se sexualmente entre eles de forma incessante e em todas as esferas. Na análise, tal como na infância, a mãe/analista é tida como capaz de dar generosamente, porque ela contém seu próprio objeto interno que a abastece de sua generosidade. Nessa situação, o bebê, que não está sendo amamentado e que anseia pelo seio, sente que o seio e todas as experiências ligadas a ele estão sendo oferecidas a esse objeto (pai, pênis interno) que, simultaneamente, alimenta, excita e satisfaz permanentemente a mãe. Essa é a noção de Klein do casal parental combinado, eternamente encarcerados juntos num êxtase apaixonado, do qual o bebê é excluído, e que é descrita por Guignard como "o escândalo" da sexualidade da mãe. Visto através dos olhos feridos, raivosos, invejosos e ciumentos da criança excluída, tal casal pode parecer feio, odioso, tentador e torturante: Sodré nos lembra que a pequena paciente de Klein, Erna, viu os sinais de ternura entre seus pais como algo planejado especificamente para atormentá-la, a criança observadora, e que Iago transforma o amor verdadeiro entre Otelo e Desdêmona em bestialidade grotesca. Brenman-Pick descreve uma paciente que, depois de certo progresso na análise, intenta causar um pânico excitante quando tem de assistir a uma rival atuando em uma *performance* teatral; Brenman-Pick aponta que a paciente está com ciúmes da rival, mas que seu ciúme é enormemente agravado por um ataque invejoso a seu próprio progresso, que ela vai estragar por meio de seu pânico. Essa mesma paciente idealiza a crueldade, pela qual se sente culpada e, então, invejando a capacidade do analista de pensar sobre seus ataques cruéis, torna-se apaziguadora e idealizadora, anulando, assim, o que de outra forma poderia ser uma verdadeira admiração da capacidade de sua analista para ajudá-la. Para essa paciente, a crueldade parecia frequentemente manifestar-se em relação ao filho de alguém: quando o filho de alguém adoecia ou morria, e a paciente percebia que ela se sentia excitada e triunfante em seu ataque violento, excitado e invejoso contra o casal mãe-bebê e analista-paciente. Assim, a mãe/analista é punida ao ter que assistir a seu filho sofrer ou morrer; e a paciente está entusiasmadamente participando de uma relação sexual sentida como cruel e violenta. Na sua leitura refinada de Otelo, Sodré ilumina de forma convincente a natureza da violência do ataque de Iago à mente de Otelo e ao seu amor. Ela argumenta que, em última instância, os ataques invejosos são sempre ataques ao amor – o amor do bebê e da mãe um pelo outro, o amor entre os pais e o amor entre o casal apaixonado.

O que é gratidão?

Edna O'Shaughnessy é a única de nossos colaboradores que optou por concentrar-se explicitamente na gratidão, embora a gratidão seja reconhecida por Fonagy como um conceito com vastas implicações, e sua ausência seja uma preocupação central no capítulo de Lemma. O'Shaughnessy aceita a noção de Klein sobre "gratidão" – "essencial à construção da relação com o objeto bom e fundamenta também a apreciação da bondade nos outros e em si mesmo" – como o equivalente conceitual da inveja, o potencial "mitigador" da inveja, e examina as formas nas quais ela pode aparecer dentro de uma análise. Klein entendia a gratidão como a protetora dos sentimentos amorosos, opondo-se à voracidade. Seu argumento é interessante: ela viu a voracidade como primordialmente dirigida bem em direção aos conteúdos específicos do seio: o leite que acalma a fome. O apaziguamento da voracidade, insistia Klein, não pode trazer gratificação. Pode trazer saciedade, um sentimento da ausência de fome, da falta de apetite. Mas a gratificação, de acordo com Klein, diz respeito a experiências que vão além da satisfação da fome: o prazer e o deleite do cheiro e do toque, de olhar e ser olhado, de sentir-se acolhido de forma confortável e segura. Contém todas as experiências sensoriais e psicológicas florescentes que gradualmente transformam-se no que conhecemos como amor. Se a voracidade pode ser compreendida como algo que tem que ver com obter toda a bondade para si mesmo – Klein a associa com empanturrar-se e sugar os conteúdos do seio –, então a gratidão pode ser considerada como sendo sobre uma experiência de proximidade e intimidade – o que Petot (1993, p. 199) chama de "amor desinteressado". E experiências repetidas de gratificação podem levar à gratidão.

A gratidão é a aceitação, o reconhecimento e a satisfação do fato de que algo bom foi recebido – "um presente". A gratidão exige um outro: o presente me é dado por outro. A devida gratidão surge no momento do espaço, da lacuna – no momento em que é reconhecido que o presente vem de outra pessoa, não do próprio *self*. Neste momento, quando o ódio ao objeto aparece – porque é outro, porque é não-eu –, a gratidão é um mitigador de tal ódio e protetor de sentimentos amorosos. A gratidão, portanto, não está a serviço apenas de uma barriga cheia, mas de uma multidão de experiências envolvidas no processo de amamentação e amor, de ser alimentado e amado: cheiro, toque, acolhimento (ser acolhido), contemplação (ser contemplado, admirado).

Alessandra Lemma escreve sobre pacientes cujas capacidades para sentir gratidão foram severamente comprometidas pelas suas experiências. As pacientes que ela descreve são mulheres jovens, cujas mães ressentiam profundamente o nascimento de suas filhas, e que foram alimentadas e cuidadas na ausência de prazer e generosidade. Essas pacientes raramente tiveram uma experiência de um seio abundante e amoroso e, portanto, foram incapazes de internalizar e se identificar com um objeto generoso. Sem esse objeto interno, capaz de protegê-las de impulsos internos e desapontamentos externos, essas jovens mulheres permanecem, em vez disso, em uma identificação fixa com um superego cruel – o objeto interno amargurado e ressentido – e, nessa identificação, mais tarde se ressentem e privam os seus próprios bebês. À medida que uma criança começa a estar ciente da separação do objeto, o ódio em relação a esse objeto separado e diferente é poderoso. As experiências de gratidão no seio permitem que a consciência da separação aconteça por meio da oposição do amor – gratidão – em relação ao ódio. Elizabeth Spillius, em seu artigo "Tipos de experiência invejosa" ["Varieties of Envious Experience"] (2007b), descreveu o relacionamento entre o "doador" e o "receptor", e suas opiniões correspondem fielmente às de Lemma: se aquilo que uma criança recebe foi dado de maneira relutante, ela será privada de uma gratificação adequada e suficiente, e ficará privada da oportunidade de também se sentir grata. Isso afetará substancialmente sua capacidade de internalizar um objeto interno generoso, amoroso e amado. Essa criança pode muito bem crescer incapaz de se des-identificar de um superego cruel e sem remorsos. Existe uma conexão bastante clara entre o dilema da paciente que Lemma está relatando e o do Satanás de Milton como descrito por Britton: ambos se sentem expulsos do Paraíso, enquanto observam alguém capaz de viver em perfeita união com seu objeto. No caso da paciente, é a vida "calma" e "despreocupada" de sua mãe (e mais tarde, sua analista) que ela inveja – uma fantasia de que sua mãe/analista vive em constante harmonia com o seu próprio superego enquanto ela foi banida ao inferno de seus próprios sentimentos perturbadores.

Quando o amor é dado com relutância, a gratidão é impossível. E quando se acredita que o amor é falso, ela também é impossível, como Sodré, O'Shaughnessy e Steiner destacaram. Também é verdade, como vários escritores descrevem, que a inveja pode falsificar a percepção do amor: tal é o caso da pequena Erna de Klein, do Iago de Sodré e do paciente de Weiß.

Tanto Caper quanto Erlich questionam a equação conceitual kleiniana da inveja com a gratidão. Erlich vê a gratidão, conforme mencionado anteriormente, como um aspecto do amor; ele considera que o amor e a gratidão representam sentimentos e integrações mentais que estão em um nível mais elevado do que as emoções orientadas por impulsos como a inveja, a fome e a paixão. Caper apresenta um ponto de vista diferente em relação a isso. Na mesma linha de Bion, ele entende a inveja como um exemplo de um ódio mais geral contra a realidade, um ódio que, por sua própria natureza, ataca os vínculos que ligam significativamente uma pessoa a outra ou uma ideia a outra. Ele considera que aquilo que a inveja deixa em seu rastro é uma ampla e generalizada constrição da experiência, o que o leva a crer que o dano causado pela inveja é significativamente mais amplo do que o prejuízo da gratidão enfatizado por Klein. Ele sugere que o verdadeiro objeto do ataque invejoso é a independência de pensamento e a criatividade.

Fonagy assume uma visão diferente. Ele vê a oposição kleiniana de inveja e gratidão como uma contribuição conceitual significativa, a qual, na medida em que postula existir diferenças constitucionais nos bebês entre a capacidade de receber amor e a experiência de gratidão por isso, assume um papel importante nas teorias sobre o desenvolvimento, que estão fundamentadas na suposição de que a destrutividade é um resultado direto da falha do ambiente.

Para Klein, é a gratidão que marca o deslocamento do narcisismo ao amor objetal e o *estabiliza* – em vez de opor-se a ele, negá-lo, obliterá-lo. A bondade sentida como advinda do *self*, sem exigir nenhuma gratidão, é, como Britton descreve nestas páginas, a união narcísica entre o *self* e o superego. A gratidão é o reconhecimento e a apreciação da alteridade e, portanto, é o indicador da capacidade de internalizar um objeto compreendido como separado de si mesmo.

No final de seu capítulo sobre gratidão, O'Shaughnessy escreve sobre a transitoriedade – sobre a qualidade constantemente em movimento e em transformação, a fluidez, de todas as nossas experiências, o que nos faz lembrar, então, da descrição de Steiner sobre a experiência oposta: a qualidade interminável e intratável de toda a variedade de compulsões à repetição, em que "tudo permanece como era". É por causa da dor do primeiro que se deve ter simpatia para com aqueles que decididamente se retiram para a segurança do segundo.

A ideia deste livro foi de Alessandra Lemma, e eu sou muito grata a ela por me incluir na sua realização.

Ler estes treze capítulos, ricos em pensamentos, hipóteses, imagens, opiniões, conclusões, todos produzidos com base em um trabalho curto, faz pensar em como os psicanalistas devem ter tido dificuldades sem o "Inveja e gratidão". Esta é uma medida do duradouro legado de Klein, do qual emanam tantas coisas – uma fonte abundante de onde qualquer quantidade de embarcações pode ser abastecida. Este livro está *ipso facto* dedicado ao trabalho de Klein e aos psicanalistas que foram inspirados a apreciar, explorar, examinar e expandi-lo.

1. "Ainda agora, agora, nesse instante...": sobre a inveja e o ódio ao amor

Ignês Sodré

Tradução de Cecília Noemi Morelli F. Camargo

> Ainda agora, agora, neste instante, um velho carneiro preto
> está cobrindo tua ovelha branca. Levante-te, levante-te.
>
> Otelo (I.i. 88-89)[1]

> Visão odiosa, visão atormentadora! Assim estes dois
> Emparaisados nos braços um do outro[2]
> Do Éden mais feliz devem desfrutar o preenchimento
> De ventura, enquanto eu ao inferno sou empurrado.
>
> Milton, Paraíso perdido, Livro IV, v. 505-508[3]

---

1 "*Even now, now, very now, an old black ram / Is tupping your white ewe. Arise, arise!*"
2 A palavra "emparaisados" é um neologismo para expressar poeticamente o sentido de "*imparadised*", que significa "sentindo-se no Paraíso" [N.T.].
3 "*Sight hateful, sight tormenting! Thus these two / Imparadised in one another's arms / The happier Eden, shall enjoy their fill / Of bliss on bliss, while I to hell am thrust.*"

Otelo, a maior tragédia sobre violência doméstica, proporciona o mais poderoso exemplo da literatura de como a inveja destrutiva envolve uma situação triangular na qual o *self* invejoso é aquele atormentado que está do lado de fora e consiste em um ataque, cujo objetivo é obliterar o amor por si só. Para Iago, a visão do amor entre duas pessoas é tão insuportável, tão absolutamente atormentadora, que não pode ser permitida em sua mente. Para prevenir isso, ele precisa constantemente depreciá-la, criando uma versão obscena – que para ele é mais excitante que atormentadora – de uma relação sexual, que deve também ser projetada na mente do amante.

Otelo é atormentado por um ciúme sexual delirante que é alimentado pelas constantes projeções pornográficas de Iago; seu amor se transforma em ódio e ele comete assassinato. Mas o que a bela peça de Shakespeare nos mostra, afinal, é do que se trata o profundo desespero de Otelo: a ideia da própria bondade e do amor sendo não apenas perdidos para sempre, mas sentidos como se nunca tivessem realmente existido, o que causa seu declínio à loucura.

Neste capítulo, eu abordo a questão da triangularidade na inveja. Examino a centralidade da versão mais primitiva da cena primária, o envolvimento do ciúme nos ataques invejosos inconscientes, o papel do que Klein chama de genitalização precoce como defesa contra a inveja primária, e a questão do que é o objeto final da inveja, que eu penso ser o próprio amor. Para ilustrar estes pontos, uso como exemplo o extraordinário retrato feito por Shakespeare do funcionamento da mente de Iago.

Inveja e triangularidade

O artigo de Klein, "Inveja e gratidão", postulando a importância da inveja como uma manifestação da pulsão destrutiva, causou uma controvérsia que continua até hoje. É um trabalho de grande complexidade e muitas de suas descobertas tornaram-se definitivas para o entendimento da mente. Klein diz que "A inveja é o fator mais importante para a ruína dos sentimentos de amor e gratidão já em sua raiz, uma vez que ela afeta a relação mais precoce de todas, aquela com a mãe" (Klein, 1991[1957], p. 207). E "considero que a inveja é uma expressão sádico-oral e sádico-anal de impulsos de destruição, em atividade desde o começo da vida, e que tem base constitucional" (p. 207). Essas ideias, derivadas do conceito de pulsão de morte, inevitavelmente causam resistência: é doloroso conceber um desejo inato de destruir o que é bom, por causa – e não a despeito – da sua bondade. Klein via a evidência de tal destrutividade em seu trabalho clínico com adultos e com crianças e enfatizou isso em seu trabalho publicado. Ela também enfatizou um fato que talvez não seja suficientemente levado em consideração nos debates controversos – o tamanho do sofrimento que esses estados de mente destrutivos causam no sujeito, e sua crença de que esse sofrimento agudo poderia ser diminuído por meio da interpretação. A interpretação da inveja propunha-se a aliviar o sofrimento, levando à maior integração e ao fortalecimento do ego – embora, certamente, a percepção ligada ao reconhecimento de um desejo em si mesmo de atacar a bondade não deixe de ser extremamente dolorosa. (De alguma forma, a necessidade de frisar a inveja como uma parte essencial da natureza humana levou a um uso exagerado das palavras "inato" e "constitucional" ligadas à inveja, de um modo que penso ter acabado por se tornar inútil – como se uma condenação extra estivesse ligada a ela: afinal, nós não falamos de ciúme inato ou complexo de Édipo inato – nós apenas assumimos que estes são todos parte da natureza humana. As emoções conflitantes com que todos nós nascemos, como a maior parte dos analistas concordaria, são o amor e o ódio; o que é controverso é a questão da destrutividade – como oposta à agressão.)

A questão teórica de se a inveja envolve uma forma primitiva de triangularidade é, até certo ponto, complexa. No caso da pequena Erna, descrito pela primeira vez em 1924, Melanie Klein (1932) confere bastante importância à inveja oral da cena primária. A experiência de Erna de ser atormentada pela cena primária é central para sua psicopatologia: "sua inveja oral das gratificações genitais e orais que ela imaginava que seus pais estivessem desfrutando na relação sexual provou ser a mais profunda base de seu ódio" (1932, p. 46). "Erna acreditava que qualquer expressão de ternura de sua mãe para com seu pai tinha um propósito principal, que era despertar a inveja dela (criança) e ferir seus sentimentos" (p. 39); e quando ela brincava de ser a mãe, ela deixava claro que "a ternura era um fingimento".

Petot (1993), em sua erudita exposição da teoria kleiniana, faz um excelente trabalho de desenredar as várias mudanças e desenvolvimentos na teoria da inveja desde 1928, que culmina em "Inveja e gratidão"; embora não haja espaço aqui para descrevê-lo em função do propósito deste capítulo, é importante ter em mente que, para Klein, "a inveja nasce da lacuna entre a expectativa gananciosa que acompanha a fantasia de um seio inexaurível e a realidade que inevitavelmente traz privação" (Petot, 1993, p. 212). O ataque invejoso tem como objetivo suprimir – "nas e por meio das fantasias onipotentes *a intolerável bondade do seio que frustra*" (p. 215, grifo meu).

[I]nveja refere-se a uma situação diádica, enquanto o ciúme pode aparecer somente em um relacionamento

envolvendo o sujeito e dois objetos. Inveja, então, aparece mais cedo do que esta situação triangular, já que esta última é a condição da transformação de inveja em ciúme. Mas, a noção kleiniana de inveja é inseparável de uma forma mais precoce de situação triangular, que concerne não a relações entre dois objetos, mas ao conflito com o objeto que está centrado em uma terceira coisa. (Petot, 1933, p. 217, grifo meu)

Essa terceira coisa é *um objeto parcial imaginário*, uma constante dentro da mãe (o pênis do pai). Relacionar isso aos pais combinados não muda a ideia significativamente: trata-se dos dois pais combinados, usufruindo um do outro e de seus conteúdos, privando a criança. Mas, para começar, "é porque a relação com o seio já é triangular num certo sentido, que o sentimento de frustração pode despertar" (p. 219).

Essa triangulação é discutida por Riviere em seu trabalho de 1932 no qual ela analisa "a fantasia dominante" de uma paciente patologicamente ciumenta:

> *Isto consiste em um impulso ou ato de uma parte do paciente apossando-se e obtendo de alguma outra pessoa algo que ela deseja muito, assim roubando e despojando-a (o). Em sua fantasia, tal ato ou impulso pressupõe uma "situação triangular", nem sempre no sentido de que duas outras* pessoas *ao lado dela própria fossem necessárias para preencher estes requisitos;* pelo menos dois *objetos seriam essenciais para isso. (Ambos os objetos podem ser pessoas ou um poderia não ser). (Riviere, 1952, p. 107)*

A "busca" ou a "perda" (do amor) pode ser rastreada até a inveja oral e até a privação do seio ou do pênis do pai (como um objeto oral)... Esta... [é a] base para um agudo e desesperado sentido de falta e perda, de extrema necessidade, de vazio e desolação sentida pelo ciumento no triângulo. (p. 112)

Como conceitualizar a forma mais primitiva de inveja, como imaginar a criança neste estado de mente? Petot assinala que o conceito de inveja inata aparece relacionado com a ideia de preconcepção de um seio bom (algo que existe como dado para satisfazer todas as necessidades e desejos): "Melanie Klein afirma que a criança suspeita que o seio tome para si mesmo seu leite e seu amor, mas nunca se preocupou em explicar a formação desta crença" (Petot 1993, p. 217). Para ele, a ideia é que, ao contrário de outras versões do seio, essa crença acontece sem projeção. Isso não parece realmente possível – um seio que toma tudo para si mesmo é necessariamente mau e deve ser criado pela projeção da possessividade da criança. Eu suspeito que a falta de clareza sobre a conceptualização deste processo fazia parte da necessidade de tornar a inveja "mais livre" da influência da experiência e, portanto, mais apropriada para ser a principal representante da destrutividade. No entanto, não acredito que isso funcione.

O único modo que posso pensar isso é supondo que a inveja surja no momento que aparece um senso de separatividade, sendo que até esse momento, o seio e o bebê são o mesmo; quando há um sentido de bebê olhando desde fora, então é possível imaginar uma bondade como pertencendo ao seio e não ao bebê. Eu penso que pode ser o momento no qual o seio cessa de *ser* a bondade e se torna algo que *tem* a bondade, como uma posse (somente então é concebível um "toma tudo para si mesmo"). Nesse momento, o amor cessa de ser um estado total de felicidade infinita e se torna uma substância (um terceiro) que flui entre uma pessoa e a outra. Nesse momento, a generosidade pode existir, e gratidão, inveja e o ciúme também.

O amor (como o leite) é sempre alguma coisa fluida, fluindo de uma pessoa para outra, formando um vínculo vivo entre as duas; é esse vínculo que, visto pelo terceiro invejoso, é insuportável e deve, portanto, ser invejosamente abatido. O que Petot (1993) chama de "intolerável bondade do seio" deve ser fundamentalmente não só sua riqueza, mas sua generosidade: a disposição de compartilhar estas riquezas precisa estar conectada com a crença de que o seio será continuamente reabastecido. Mãe/analista/seio podem dar generosamente porque contêm seus próprios objetos internos, que os suprem infinitamente com bondade. O suprimento é também inexaurível (nesta versão dos fatos) por causa da mutualidade do amor entre a mãe e o bebê: é a sucção do bebê que cria mais leite, é a gratidão que cria generosidade, não apenas a generosidade que cria gratidão. O bebê separado/apartado em um estado de mente invejoso/ciumento não pode manter em seu mundo interno uma continuidade temporal da experiência de boa alimentação; uma ruptura com isso – causada por uma introjeção falha ou por frustração/privação insuportável – cria um estado de mente no qual o *self* enquanto o amado-bebê-ao-seio é percebido como *outro bebê;* então, o vínculo entre a mãe e o bebê precisa ser atacado, pois ele provoca inveja e ciúme insuportáveis. Um círculo vicioso é estabelecido porque quanto mais a parte invejosa excluída do *self* ataca o par bebê-ao-seio e mãe, mais indigno de amor ele se sente e maior a desesperança sobre a sobrevivência do amor.

O que é preservado de uma forma idealizada como amor perfeito não é necessariamente apenas oral – ainda que a união doadora de vida, mamilo-boca, seja seu vínculo mais poderoso. Klein, certamente, acreditava que o que é desejado como estado ideal é aquele do bebê no útero – e que essa perda somente pode ser aceita pela introjeção do seio bom: "a criança que antes estava dentro da mãe, agora tem a mãe dentro dela mesma" (1991[1957], p. 178). Isso é simbolizado pela experiência com o seio, com o leite preenchendo o bebê, criando contentamento e gratidão; o que podemos chamar de "seio bom" representa a experiência total que inclui os braços da mãe, o calor de sua pele, seus olhos e sorriso, sua voz e assim por diante. (Eu não penso que o seio aqui possa ser chamado de objeto parcial; não acredito que "objeto parcial" seja uma boa descrição: se o bebê se relaciona apenas com o seio, é porque o seio e a mãe são a mesma coisa. Penso que objeto parcial deveria ser reservado para algo que seja produto da cisão, e não para o objeto original de amor e desejo; a cisão de uma parte do todo, e certamente a cisão do bom – o qual eu invisto com amor e experiencio como amoroso – e mau – que eu invisto com ódio e experiencio como odioso.)

Quando o amor dado a outro – mesmo quando o 'outro' é um si próprio, um momento atrás, antes da separação, ou antes da realização da separatividade – é uma "visão atormentadora", a inveja tem que destruí-la fazendo-a não existir: o olho da mente evitará vê-la, contemplando-a como esse bem ao qual o *self* não tem acesso naquele instante, e portanto nunca terá. Como sabemos, esses estados de mente são sentidos como eternos. É a crescente capacidade para experienciar a continuidade da boa experiência na mente – quando a experiência de satisfação é sentida como continuando a existir no mundo interno (que é o que significa gratidão) – que vai assegurar que a inveja destrutiva não seja tão acirrada; é a perenidade da perda, a insuportabilidade da separatividade em oposição à temporalidade da separação, que cria a eterna presentificação da cena primária. Com o desenvolvimento, a separação será sentida como implicando em perda temporária; a perda se torna total no caso de morte do objeto, ou se o objeto é sentido como totalmente possuído por outro. O que não pode ser "curado" no desenvolvimento posterior é a separatividade – somente a ilusão pode fazer frente a sua existência como um fato da vida. Ainda que a experiência de se apaixonar – por um amante ou um novo bebê, ou pela mãe, a bem-aventurança da fusão da experiência de amor totalmente abrangente, "emparaisados nos braços um do outro", (ver citação anterior de Milton) – seja uma ilusão com intensidade da verdade, nós sabemos que é um estágio passageiro. Na melhor das hipóteses, a idealização será bem-sucedida pela permanência da bondade usual. O estabelecimento de um senso interno de continuidade de tempo que assegura a continuidade da identidade é um desenvolvimento essencial que tanto promove, como é confirmado pelo advento da posição depressiva: a experiência de separação e de separatividade só é suportável se o bebê frustrado for capaz de reconhecer que o satisfeito bebê-ao-seio era ele próprio no passado e, portanto, pode ser ele mesmo no futuro.

Joan Riviere diz que tudo começa com uma comparação:

> Porque à medida que a necessidade de mais fica forte, comparações começam a aparecer. Agora, uma comparação entre nós mesmos e os outros não é primária, uma situação propriamente simples. Ela é, contudo, uma versão mais desenvolvida e mais complicada que a situação primária que descrevi antes, quando o bebê sente a diferença entre os estados de bem-estar propriamente agradáveis e bons e os estados e sentimentos penosos e perigosos. Todas as comparações começam com essa comparação. (Riviere, "Public Lectures", 1937, p. 184)

A mesma experiência pode ser sentida como: o seio foi dado a outro (então raiva, inveja e perseguição); ou, era meu e eu o perdi (tristeza, culpa, saudade e anseio); na melhor das hipóteses, eu o terei outra vez (= eu ainda sou amado).

Inveja e reação terapêutica negativa

Do ponto de vista conceitual, a mudança de "o seio *é* o bem" para "o seio *tem* o bem" (o qual pode tomar tudo para si mesmo) é uma forma de triangularidade – tanto em termos do bem se tornando uma *terceira coisa* como em termos da mãe tendo ela própria seu objeto de amor. Quando tentamos isolar a inveja, especificamente, como um objeto de estudo clínico, podemos pensar esquematicamente em várias configurações triangulares, nas quais o *self* pode experimentar ser o terceiro excluído assistindo algum formato da cena primária. Tudo isso provoca sofrimento psíquico, originando vários afetos dolorosos e causando várias manobras defensivas. No consultório, vemos isso mais claramente nas reações terapêuticas negativas que acontecem frequentemente de formas sutis, embora, às vezes, mais dramaticamente criando impasses terapêuticos. Em alguns pacientes, reações terapêuticas negativas em série parecem ser um modo de vida – que precisamos, contudo, entender como o único modo deles de sobrevivência psíquica.

Aqui, há vários triângulos possíveis:

1) O binômio "o seio *é* o bem" se torna o triangular "o seio *tem* o bem" e "toma-o para si mesmo" – por exemplo, o analista que está, ou é sentido como estando, narcisicamente interessado no sucesso terapêutico.

2) A mãe alimenta o bebê porque ela é alimentada por seu objeto interno (seio, pênis); uma versão negativa disto é o analista demasiadamente apegado à teoria.

3) O bebê eternamente testemunhando um intercurso parental de objeto parcial oral – o analista visto como excitado por suas próprias ideias.

4) O bebê observando-se ao seio não pode tolerar a separatividade e inveja o bebê e o seio juntos; isso se manifesta como uma dificuldade em permitir ao analista gostar de trabalhar com o paciente e um senso de injustiça de que "é tudo tão fácil para o analista".

5) O bebê frustrado e separado observa e acha intolerável a visão de si mesmo ao seio, perde a continuidade no tempo de que o bebê-ao-seio era eu mesmo há um momento atrás com o estado presente de *self* do bebê-não-ao-seio, e vê o bebê-ao-seio como um *outro bebê*. Isso resulta em inveja de outra parte do *self* e ataca o vínculo do seio bom com o bebê satisfeito. No consultório, isso pode ser visto quando o que parece ser contato real é repentinamente quebrado, e a interpretação é tratada com desprezo. Uma atmosfera de frio cinismo se segue, o que é, afinal, um ataque à parte dependente e amorosa do paciente.

Em termos do trabalho clínico, a difamação do casal – cuidador ou parental – por meio do ataque de inveja/ciúme na ligação fluida entre eles cria um estado de mente caracterizado por cinismo, arrogância, triunfo e um desprezo pelos aspectos dependentes e vulneráveis do *self*; o amor desaparece porque ele é visto sempre como falso, com o intercurso parental visto como perverso (deliberadamente projetando inveja, e também como obsceno, por ser desprovido de amor). A defesa maníaca tem que continuar a ocultar o desespero que se segue e assim essa constelação é perpetuada.

Em pacientes mais perversos, com falta séria na estabilidade do bom objeto interno, o analista vê um negativismo quase contínuo: a mais ínfima porção de 'insight' começa a ser sentida somente como uma armadilha, apresentada unicamente para dar ao analista uma esperança que pode ser instantaneamente quebrada. O paciente está, então, em uma identificação projetiva com uma mãe cruel e tantalizante, que oferece ao bebê um gosto de leite, só para ser capaz de arrastá-lo para a dependência e, portanto, para a humilhação e amarga privação. Nestes pacientes, uma situação pseudociumenta pode ser repetidamente incitada na mente, propiciando uma excitação erótica para alimentar o ataque invejoso.

Isso se relaciona a um dos pontos que eu quero ilustrar com Iago: ódio do par amoroso na cena primária leva-a a ser denegrida com desprezo e supersexualização, tornando-a obscena; isso se liga com a ideia de Klein, já presente muito cedo (na pequena Erna), mas conceitualizada mais claramente em "Inveja e gratidão", sobre a genitalização precoce sendo tanto um resultado como uma defesa contra a inveja primária.

De acordo com Klein:

> *A inveja excessiva interfere na gratificação oral adequada, agindo assim como estímulo à intensificação dos desejos e das tendências genitais. Isso leva o bebê a voltar-se cedo demais para a gratificação genital, tendo como consequência que a relação oral torna-se genitalizada e as tendências genitais tornam-se demasiadamente coloridas por ressentimento e ansiedades orais ... as tendências genitais interferem nas orais, num estágio em que os desejos orais são predominantes ... A genitalidade baseada numa fuga da oralidade é insegura porque para ela são transportados os desapontamentos e as suspeitas ligadas à insatisfação oral prejudicada ... Isso porque a ausência da satisfação básica*

introduz elementos compulsivos nos desejos genitais e
... pode assim resultar em que sensações sexuais entrem em todas as atividades, processos de pensamento e interesses. (Klein, 1991[1957], p. 227)

O caráter de Iago ilustra poderosamente, como muitas vezes observamos no ciúme perverso e delirante, como a erotização provê energia para contínua intrusão e ataque à cena primária. Isso significa que o que eu considero ser a conexão necessária da inveja com o ciúme tem dois lados: primeiro, que a inveja primária está sempre conectada à triangularidade e, segundo, que o ciúme sexual é desvirtuado para ajudar a prover combustível para o ataque invejoso – a erotização o aquece e fornece a excitação perversa que incrementa o poder das projeções, literalmente propelindo o *self* invejoso bem para a cena primária. (Bloom, 1999, chama Iago de "piromaníaco moral", "ateando fogo na realidade"). Ao manter a obscena cena primária interminavelmente, tendo a excitação erótica como combustível, a "real visão atormentadora" – que é a mais invejada – é constantemente obscurecida.

A *degradação do amor como uma defesa contra a inveja*

Nos minutos iniciais de *Otelo*, Iago faz um ataque cruel à cena primária, transformando um casamento de amor que está prestes a ser consumado em causa para ódio e desprezo por meio do seu imaginário de bestialidade e obscenidade. O amor ideal é violentamente degradado e se torna pornografia na mente de Iago e na daqueles em que ele a projeta: neste caso, em Brabâncio, pai de Desdêmona. Mais adiante na peça, quando ele faz Cassio ficar bêbado e orquestra uma briga, ele novamente interrompe Otelo e

Desdêmona na repetida noite de núpcias, quando, tendo falhado em consumar seu casamento na primeira noite, [*Iago: "ele ainda não fez indecências com ela à noite"*] (II, ii, p. 15) eles se recolhem para a cama e são literalmente retirados dela pela interrupção. (Alguns críticos pensam que o casamento pode, de fato, nunca ter sido consumado, uma vez que, por exemplo, Otelo logicamente deveria ter percebido que Desdêmona era virgem naquele momento.) E, o clímax da peça, a terceira cena primária, é a transformação do amor apaixonado em assassinato, com Otelo corrompido pela projeção perversa de Iago, matando Desdêmona no leito matrimonial. Parece claro que Iago está determinado a destruir a cena primária amorosa causando a morte de um dos parceiros; mas, pelo fato de que aqui o objeto de seu ódio é o próprio amor, simplesmente organizar a morte de um ou ambos não seria suficiente: ele tem que destruir o amor na mente daquele que ama, transformando-o em ódio. A excitação que ganha força e resulta em assassinato é a do envenenamento e corrupção – excitação sexual perversa.

Por meio de uma exploração do caráter de Iago, quero ilustrar alguns dos elementos principais da inveja que venho descrevendo: a experiência de Iago mostra poderosamente como o amor em sua configuração original da cena primária é o provocador central de inveja e como a inveja maligna não é conscientemente experienciada como inveja, mas, como desprezo e repulsa. Podemos ver nitidamente como, no auge do ataque invejoso, a cena primária é vivida como estando permanentemente no presente – "Ainda agora, agora, nesse instante..." – e, portanto, deve ser constantemente atacada e desprezada para prevenir o *self* consciente de experienciar a "visão atormentadora" de uma união de amor que exclui o *self*.

Um dos aspectos fascinantes do complexo caráter de Iago é que, no final das contas, ele não sabe por que faz o que faz, embora esteja consciente de que está cheio de ódio e pensamentos de vingança; ele está orgulhoso de sua maldade e sua capacidade de enganar os outros para que acreditem que ele é "sincero" (Empson, 1951). A inveja destrutiva é, por definição, inconsciente: ele não pode saber que não pode suportar a visão do amor, já que não sabe que ele existe, e o vê só como a "filha (de Brabâncio) coberta por um cavalo berbere", "até o abraço bruto de um mouro lascivo" "fazendo a figura da besta de dois trazeiros"[4] Ele está obcecado por suas fantasias pornográficas que são constantemente reativadas para preveni-lo de ter um vislumbre da visão que de outra forma seria insuportavelmente atormentadora.

A opinião da crítica sempre esteve dividida no tocante aos motivos de Iago: desde que Coleridge (1813) escreveu sobre a "busca de motivo da malignidade imotivada" [*of motiveless malignity*] de Iago, há, falando grosseiramente, um lado que acredita nos motivos declarados de Iago, e outro que, em vez disso, acredita que ele fabrica motivos para convencer-se a si mesmo: "Iago [é] dramaturgo de sua própria psique, como também da de Otelo" (Nuttall, 2007, p. 282). Os motivos declarados por Iago são ciúme e vingança porque Otelo escolhe Cássio como seu tenente e ele, Iago, tem que aceitar o posto inferior de segundo tenente; também o ciúme que sente de Otelo e sua esposa Emília "em meio aos seus lençóis".

Tenho ódio ao Mouro,

Lá fora pensam que entre meus lençóis,

ele já exerceu meu ofício. Não sei se é verdade

---

4 "*Making the beast with two backs*": é uma metáfora eufemística para duas pessoas ligadas em uma relação sexual. Refere-se à situação na qual um casal fica na posição em que a mulher se deita de costas e o homem fica por cima; papai-e-mamãe: a expressão é de William Shakespeare, *Otelo* (Ato 1, Cena 1, 11) [N.T.].

contudo, eu, dada a mera suspeita desse tipo de ofensa, pretendo agir como se dela tivesse certeza.

(Otelo I, iii, p. 375)[5]

Ele sugere ainda um pensamento de Cassio em seu *gorro de dormir*.[6] Esse ciúme sexual é particularmente não convincente – nada na relação de Iago com Emília o indica – e a luta pela predileção deveria ter acabado depois que ele conseguiu fazer Cassio perder o amor de Otelo e o próprio Iago tornou-se tenente. (Não há sentido de satisfação por tomar o emprego de Cássio: claramente o que ele quer não é a posição de tenente de Otelo, mas a de mestre onipotente dos pensamentos de Otelo. O rebaixamento de Cássio torna-se apenas um fato útil a ser manipulado na promoção de seu complô monstruoso.) Está claro que Iago escolhe incitar seu próprio ciúme como combustível para erotização, para aquecer a situação em sua própria mente, assim adicionando força às projeções pornográficas. A "malignidade imotivada" de Coleridge soa muito mais como inveja inata, e os críticos parecem enredados em discussões verdadeiramente controversas neste tema (ver, por exemplo, Bradley, 1904 ou Leavis, 1952). Eu penso que isso é um claro exemplo do que é visto em pacientes quando o verdadeiro ciúme, que é intrínseco à triangularidade da inveja inconsciente, é desvirtuado e transformado em um pseudociúme excitante, aumentando a força da fantasia de estar bem no meio da cena primária. Certamente é Iago quem está se projetando nos "gorros de

---

5 "*I hate the Moor, / And it is thought abroad that 'twixt my sheets / He's done my office. I know not if 't be true / But I for mere suspicion of the kind / Will do as surety.*"

6 No original, *night-cap*, que significa gorro de dormir: eufemismo relacionado a uma desconfiança de Iago: "Pois temo que Cássio também tenha usado meu gorro de dormir" ("*For I fear Cassio with my night-cap too*") [II, i].

dormir" de suas marionetes e perversamente desfrutando estar "entre os lençóis deles".

Apesar de Iago, por causa do seu frio cinismo, ser particularmente revelador sobre seus motivos perversos (ele tem oito solilóquios), ele trama a queda de Otelo desde a posição de um marionetista sádico e onipotente e é aí capturado, movendo-se "de contingência em contingência" (Wain, 1971, p. 13), nunca sabendo plenamente onde tudo isso vai dar. Ele é capturado no próprio movimento de sua trama, incita suas próprias emoções, e, como acontece na excitação perversa, é tomado por uma orgia de destrutividade.

Mas como? Como? Vejamos:

após algum tempo, maltratar os ouvidos, sugerindo

que (ele) Cassio é íntimo demais de sua mulher

...

O Mouro é de natureza aberta e generosa:

Acredita ser honesto todo homem com aparência de honesto,

e deixa-se levar docilmente pelo nariz,

assim como são os asnos. Está concebido! Foi gerado!

O inferno e o breu da noite deverão dar à luz do mundo esse monstro.

(Otelo, I, iii)[7]

---

[7] *"How? How? Let's see. / After some time to abuse Othello's ear / that he [Cassio] is too familiar with his wife. / ... / The Moor is of a free and open nature, / That thinks men honest that but seem to be so, / And will be as tenderly led by th' nose / As asses are. I have't! It is engendered: Hell and Night / Must bring this*

E agora, está claro que o "nascimento monstruoso" [*monstrous birth*] vai expulsar da existência alguém criativo e amoroso, por meio do abuso da mente de Otelo.

Otelo e Desdêmona expressam em sua linguagem e em seu contato tanto um amor à primeira vista [*coup de froude*] como um amor espiritual:

> *Ela me amava pelos perigos por que eu havia passado,*
>
> *e eu a amava por ter ela se compadecido de mim.*
>
> *(Otelo, I, iii, p. 165)*[8]

> *Meu coração submeteu-se*
>
> *à verdadeira qualidade do meu senhor.*
>
> *Enxerguei a face de Otelo em sua mente*
>
> *e à sua honradez e talentosas partes,*
>
> *consagrei minha alma e meu destino.*
>
> *(Otelo, I, iii, p. 250)*[9]

> *Imploro aprovação não para saciar o palato de meus apetites, tampouco para estar de acordo com o ardor do corpo e afetos juvenis, em prol de minha própria e*

---

monstrous birth to the world's light." (Tradução para o português de Beatriz Viégas-Faria.)

8 "*She loved me for the dangers I had passed, / And I loved her that she did pity them.*" (Tradução para o português de Beatriz Viégas-Faria.)

9 "*My heart's subdued / Even to the very quality of my lord: / I saw Othello's visage in his mind, / And to his honours and his valiant parts / Did I my soul and fortunes consecrate.*"

distinta satisfação, mas sim para ser livre e generoso na mente de minha esposa.

(Otelo, I, iii, p. 265)[10]

Iago é tão tosco quanto é possível ser. Vemos a "atitude de Iago corroendo a raiz de todos os valores de Otelo e suas belezas; ele vai ao âmago e consome até a medula deste mundo romântico, minando a solidez do seu caminho, apodrecendo-o e envenenando-o" (Wilson Knight, 1930, p. 96).

Como a conspiração começa a funcionar, Otelo começa a duvidar de Desdêmona e pergunta-se por que se casou:

Oh, a praga do casamento,

podemos chamar essas delicadas criaturinhas de nossas,

e não serem nossos os seus apetites! Preferiria ser um sapo,

vivendo dos vapores de uma masmorra,

do que manter um cantinho no objeto de meu amor

para uso dos outros.

(Otelo, III, iii)[11]

---

10 "*I therefore beg it not / To please the palate of my appetite, / Not to comply with heat—the young affects / In me defunct—and proper satisfaction; / But to be free and bounteous to her mind.*"
11 "*O curse of marriage, / That we can call these delicate creatures ours, / And not their appetites! I had rather be a toad / And live upon the vapour of a dungeon, / Than keep a corner in the thing I love / For others' uses.*"

Como a incerteza torna-se insuportável, ele começa a exigir provas de sua infidelidade:

> *Infame vilão, certifica-te de provar que minha amada é uma rameira. Certifica-te disso. Fornece-me a prova ocular.*
> (Otelo, I, iii, p. 360)[12]

Sua mente começa a ser preenchida com pensamentos obscenos:

> *Foram eles primitivos como bodes, incendiados como macacos, salgados como lobos no cio.*
> (Otelo, I, iii, p. 405)[13]

A deterioração da mente de Otelo, à medida que se contamina pelas projeções invejosas de Iago, fica clara na fragmentação de sua linguagem: "Droga! Narizes, orelhas, lábios... Será possível?... Confessar! O lenço... Oh diabo!"; "Fogo e enxofre".[14] "Bodes e macacos" [Otelo, IV. I, 255]. Momentos de pesar melancólico, como em "Mas, ainda assim, que pena isso tudo Iago"; são seguidos por selvageria! "Vou cortá-la em pedaços". Iago triunfou em seu desejo de transformar amor em ódio, por meio da corrupção absoluta da mente de Otelo: ele livra-se do sofrimento invejoso diante da visão do amor por meio de um contínuo e brutal "tamponamento" da mente de Otelo com obscenidades. A corrupção é apenas

---

12 "*Villain, be sure to prove my love a whore! / Be sure of it; give me ocular proof.*"
13 "*Were they as prime as goats, as hot as monkeys, / As salt as wolves in pride.*"
14 Expressão idiomática referente aos sinais da ira de Deus no Velho Testamento. Aparece também em referência ao destino dos infiéis. Evoca o odor de atividade vulcânica [N.T.].

temporária: Otelo comete suicídio após o assassinato, porque se tornou são novamente.

O "tempo duplo" da realidade e da fantasia

As três "cenas primárias", as únicas noites que Otelo e Desdêmona passaram juntos como casados, parecem se combinar, na medida em que nos remetem àquilo que nós, espectadores, experienciamos como três dias consecutivos (embora de fato a viagem marítima de Veneza a Chipre separe a primeira noite da segunda). O impacto da sedução de Iago e corrupção de Otelo e sua consequente loucura acontece entre a segunda e a terceira noite: na primeira há uma união, porém não consumação devido à interrupção orquestrada por Iago. Na segunda, igualmente interrompida, há uma união e (provável) consumação, e na terceira há o assassinato na cama arrumada com os lençóis de casamento (com os quais Desdêmona, como que prevendo sua morte, pedira para que Emília fizesse sua mortalha). Simbolicamente é sempre a mesma cama de noite de núpcias.

Desse modo, a transformação da cena primária de amor em assassinato acontece em um contínuo que é sentido quase como um tempo real na imediaticidade da peça. À medida que a tragédia inevitável se desdobra, passado, presente e futuro são apenas ontem, hoje e amanhã. Mas, uma trama de mais longo prazo está presente simultaneamente, ainda que para os espectadores isso não pareça ilógico e seja dificilmente percebido. De fato, essa estranha anomalia não é necessariamente percebida, mesmo quando lendo a peça cuidadosamente.

Por exemplo: Desdêmona, com quem Otelo acabara de se casar como virgem, torna-se "aquela astuciosa meretriz de Veneza" que vinha tendo um caso de adultério com Cássio – embora não houvesse tempo possível para que isso pudesse ter acontecido. Emília alega que seu marido Iago pediu-lhe "uma centena de vezes" (III, iii) para roubar o lenço, que havia se tornado do interesse de Iago há pouquíssimo tempo. Ao se referir ao "sonho de Cássio" – que ele forjou como "prova" – Iago diz: "Tenho dormido com Cássio ultimamente" (III, iii); em "outro tempo" Brabâncio fica doente e morre, e mudanças políticas acontecem em Veneza, que incluem Otelo recebendo ordens para retornar a Veneza (IV, i) E, perto do fim, Otelo diz:

> É uma pena. No entanto, Iago sabe
> que ela e Cássio cometeram
> o ato da vergonha mil vezes.
>
> (Otelo, V, ii)[15]

Ainda que certamente Otelo estivesse exagerando por causa de sua raiva, um sentido de um longo passado está claramente implícito.

As causas para este duplo tempo fizeram intensamente parte de debates críticos por séculos (Allen, 1968). Qual é seu significado? Foi um erro de Shakespeare ou produto de um gênio? No meu entender, isso exprime o duplo tempo da realidade e da fantasia: Iago, levado pela inveja maligna, está submetido a uma necessidade de destruir o amor por seu constante e, em última instância, exitoso ataque à cena primária que invade sua mente: o amor é insuportável e deve ser destruído. Para o estranho ciumento/invejoso, a cena primária está permanentemente no presente e é

---

[15] "'Tis pityful, but yet Iago knows That she with Cassio hath the act of shame / A thousand times committed."

onipresente, tendo então, que ser continuamente atacada; assim, no "lugar" que ocupa no mundo interno é para sempre "ainda agora, agora, nesse instante". Para nós analistas por um lado, parece natural a coexistência de um longo espaço de tempo no qual eventos comuns se seguem e desenvolvimentos acontecem, e simultaneamente, por outro lado, um poderoso e infinito tempo presente em que uma terrível perturbação se repete e se repete, sem nunca mudar. Não há tempo no inconsciente, nem no processo primário, como Freud descobriu. Mas, podemos ver também a ligação com a questão do tempo na conceptualização de inveja de Klein: Erna, como Iago, não pode suportar a visão do amor, presumivelmente porque não há continuidade interna em seu senso de estar conectada e desconectada, como acontecia com o bebê no seio. Em vez disso, a mente está presa na tortura da exclusão. Erna, quando melhora, diz: "mãe não é de fato aquilo, é?" Iago, "na realidade" tem uma esposa amorosa.

Shakespeare retrata em Iago, uma mente que não pode suportar a visão do amor e deve, portanto, destruí-la, de modo que ela não só deixe de existir, como também *jamais* tenha existido. Se, a inveja provar que todo amor é uma farsa, então o passado em que ele uma vez existiu também cessa de existir. Esse tipo de fantasia onipotente destrói o tempo. A provocação a essa visão literalmente insuportável é o amor romântico ideal. É o fato de Otelo e Desdêmona serem, do ponto de vista externo, "incompatíveis" tanto racialmente, como em idade (muito mais incompatíveis que Romeu e Julieta, acossados por feudos familiares, mas por outro lado, iguais), o que torna o direito a um amor perfeito mais poderoso e, portanto, mais insuportável. Pelo fato de a "trivialidade" lenço, essencial à trama, estar fundamentada e ser simbólica, a versão criativa da cena primária parental devia contribuir para a inveja: a mãe de Otelo tinha-lhe dado o lenço, que estava destinado a ser dado à mulher que ele amasse – o mesmo tinha sido um presente de seu pai, o que também é uma reminiscência do seio, branco e bordado com morangos; em outra versão, ele teria sido dado à mãe por uma mulher – uma cigana mãe "mágica" que o tecera. (Manchas vermelhas no tecido branco são também, certamente, prova da virgindade na noite de núpcias – ver Cavell, 2003.)

O sucesso da dupla amorosa, "emparaisados nos braços um do outro", (eu cito Milton na fala conscientemente invejosa de Satanás sobre a insuportabilidade da visão "daqueles dois, emparaisados nos braços um do outro, ventura sobre ventura" como a melhor descrição do que Iago veria se, por um momento, ele tivesse interrompido seu esforço planejado para rebaixar o amor) emprega, portanto, uma identificação com uma dupla parental exitosa cuja relação sexual produz uma criança querida: Otelo, o amante feliz, é também a criança amada de sua mãe. Assim, tudo que é dele é vivido por Iago como provocando inveja. Em contraste, Cassio é capaz de reconhecer e aceitar isso – o que talvez seja o que faz Iago dizer a coisa mais iagonesca sobre ele: "ele continua tendo em sua vida uma beleza cotidiana a qual me torna feio".

Em termos do desenvolvimento, a criança excluída que pode suportar o sentimento de ciúme, "anseia" pela recuperação do paraíso nos braços da mãe. Quando a inveja é maior, a "visão atormentadora" é insuportável e, assim, é abortada. Ela é diminuída pelo desprezo, falsificada, roubada de suas boas qualidades; é conscientemente experienciada como uma farsa. Bem antes de escrever "Inveja e gratidão", Melanie Klein mostrou isso muito claramente no caso da pequena Erna: em seu desespero, Erna não acredita na realidade dos sentimentos de amor: ternura é uma farsa. Assume-se que culpa e desespero inconscientemente se seguem, o que precisa ser sempre mantido à distância pelo triunfo maníaco, perpetuando a situação em que nenhuma boa cópula tem permissão para existir.

2. Inveja, narcisismo e a pulsão destrutiva

Robert Caper

Tradução de Aline Choueke Turnowski

Passaram-se cinquenta anos desde que Klein publicou "Inveja e gratidão". Mesmo não tendo o mesmo impacto do trabalho tão fundamental "Notas sobre alguns mecanismos esquizoides" (Klein, 1946), que definiu a posição esquizoparanoide e descreveu a identificação projetiva, ou de "Uma contribuição à psicogênese dos estados maníaco-depressivos" (Klein, 1935) e "O luto e suas relações com os estados maníaco-depressivos" (Klein, 1940), que definiu o conceito da posição depressiva, ele cristaliza seu pensamento em dois assuntos que se tornaram proeminentes na tradição kleiniana desde sua publicação: a inveja e a pulsão destrutiva [*destructive instinct*].

Klein começa seu trabalho estabelecendo inequivocamente aquilo que ela se propõe a discutir:

> *Considero que a inveja é uma expressão sádico-oral e sádico-anal de impulsos de destruição, em atividade desde o começo da vida, e que tem base constitucional.*
> *(Klein, 1991[1957], p. 207)*

Ainda que ela não dê uma descrição detalhada do que essa inveja destruiria, enfatiza que é "um fator muito poderoso no solapamento das raízes dos sentimentos de amor e gratidão, pois ela afeta a relação mais antiga de todas, a relação com a mãe" (Klein, 1991[1957], p. 176).

Para Klein, o significado dessa relação precoce não pode ser superestimado:

> *Ao longo de todo o meu trabalho, tenho atribuído a importância fundamental à primeira relação de objeto do bebê – a relação com o seio materno e com a mãe – e cheguei à conclusão de que se esse objeto originário, que é introjetado, fica enraizado no ego com relativa segurança, está assentada a base para um desenvolvimento satisfatório. Sob o predomínio dos impulsos orais, o seio é instintivamente sentido como a fonte de nutrição e, portanto, num sentido mais profundo, da própria vida. (Klein, 1991[1957], p. 178)*

Na visão de Klein, portanto, a inveja ataca a habilidade de valorizar e apreciar a vida na sua origem. Uma vez que ela também opera desde o início da vida e tem uma base constitucional, parece ser uma expressão bastante direta da pulsão destrutiva.

A pulsão destrutiva é um conceito que Klein aceita sem hesitação em seu trabalho. Após se referir à "História da libido à luz dos transtornos mentais" (Abraham, 1927) de seu analista Karl Abraham, ela aponta que, apesar de ele não ter usado o conceito de pulsão destrutiva, sua análise dos primeiros pacientes maníaco-depressivos foi "baseada em percepções que o estavam levando naquela direção", sugerindo que ele teria chegado à pulsão destrutiva se não tivesse morrido prematuramente. Então ela diz:

> *Neste momento da publicação de* Inveja e gratidão, *três décadas após o falecimento de Abraham, é para mim motivo de grande satisfação que minha obra tenha contribuído para o crescente reconhecimento da plena significação das descobertas de Abraham...*

portanto, não só fornecendo uma ilustração do que ela se refere como gratidão, mas também deixando declarado que ela está dando substância à ideia de uma pulsão destrutiva latente no trabalho do analista que ela amou e admirou. Seu trabalho sobre a inveja é, assim, entre outras coisas, a exposição mais detalhada de suas ideias sobre a pulsão destrutiva.

Mas, enquanto penetra profundamente na relação do bebê com o seio, Klein começa a apreender problemas que, pelo menos na superfície, tem pouca relação com a inveja. Escrevendo sobre a relação primitiva do bebê com o seio, ela observa que

> *... [a] proximidade física e mental com o seio gratificador em certa medida restaura, se tudo corre bem, a perdida unidade pré-natal com a mãe e o sentimento de segurança que a acompanha. (Klein, 1991[1957], p. 210)*

Contudo,

> *O estado pré-natal indubitavelmente implica um sentimento de unidade e segurança, mas o quanto esse estado está livre de perturbações depende necessariamente*

das condições psicológicas e físicas da mãe e, possivelmente, até mesmo de certos fatores, não investigados até o presente momento, no bebê ainda não nascido. Poderíamos, portanto, considerar o anseio universal pelo estado pré-natal como sendo também, em parte, uma expressão da necessidade premente de idealização. Se investigamos esse anseio à luz da idealização, encontramos que uma de suas fontes é a forte ansiedade persecutória suscitada pelo nascimento (por exemplo, pela intrusão do mundo pós-natal, extrauterino)...

Não presumiria que, para ele (o bebê), o seio seja simplesmente um objeto físico. A totalidade de seus desejos instintivos e de suas fantasias inconscientes imbui o seio de qualidades que vão muito além da nutrição real que ele propicia.

Vemos na análise de nossos pacientes que o seio em seu aspecto bom é o protótipo da "bondade" materna, de paciência e generosidade inexauríveis, bem como de criatividade. (Klein, 1991[1957], pp. 210-211)

Disso fica claro que o seio é o protótipo da bondade, paciência e generosidade, a relação que restaura a segurança pré-natal do útero, é um objeto idealizado e o desejo por ele é, como ela coloca, "uma expressão da necessidade premente de idealização".

O modelo – e, até onde sabemos, a gênese – dessa idealização seria a experiência pré-natal da placenta, que normalmente não é nada além de boa, paciente e generosa do ponto de vista do feto. Mas desde outro ponto de vista, é impossível considerar dessa forma sem grande ironia: a placenta real é um órgão fetal

– uma parte do feto – cuja função é parasitar os recursos fisiológicos da mãe, servindo aos interesses do feto às custas da mãe, sem seu consentimento e, em raras ocasiões, até mesmo ao custo de sua vida. [David Haig, da Universidade de Harvard, e Ananth Karumanchi, da Harvard Medical School, trouxeram evidências de que a pré-eclâmpsia, uma doença potencialmente fatal do final da gravidez, tratável apenas pelo parto, pode ser devida a proteínas normalmente secretadas no sangue da mãe pelo feto para desviar mais do sangue da mãe para si próprio (Zimmer, 2006).] Isso não é, de fato, bondade, paciência ou generosidade materna: é invasão fetal, ocupação e exploração. Isso parece ser a incorporação daquelas virtudes maternas somente se formos capazes de ignorar o fato de que o feto extrai esses bens de sua mãe quer ela queira, quer não.

Obviamente, aqui estamos discutindo psicologia e não biologia, mas a analogia parece se manter: o seio idealizado (mental) da tenra infância – o protótipo da bondade, paciência e generosidade – parece ser parte de um sistema narcisista, um em que o *self* é sentido como capaz de invadir e controlar o objeto (via identificação projetiva na realidade psíquica), evitando frustração, tal como a placenta invade e controla o útero. No sistema, o objeto necessitado é sentido como parte do *self*, enquanto o objeto não-*self*, real e externo, que fornece sustentação mental para o bebê – por exemplo, a capacidade real da mãe de conter e desintoxicar seus estados mentais – é remetido ao segundo plano.

Eu posso esclarecer o que quero dizer quando me refiro à unidade pré-natal perdida do bebê com a mãe, enquanto um sistema narcisista, se considerarmos a perspectiva de William Blake em outro paraíso perdido. Lendo *Paraíso perdido* de Milton, com a atenção naquilo que ele chamou de "sentido infernal", [*th' infernal sense*], Blake concluiu que Lúcifer não era uma criatura invejosa que se rebelou contra Deus porque Ele era tão bom, mas uma alma independente que não podia acatar viver em uma ditadura, não importa o quão benevolente fosse. Se considerarmos o paraíso perdido da união bebê/mãe do mesmo modo, chegamos ao que eu chamo de sistema narcisista. Nesse sistema, o bebê faz o papel de Deus, e a mãe tem permissão para permanecer fazendo parte de seu paraíso somente enquanto ela for um anjo bom.

Um seio que restaura a unidade pré-natal perdida com a mãe, isto é, com uma mãe que é vista, por assim dizer, como o feto veria o útero invadido, é um objeto cativo – um objeto que é tratado como se fosse parte do *self* e à total disposição do *self* – e é, portanto, persecutório (uma vez que é sentido como invadindo e controlando o *self* de volta). Klein reconheceu que um objeto idealizado não é o mesmo que um objeto bom:

> ... *um objeto bom que é bem estabelecido e, por conseguinte, assimilado, não apenas ama o sujeito* como é amado por ele. *Acredito que isso seja característico da relação com um objeto bom, mas não se aplica, ou somente num grau mínimo, a um objeto idealizado.* (Klein, 1991[1957], p. 250, grifo meu)

Quando Klein diz que o bom objeto é amado pelo sujeito, não está se referindo ao que é conhecido como amor interesseiro,[1] que não é o amor pelo objeto, mas tão somente um desejo por aquilo que pode ser obtido dele. Esse tipo de amor forma uma parte – ainda que sutil – da relação com o objeto idealizado, mas não é o verdadeiro amor ao objeto.

---

1 No original, *cupboard love*, expressão que se refere ao amor não pela pessoa, mas pelo que ela tem a oferecer da sua dispensa na cozinha [N.T.].

Eu não estou sugerindo que essa idealização seja algo ruim. Não é, e, de fato, cisão e idealização são partes do desenvolvimento precoce normal que é necessário para defender-se contra uma frustração que seja muito dolorosa de ser tolerada. Mas idealização tem suas desvantagens e uma sensação de perseguição pelo objeto excindido é uma delas. Outra é a confusão entre bons e maus objetos, uma vez que a idealização elimina a experiência de frustração que está nas mãos do objeto, fazendo os ruins se parecerem mais ou menos com os bons. Isso impede o desenvolvimento do julgamento e a habilidade de pensar por si próprio. Essas desvantagens precisam ser superadas no processo de amadurecimento, pela posterior integração do objeto, para a qual cada cisão e idealização precoces (paradoxalmente) pavimentam o caminho. Somente se essa integração posterior falhar, o desenvolvimento está em perigo. Klein escreveu em conexão a isso que "a capacidade de amar promove ... o *sucesso* da cisão fundamental" (Klein, 1991[1957], p. 223, grifo meu). O sucesso dessa cisão precoce depende do fato de esta não ser tão grande. Mas ansiedade persecutória em excesso leva a uma cisão-e-idealização muito grande, resultando na formação de um objeto extremamente mau e de um extremamente idealizado. Ambos são persecutórios à sua própria maneira e, dessa forma, um ciclo vicioso se estabelece. A cisão, que não é tão grande – como Klein identificou, é uma função da suficiente capacidade de amor pelo objeto e da habilidade para tolerar frustração – pode levar mais facilmente à integração posterior.

Na medida em que o objeto bom primário é idealizado – ou seja, na medida em que sua bondade, paciência e generosidade estão disponíveis sem a frustração –, ele é um objeto bom narcísico, ou seja, um objeto bom do narcisista: algo que pode ser tratado com impunidade enquanto parte do *self*. Esse tipo de relação idealizada não é base suficiente para o desenvolvimento no esquema de Klein, não só porque um objeto idealizado é persecutório (como ela reconheceu), mas também porque é praticamente impossível imaginar como um objeto como esse, que é experienciado como parte do *self*, poderia ser objeto de gratidão tal como Klein sentia ser tão essencial ao desenvolvimento normal. A pessoa não se sente grata à sua própria mão por fazer o que ela deveria fazer. Até a pessoa perder a função dessa mão. Isso acrescenta o elemento que está faltando do sistema narcísico e que é necessário para o estabelecimento do bom (não idealizado) objeto interno, um elemento que possa servir como base para a verdadeira segurança pós-natal e desenvolvimento psicológico. Esse objeto não é simplesmente um modelo de bondade, paciência e generosidade. É bom, paciente e generoso, mas também é propenso a desaparecer de tempos em tempos. Um objeto como esse deve não só ser apreciado (isto é, tratado com gratidão) se vier a formar o cerne do ego, mas também deve ser tolerado:

> ... *uma criança com uma forte capacidade de amor e gratidão tem uma relação profundamente enraizada com um objeto bom e pode suportar, sem ficar profundamente danificada, estados temporários de inveja, ódio e ressentimento que surgem mesmo em crianças que são amadas e recebem bons cuidados maternos. Assim, quando esses estados negativos são transitórios, o objeto bom é recuperado a cada vez. Esse é um fator essencial para estabelecê-lo e para assentar as bases da estabilidade e de um ego forte. (Klein, 1991[1957], p. 219)*

De Klein a Bion

Para Klein, o conflito entre inveja e gratidão era um campo de batalha crucial de desenvolvimento, e o desenvolvimento prosseguia de uma maneira praticamente normal se a gratidão fosse capaz de reviver o objeto bom interno repetidamente, depois de ter sido perdido como resultado de ataques invejosos. Para Bion, a batalha crucial era travada no que ele chamou de decisão entre evitar ou modificar a frustração – ou seja, evitar ou modificar a realidade, cuja característica é seu hábito de frustrar ao menos alguns dos desejos do sujeito.

A respeito disso, ele focava no movimento a partir de um sistema de relações objetais narcísicas (isto é, com objetos idealizados – não frustrantes) para um sistema de relações reais (isto é, com objetos reais – frustrantes): o equivalente cultural dessa transição seria aquele que vai da crença de um Deus pessoal para uma visão científica do universo. O que é crucial para o desenvolvimento, desse ponto de vista, é a capacidade de tolerar a realidade, o que significa tolerar frustração. Isso não foi uma realização do trabalho de Klein no sentido a que ela anteriormente se referiu, em que pretendeu consumar o trabalho de Abraham, mas sim uma generalização que transcendeu a inveja, menos baseada no trabalho dela do que em "Formulações sobre os dois princípios do funcionamento mental" de Freud (1911b), que contém a observação de que a característica distintiva do princípio de realidade (em oposição ao princípio do prazer) é a tolerância à frustração.

Klein acreditava que a inveja era perigosa porque impedia que um objeto bom fosse plenamente aproveitado, o que, por sua vez, impedia o sujeito de experienciar gratidão pelo que o objeto proporciona, e, portanto, de ser capaz de usar o que ele traz e de incorporar isso ao ego como fonte da vida, por introjeção. Do ponto de vista de Bion, a inveja é mortífera porque é uma espécie de um fenômeno mais geral – o ataque ao vínculo. Este último mina a habilidade de formar relações não só com o seio bom, mas também com o seio mau e com todos os seios bons e maus sucessores (isto é, todos os objetos). A inveja é perigosa porque destrói vínculos e, portanto, destrói a capacidade de pensamento e criatividade, e junto com eles também a capacidade do ego de se reparar, que depende deles (Bléandonu, 1994, p. 133).

Para Bion, a inveja coloca um perigo ao desenvolvimento porque incorpora um ódio da realidade, que bloqueia o sujeito da experiência do objeto. O dano ao desenvolvimento do ego está fundamentado não só na inveja minar a gratidão, mas na redução da experiência provocada pelo efeito da inveja de danificar os vínculos do ego com certas realidades importantes e, consequentemente, sua apreciação destas. À medida que ser bloqueado da realidade – externa e interna – obviamente destrói a criatividade de um modo geral, o que é particularmente danoso é o ataque da inveja aos vínculos criativos que objetos formam uns com os outros, dos quais, o objeto parental combinado, com sua mistura de força e beleza, é o protótipo. A criatividade combinada dos pais é particularmente uma vítima da inveja porque ela própria é particularmente invejável. A consequente cegueira edípica à conexão dos pais priva o ego da capacidade de observar outras conexões significativas entre objetos ou ideias. O efeito global disso é diminuir as forças de pensamento e observação (contato com a realidade) que o ego necessita para se reparar e crescer.

Klein estava ciente, certamente, de que a inveja se opunha à criatividade quando escreveu que "a inveja da criatividade é um elemento fundamental na perturbação do processo criativo" (Klein, 1991[1957], p. 234), e que ela busca não somente de forma voraz abrir, secar e devorar o seio, mas também "depositar maldade, primordialmente excrementos maus e partes más do *self*, dentro da mãe, acima de tudo dentro do seu seio, a fim de estragá--la e destruí-la. No sentido mais profundo, isso significa destruir a criatividade da mãe" (Klein, 1991[1957], p. 212). Mas ela visualizava gratidão, não criatividade, como a principal força psicológica que contrabalançava a inveja. Para Bion, é a criatividade (no sentido elaborado no próximo parágrafo) que em primeiro lugar mitiga e neutraliza os efeitos da inveja.

Bion sustentava que o objeto prototípico do ataque destrutivo da inveja não era o seio *per se*, mas, antes, o casal parental, cuja combinação de força paterna e beleza materna (como coloca Donald Meltzer) permite conter os excindidos, descartados ou violentamente projetados aspectos da personalidade do bebê, enquanto mantém uma perspectiva equilibrada. A capacidade de manter ideias e sentimentos estranhos e perturbadores sem perder o equilíbrio mental é muito próximo da essência do que Bion referiu como criatividade. (Essa visão de criatividade não é nada além de experiência pessoal para Bion: é precisamente o que um analista faz quando está praticando bem sua função, é também uma descrição pertinente de criatividade artística e científica.) A contenção das ansiedades insuportáveis do bebê, tão vital para sua sobrevivência, desencadeia sentimentos de que o objeto continente que proporciona tal alívio é de grande força e quase insuportável beleza. Isso, por sua vez, precipita poderosos sentimentos de amor, junto com o mais violento ataque invejoso ao casal continente. Este último torna difícil ao bebê introjetar o casal parental como um continente intacto e consequentemente crescer, o que significa, nesse caso, desenvolver sua própria capacidade de pensar. O ataque invejoso do bebê ao que ele exatamente precisa para seu próprio desenvolvimento dá uma boa ideia da natureza da inveja e é um bom argumento para ligá-la à força mortífera dentro da psique.

A inveja e as defesas contra ela

É importante pausar aqui e considerar que, apesar de costumarmos considerar a inveja *per se* como uma inimiga do desenvolvimento, um exame mais próximo mostra que não é bem assim. Não é a inveja que causa dano, mas, antes, a desvalorização dos objetos amados e a destruição do vínculo que ocorre como uma forma de ataque preventivo projetado para obliterar a oportunidade de a inveja surgir. Ataques ao vínculo não são expressão de inveja, mas defesas contra esta, e se devem ao medo e ao ódio da inveja. Em "Inveja e gratidão", Klein apresenta um catálogo dessas defesas (pp. 248-252), que inclui idealização do objeto, confusão entre bom e mau objeto, fuga da mãe para outras pessoas, desvalorização do objeto, desvalorização do *self*, internalização voraz do objeto (identificação narcísica), incitação da inveja em outros, supressão do amor e intensificação do ódio, *acting out* (para evitar integração) "e muitas outras".

Todas essas defesas são variações do tema: liquidar o amor por objetos merecedores de amor. Elas são, no entanto, não expressões diretas de inveja, mas apenas indiretas cujo propósito é suprimir a experiência de inveja. A inveja reconhecida, inveja que não é cindida e não tem defesas contra ela, não é destrutiva *per se*. De fato, reconhecimento é um sinal de saúde mental. Se pudermos falar sobre alguém que é bonito, inteligente, gentil, rico, charmoso, engraçado, generoso, modesto e piedoso, "Eu não suporto pessoas assim" – somos invejosos, mas não temos um problema com inveja: nosso ódio não é tão intenso e assustador que tenhamos que abrandá-lo destruindo o objeto.

Esses reconhecimentos jocosos ou arrependidos da inveja significam que não estamos nos levando muito a sério. É por isso que é um sinal de saúde mental: indica que nosso narcisismo tem limites e que podemos encará-los.

Inveja e narcisismo

Experiências com objetos externos sempre produzem uma certa quantidade de ansiedade associada à novidade e imprevisibilidade da experiência. Isso é especialmente verdade com objetos amados, porque somente objetos amados têm a permissão de penetrar profundamente o suficiente para desencadear ansiedade. (Nesse contexto, um objeto amado é um objeto admirado, que se deseja imitar, e se quer possuir – mas não possui.) Se essa ansiedade puder ser comparada a uma resposta imune, algo que nos proteja de sermos machucados por aquilo que admitimos dentro de nós, então a inveja seria uma reação alérgica ao contato com objetos externos amados – uma defesa autodestrutiva exagerada contra algo que é não só benigno, mas necessário e reconhecido inconscientemente como tal.

Se nos perguntarmos o que é isso que reagiria desse jeito – o que é ameaçado quando nos permitimos ter uma experiência com um objeto que amamos e achamos lindo, é difícil escapar à conclusão de que é nosso narcisismo. Se reconhecer um objeto que se admira, que se quer imitar, e se quer possuir (mas não possui) é insuportável, então será sentido com frequência, de uma forma defensiva (delirante) de que sim, se *possui* o objeto ou (ainda mais delirante) de que se *é* o objeto amado. Esse é um aspecto comum da identificação projetiva (ver Klein, 1955). Esses estados delirantes eliminam a consciência do amor pelo objeto amado, com consequências que são bastante prejudiciais ao desenvolvimento, mas deixam o narcisismo relativamente intacto.

Mas se essa identificação defensiva quebra, então o único modo restante de resguardar o narcisismo é atacar e desvalorizar o objeto. Como Susannah Isaacs-Elmhirst observou, a inveja é um "elogio esquisito". Inerente a essa hostilidade violenta ao objeto invejado, está o reconhecimento da beleza deste. Defesas contra a inveja insultam a beleza do objeto, que é fonte da inveja direcionada a ele, desvalorizando e desfigurando-o. Isso rompe os laços com o amado e belo objeto e é, assim, um passo na direção da morte-em-vida.

O que escrevi aqui até agora sobre narcisismo pode fazê-lo parecer um tipo de autoamor perverso ou indulgente, existente em oposição ao amor objetal. Eu não acredito que esse seja necessariamente o caso. Sair do narcisismo é uma das maiores tarefas do desenvolvimento psicológico, e é difícil porque, entre outras coisas, a consciência de que a vida depende de outros – sobre quem se tem, em última análise, pouco ou nenhum controle – é fonte de ansiedade terrível. Sair do narcisismo significa confrontar essa realidade e o terror que acompanha o contato com ele. Eu acredito que isso fosse o que Rilke tinha em mente quando escreveu, em *Elegias de Duíno*, que "Beleza é o início do terror que ainda somos capazes de suportar".[2] Defesas narcísicas contra ansiedade, como a identificação concreta com o objeto necessitado ou, isso falhando, ataque e desvalorização dele, são essenciais para impedir a psique de estar frente à ansiedade que iria oprimi-la. Mas, em excesso, também vão impedir a personalidade de ter experiências que iriam habilitá--la a sair do narcisismo. Inveja, ou melhor, defesas contra ela, agem na psique como uma doença autoimune age no corpo. Certa quantidade de inflamação é boa e necessária quando a sobrevivência é ameaçada, como em uma infecção, mas inflamação direcionada contra os tecidos saudáveis é levar uma coisa boa longe demais.

---

2 No original, "*Beauty is the beginning of terror that we can only just still bear*" [N.T.].

[Segal (1983), considerando a relação entre inveja e narcisismo, chegou a conclusões diferentes das minhas, que o espaço me impede de discutir.]

Inveja e pulsão destrutiva

A destrutividade da pulsão destrutiva consiste na sua tendência a impulsionar o sujeito a atacar os vínculos com os objetos externos e internos e, portanto, a romper com a realidade interna e externa. Uma mente que rompeu com ambas as realidades é uma mente morta. Ataques ao vínculo tomam duas formas amplas. Na primeira, ataques histéricos ao vínculo tomam a forma de identificação narcísica com os objetos. Identificação narcísica é o tipo que produz a ilusão de que o sujeito é, de alguma forma, o objeto. O que poderia ser uma ligação a um objeto é substituída por uma fusão com ele, uma relação perversa que destrói vínculos. Esse tipo de identificação pode ser visto entre membros de grupos que, sem pensar, aderem ao *éthos* do grupo, tendo perdido sua capacidade de pensamento crítico independente. A natureza destrutiva desse fenômeno pode ser vista na hostilidade do grupo para com alguém que esteja ligado ao grupo, no sentido de ter uma relação com ele, enquanto ainda mantém a capacidade de pensamento crítico independente. Eu descrevi em outro lugar (Caper, 1997) como esse tipo de identificação pode ser visto também na dupla analítica, em que quando se examina a relação analítica ao contrário de se estar meramente nela, provoca a hostilidade. Identificação narcísica leva o sujeito a sentir que tem os atributos do objeto amado, que é de fato como ele, portanto não tem necessidade dele nem amor por ele. O objeto real (não-*self*) é, portanto, desvalorizado precisamente porque é não-*self*.

Na segunda forma, ataques psicóticos ao vínculo implicam cisão ou fragmentação, cujo resultado é o sujeito ser isolado da realidade e contribui para deflagrar estados psicóticos.

Os ataques psicótico e histérico proporcionam uma fuga da ansiedade, insegurança e conflito associados à ligação com objetos que são, ambos necessários e sentidos como não-*self* (além do controle do sujeito). Porém, uma vez que as ligações com esses objetos (tanto internos como externos) são o que de fato constitui a *real* vida mental como pessoa, esses ataques fundamentais contra eles são autodestrutivos.

Mas há obviamente uma diferença entre uma força psicológica constitutivamente direcionada a destruir a vida mental do sujeito e uma força psicológica que destrói a vida mental do sujeito incidentalmente, na busca por algum outro objetivo, mesmo que isso aconteça tão regularmente. Klein vê a inveja (ataques aos vínculos com o objeto bom) como uma força destrutiva constitutiva. Se olharmos para a inveja como ela o faz e nos perguntarmos que bem psicológico é esse, seríamos pressionados a aparecer com uma resposta.

Mas é claro que uma força constitutiva não deveria fazer sentido psicológico – é metapsicológico (literalmente, "além da psicologia"). Podemos, contudo, perguntar se uma força destrutiva constitutiva é uma hipótese necessária. No modo de Klein de olhar para isso, parece ser bem próximo ao pecado (ela cita Chaucer, que diz que "a inveja é o pior pecado que existe, porque todos os outros são pecados apenas contra uma só virtude, enquanto a inveja é contra toda virtude e contra tudo que seja bom" (Klein, 1991[1957], p. 221). Suas depredações são incompreensíveis e sem motivo, destrutivas puramente em função de serem destrutivas.

A ideia de uma pulsão destrutiva se provou extremamente controversa, apesar da confiança com a qual Klein tratou dela, e uma das origens dessa controvérsia é, em minha opinião, a insatisfação de muitos psicanalistas com a ideia do mal em função do mal como uma força fundamental na vida mental. Para eles, isso se parece muito com teologia.

Muitos escritores, talvez na tentativa de tornar a pulsão destrutiva compreensível dentro de um contexto de motivação humana, o trataram como se fosse, de alguma forma, o mesmo que a agressividade. Mas agressividade não é inerentemente destrutiva em si mesma: afinal, é possível defender a própria vida ou a vida dos entes amados e, nesse caso, a agressividade está à serviço da vida, não da morte. Confundir a pulsão destrutiva com agressividade não faz justiça a nenhum dos dois.

Se olharmos um exemplo literal de inveja, não poderíamos fazer melhor do que Klein fez em "Inveja e gratidão" quando ela escolheu Iago. Shakespeare foi capaz de transmitir a ambivalência e ambiguidade da vida mental de seus personagens mais vívida e sucintamente que qualquer outro escritor na Inglaterra. Iago talvez seja ímpar na obra de Shakespeare porque lhe falta ambivalência e ambiguidade e parece, assim, mais uma representação da inveja pura e maliciosa como uma força psicológica simples – um objeto parcial – do que um ser humano real. Nós ficamos tão horrorizados pela sua destruição de Otelo e Desdêmona em parte porque é difícil de entender *porque* ele é tão destrutivo. Isso é o que o torna uma figura tão estranha na obra de Shakespeare.

Walter Cohen escreve que, apesar de Shakespeare indicar que Iago acreditava que Otelo havia passado por cima dele por uma promoção e suspeitava que ele havia dormido com sua (de Iago) esposa,

Iago também aprecia o esporte de destruir a vida de Othello. Neste sentido, ele é descendente da figura

do Vice *das antigas peças de moralidade* [morality plays]– *uma versão semissecular do demônio ... nesta visão, Iago é plausivelmente dirigido pelo ressentimento: "Sei bem meu preço, não valho posto menor" e por um ciúme obsessivo "que ... corrói minhas entranhas". Ele é, portanto, parte do drama psicológico, afligindo Othello com o que ele mesmo sente ... alternativamente, contudo, Iago não tinha essência fixa nenhuma: "não sou o que sou". Operando dentro e fora do movimento narrativo da peça, Iago, tal como fora o Vice antes dele, às vezes parece mais uma função dramática do que um personagem psicologicamente realizado. (Cohen, 1997, p. 2093)*

Cohen nota que Coleridge "descreveu com precisão o comportamento do vilão... quando viu em Iago a 'caça ao motivo de uma malignidade sem motivo'"[3] (p. 2093).

Se comparamos Iago a outro vilão shakespeariano, Ricardo III, sua singularidade fica mais clara. Ao contrário de Iago, Ricardo não parece em momento algum ser malignidade pura e sem motivo: suas destruições, se não justificadas, são ao menos compreensíveis, e ele até nos encanta, mais ou menos contra nossa vontade, evocando em nós uma hesitante admiração por suas maquinações contra um destino que o enganava. Enquanto ele é indubitavelmente um personagem desagradável e cheio de inveja dos menos "privados da harmoniosa proporção" do que ele, podemos nos identificar com ele, mesmo enquanto o deploramos. Ricardo é a inveja com uma face humana.

---

3 No original, "*Motive-hunting of a motiveless malignity*" [N.T.].

Mas eu, que não fui moldado para jogas nem brincos amorosos,

Nem feito para cortejar um espelho enamorado.

Eu, que rudemente sou marcado, e que não tenho a majestade do amor

Para me pavonear diante de uma musa furtiva e viciosa,

Eu, que privado sou da harmoniosa proporção,

Erro de formação, obra da natureza enganadora,

Disforme, inacabado, lançado antes de tempo

Para este mundo que respira, quando muito meio feito e de tal modo imperfeito

E tão fora de estação

Que os cães me ladram quando passo, coxeando, perto deles.

Pois eu, neste ocioso e mole tempo de paz,

Não tenho outro deleite para passar o tempo

Afora a espiar a minha sombra ao sol

E cantar a minha própria deformidade.

E assim, já que não posso ser amante

Que goze estes dias de práticas suaves,

Estou decidido a ser ruim vilão

E odiar os prazeres vazios destes dias. (Ricardo III, I.i)[4]

---

4 "But I, –that am not shap'd for sportive tricks, / Nor made to court an amorous looking-glass; / I, that am rudely stamp'd, and want love's majesty / To strut be-

Nossa reação às representações do pecado nas peças de moralidade é supostamente sentir medo, repugnância e horror, e nossa reação a Iago vai nessa linha. Mas o que deveríamos sentir quando Shakespeare traz Ricardo, muito possivelmente, seduzindo a sofredora Lady Anne (e a audiência) no funeral de seu sogro, apesar do pleno conhecimento dela (e nosso) de que Ricardo não só o assassinara, mas também o marido de Lady Anne, apenas alguns meses antes? O que quer que estejamos destinados a sentir, é algo com muito mais nuance e ambivalência, e mais plenamente humano, do que simples horror ao pecado e ao mal.

Na sua compreensão da ambivalência, ambiguidade e complexidade humanas, Shakespeare antecipou o espírito da psicanálise (como fez Terêncio quando escreveu "eu sou um homem, e nada humano pode ser alheio a mim"). A pulsão destrutiva parece não-psicanalítica do mesmo modo que Iago parece não-shakespeariano. Isso não tem nada a ver com a ética humanista que Terêncio expressou, mas, em vez, com o fato de que não é nossa função como psicanalistas sermos teólogos, moralistas, eticistas ou humanistas. É nossa função sermos observadores – fazermos observações com o objetivo de reunir informação suficiente para tornar o que estamos observando compreensível em um sentido humano. Podemos tentar fazer observações tão sagazes e sutis como Shakespeare (enquanto, ao mesmo tempo, refreamos nosso narcisismo reconhecendo quão raro é um gênio assim), e quando nos encontramos

---

fore a wanton ambling nymph; / I, that am curtail'd of this fair proportion, / Cheated of feature by dissembling nature, / Deform'd, unfinish'd, sent before my time / Into this breathing world scarce half made up, / And that so lamely and unfashionable / That dogs bark at me as I halt by them; – / Why, I, in this weak piping time of peace, / Have no delight to pass away the time, / Unless to spy my shadow in the sun, / And descant on mine own deformity: / And therefore, --since I cannot prove a lover, / To entertain these fair well-spoken days, – / I am determined to prove a villain, / And hate the idle pleasures of these days." (Tradução para o português de Carlos A. Nunes.)

chegando a algo que é humanamente incompreensível, podemos tentar reconhecer isso como um sinal de que precisamos observar mais antes de ousar um palpite sobre o que estamos observando. Um instinto construído na mente que é dirigido precisa e exclusivamente a matar a mente não é compreensível em um sentido humano, bem como não é o mal puro. [eu acho que Freud reconheceu isso quando tratou a pulsão destrutiva tão timidamente em *Além do princípio do prazer* (1920) como fenômeno biológico em vez de psíquico.] Concluir que existe algo como a pulsão destrutiva ou inveja sem motivo (contrariamente à posição epistemologicamente mais modesta, de que há algo que parece ser assim), é, em meu modo de pensar, um abandono dos rigores empíricos e incertezas da psicanálise em prol das certezas confortáveis do dogma. Quando confrontados com uma situação assim, faríamos melhor se adotássemos o veredito de Freud de *non liquet* (isso não está claro).

Se visualizarmos a inveja não como algo que traz morte e maldade ao mundo, mas como uma manifestação de um narcisismo em perigo – de um sistema autístico em perigo, ameaçado de colapso por ser forçado a viver em uma relação com um objeto necessário, mas em última análise, incontrolável, e contra-atacando o que quer que o esteja desestruturando – ela se torna compreensível em termos humanos, e uma pulsão destrutiva se torna uma hipótese desnecessária. O desenvolvimento requer de nós sermos arrastados para fora de um estado de mente dominado pelo narcisismo e pelo princípio do prazer para um em que possamos reconhecer a realidade da dependência nos objetos: outras pessoas, criaturas que não são da nossa criação e estão além do nosso controle de alguma maneira indispensavelmente importante. Desvalorização invejosa é uma reação contra essa dependência de bons objetos, que opera fazendo com que eles pareçam tudo menos bons, e, na medida em que mina a capacidade de necessitar e depender deles, e nesse sentido qualifica-se como uma força antidesenvolvimento – e, portanto, antivida –, ainda está firmemente dentro do reino da psicologia.

Se aderirmos à ideia da inveja como uma manifestação clínica direta de uma pulsão destrutiva, saímos do reino da psicologia em que essa ideia é útil porque nos dá algo para explorar, e vamos para um reino em que ela não tem utilidade, pois apenas nos traz algo a temer e deplorar. Ademais, se imaginamos a gratidão como o oposto ou o antídoto a essa versão da inveja, ela se torna uma bondade sem contexto em oposição à maldade sem contexto da inveja, então estamos em perigo de cair de volta no paraíso perdido de Milton, onde há montes de espaço para bondade e maldade, mas pouco para criatividade, essa força que é tão imprevisível, incontrolável e subversiva aos nossos planos, preconcepções e certezas que carrega uma forte semelhança em relação a vida como ela é.

3. "Inveja e gratidão": algumas reflexões atuais

H. Shmuel Erlich

Tradução de Aline Choueke Turnowski

O convite para participar deste volume me trouxe a oportunidade de reler umas das indubitavelmente mais inspiradoras contribuições de Melanie Klein. Agitou sentimentos e memórias, bem como questões e reflexões. Vou tentar apresentá-las o melhor que me for possível, mas preciso confessar que é uma tarefa difícil. O que a torna difícil não é a escassez de assuntos, mas absolutamente o contrário, a natureza múltipla e abrangente que eles têm. A metáfora que vem à minha mente é musical: é como ouvir uma sinfonia, na qual se pode ser tomado pela totalidade emocional e espiritual e ainda, ao mesmo tempo, estar ciente, especialmente depois de ouvir, repetidamente, a temas específicos, desenvolvimentos, intervenções e relações harmoniosas que contribuem para a grandeza global da construção.

Reler "Inveja e gratidão" foi para mim uma experiência ativa de me encontrar mais uma vez com o modo único de pensar de Klein e de interagir com ele de uma forma fluente e contínua: cada uma das páginas e parágrafos é uma ocasião para fortes reações, a maioria delas felizes reuniões com familiares e amigos de longa data, algumas produzindo surpresa e perplexidade, e poucas trazendo fortes discordâncias. Seria impossível e também inapropriado tentar passar por todas elas aqui, uma vez que isso requereria – o que eu mais desejaria – uma leitura página a página acompanhada por exegese, questões e discussão. Obviamente, eu ficaria mais feliz em realizar isso em forma de uma discussão em seminário com colegas do que na moldura confinante de um trabalho escrito. Tendo aceitado a tarefa, contudo, tentarei focar em alguns assuntos que são, no meu modo atual de pensar, principais, mas com a sensação constante de que de nenhum modo isso poderia substituir ou capturar a riqueza dessa obra-prima teórico-clínica. Começo com sentimentos pessoais e memórias, e procedo a assuntos gerais teóricos e clínicos, salientando especialmente relevância contemporânea destes.

I

Meu depoimento pessoal é da ordem de uma revelação completa: Melanie Klein esteve em grande parte ausente de minha exposição psicanalítica inicial nos Estados Unidos. Naquele tempo, a atitude frente aos conceitos de Klein e à abordagem de tratamento, embora não verdadeiramente bem conhecida ou compreendida, e com insuficiente exposição direta a sua prática e sua aplicação, poderia muito bem ter sido descrita como a de um mau objeto. O pouco que era conhecido ou dito era o equivalente a chamá-la de análise selvagem. Foi acusada de não ter qualquer consideração pelo desenvolvimento e funcionamento do ego, pelo aparato mental, pela existência de defesas que precisavam ser cuidadosamente desmontadas e ultrapassadas antes que interpretações profundas pudessem ser oferecidas, e assim por diante. Parecia tanto assustador quanto excitante.

Talvez por causa dessa combinação do fruto proibido e excitante, eu me tornei mais interessado em Klein e li alguns de seus principais artigos. Seu impacto em mim foi considerável e é demonstrado na seguinte história. Como candidatos sêniores, próximos do fim de nossa formação no Instituto Psicanalítico de Israel, nos foi dada a oportunidade de conduzir um seminário eletivo. Minha sugestão aos meus colegas candidatos de que lêssemos "As origens da transferência" (1952) de Klein foi vista com surpresa e interesse. Até então, as contribuições de Klein simplesmente não estavam presentes no currículo do nosso Instituto, e meus colegas de classe eram ignorantes de seu trabalho. O resultado foi bastante dramático: todos nós ficamos bastante identificados com o pensamento e prática das relações objetais e vários foram desenvolver um profundo e duradouro interesse na abordagem kleiniana. Hoje em dia, obviamente, o currículo do Instituto inclui alguns cursos de pensamento kleiniano.

Eu acredito que esta história pessoal demonstra o que aconteceu em grande parte, senão na totalidade, nos institutos e no pensamento psicanalíticos: ao longo das várias últimas décadas, o pensamento de Klein não só foi absolvido, reintegrado à principal corrente do pensamento psicanalítico e deixou de ser um mau objeto, mas realmente se tornou, junto com Freud, um componente principal do que é frequentemente mal denominado de psicanálise "clássica" – um ponto ao qual retorno mais tarde.

II

Permita-me que passe para algumas das questões teóricas que surgiram para mim no curso desta releitura e que são reflexo dos meus atuais focos e preocupações. Um assunto central é a forma como Klein conceitualiza a relação entre sujeito e objeto. Suas visões contêm certas proposições, fundamentais para seu pensamento, que são claramente definidas, bem articuladas, e firmemente mantidas. Ao mesmo tempo, contudo, essas proposições parecem incluir alguns aspectos teóricos menos claramente ponderados. Um assunto bem importante é sua concepção da separatividade inerente entre sujeito e objeto. Klein começa do lugar fundamental e central (freudiano) das pulsões duais na dinâmica psíquica e econômica. Seguindo essa linha de pensamento, é fundamental que a relação do sujeito com seu objeto sempre emane do hiato que se abre entre eles: a força que move o sujeito na direção do objeto, quer focada para o interno ou o externo, brota desse hiato. O objeto do desejo não está ainda ao pleno alcance do sujeito, que é o que dá origem ao desejo, à paixão, ou ao que Freud nomeou "atração". Uma vez que o objeto é alcançado, o desejo pode ser consumado e diminui. A implicação disso, que é característica fundamental, se não uma pré-condição para o pensamento de Klein, é a separatividade inerente de sujeito e objeto. Isto é claro, obviamente, no caso da inveja, que ela descreve como o desejo de possuir o objeto, especialmente sua bondade e seus suprimentos. Essa separatividade é novamente ilustrada, embora não mencionada, na seguinte sentença, que é frequentemente repetida com algumas variações: "o bebê sente que o seio possui tudo o que *ele deseja* e que tem um fluxo ilimitado de leite e amor que *guarda para sua* [do seio] *própria gratificação*" (p. 214, grifo meu). Tudo aqui se articula com essa dimensão da diferenciação, do hiato ou da ausência do objeto de desejo.

Concordo plenamente com o modo que Klein compreende essa dimensão. É plenamente consistente com a conceitualização usual das pulsões e com a de Freud em particular. Se concebemos a relação entre sujeito – ego ou *self* – e objeto ao longo dessas linhas, ele é uma assunção lógica necessária. Foi a partir dessa problemática que surgiu um tema condutor em "Controvérsias" e que serviu como base para grandes ataques e críticas à teoria de Klein, uma vez que implica um grau de separatividade num estágio do desenvolvimento que muitos não eram capazes de conceber, quanto mais garantir. Sem querer me perder nesse antigo debate, pode-se seguramente dizer que essa ideia de uma separatividade precoce é mais aceitável hoje e parece encontrar respaldo em pesquisas com bebês (Stern, 1985). Ainda assim, a questão básica que ele representa colore aspectos significativos do pensamento psicanalítico contemporâneo.

É fascinante que no final de sua vida Freud tenha se comprometido brevemente com esse assunto. Em uma nota póstuma publicada, que pode estar diretamente ligada à teorização de Klein, ele diz:

> *12 de julho [1938]. "Ter" e "ser" nas crianças. As crianças gostam de expressar uma relação de objeto por uma identificação: "Eu sou o objeto." "Ter" é o mais tardio dos dois; após a perda do objeto, ele recai para "ser". Exemplo: o seio. "O seio é uma parte de mim, eu sou o seio." Só mais tarde: "Eu o tenho", isto é, "eu não sou ele."* (Freud, 1941f[1938])

Freud fala sobre a questão de possuir o objeto, que está no núcleo do discurso de Klein sobre o objeto. "Ter" ou desejar "ter" o objeto ou seus atributos deve advir de uma posição psíquica que não é identificada com ele, que percebe o objeto como um "não-eu", que "eu" quer muito incorporar das várias maneiras que Klein descreve. Esse tipo de relação de objeto, diz Freud, é um desenvolvimento posterior. É precedido pelo que ele descreve como *"ser* o objeto". Nesse último caso, trata-se de uma posição indiferenciada que não permite desejo, porque "eu *sou* o objeto". Se o sujeito *é* o objeto, não pode invejá-lo do modo que Klein descreve. Freud claramente se diferencia de Klein no que tange ao tempo de desenvolvimento dessa separatividade, que por si só pode ser o que faz surgir a inveja que ela descreve. Eu devo acrescentar que, ao meu ver, esse aspecto não é resolvido quando a relação toda é relegada ao reino do inconsciente e fantasia inconsciente, que não inclui percepção "cognitiva" ou o "saber" da separatividade. Claro que não estamos lidando com aspectos cognitivos; mas estamos postulando a possibilidade, talvez a necessidade, de separação de sujeito e objeto em um nível psíquico profundo.

Mas Klein também faz várias declarações que parecem contradizer sua proposição aferrada da separatividade e aludir ou sugerir uma simultânea falta de separatividade. Ela começa com a reflexão de que "até mesmo uma situação feliz de amamentação não pode substituir completamente a unidade pré-natal com a mãe" (1991[1957], p. 210). A unidade pré-natal – eu assumo que se refere à unidade psíquica – deve, contudo, existir no nascimento, ainda que não seja claro o que acontece com ela tão pouco tempo depois, quando "o bebê sente que o seio possui tudo o que ele deseja... que guarda para sua [do seio] própria gratificação" (1991[1957], p. 214), implicando clara separação entre bebê e seio. O destino da unidade pré-natal é mais inquietante, já que, sob outros aspectos, mesmo em relação à capacidade de amar, Klein postula a operação e manifestação de fatores inatos: "Mas os fatores internos que a fundamentam" [por exemplo, a relação com a mãe] "– acima de tudo a capacidade de amar – parecem ser inatos." 1991[1957], p. 219). Inveja é "também constitucional" (1991[1957], p. 261). Se inveja, voracidade, ódio e ansiedade persecutória, todos tem uma base inata (1991[1957], p. 261), então por que não a unidade com o objeto, que presumivelmente preexiste *in utero*?

A questão fica mais controversa ainda quando Klein introduz o outro lado da moeda: sentimentos positivos de amor e gratidão. Enquanto o desenvolvimento e o impacto destrutivo da inveja, da voracidade e do ódio, bem como também da ansiedade persecutória e da culpa despertadas por causa deles, são claramente definidos e estabelecidos como derivados dos impulsos sádico-orais-e-anais, como também da pulsão de morte, o lado positivo da equação não está tão bem estabelecido. Indubitavelmente, amor e gratidão tem algo a ver com o bom objeto e a relação com ele, como a seguinte citação ilustra:

> *Em contraste com o bebê que, devido à sua inveja, foi incapaz de construir seguramente um objeto bom interno,* uma criança com uma forte capacidade de amor e gratidão tem uma relação profundamente enraizada com um objeto bom *e pode suportar, sem ficar profundamente danificada, estados temporários de inveja, ódio e ressentimento que surgem mesmo em crianças que são amadas e recebem bons cuidados maternos.* Assim, quando esses estados negativos são transitórios, o bom objeto é recuperado a cada vez. (Klein, 1991[1957], p. 219, grifos meus)

Nessa passagem, a existência de amor e gratidão já são tomadas como certas e pode-se contar com seu efeito melhorativo e desintoxicante. Mas como elas ocorreram? Um pouco antes nos é dito: "Pois é a *fruição* e a *gratidão* que ela suscita que mitigam os impulsos destrutivos" (Klein, 1991[1957], p. 218, grifos no original). E novamente: "Uma gratificação plena ao seio significa que o bebê sente ter recebido do objeto amado uma dádiva especial que ele deseja guardar. Essa é a base da gratidão" (Klein, 1991[1957], p.

219). Gratidão é assim pensada como derivada do prazer da amamentação e da satisfação em seu surgimento. Mas como isso pode ser a base da gratidão, se o mesmo prazer também desperta ataques invejosos ao objeto? A resposta, claro, é que as duas experiências e sentimentos são eventos simultâneos, separados um do outro pela operação primitiva da cisão e identificação projetiva. Mas isso ainda não é plenamente convincente, nem dá conta da derivação da gratidão vinda da experiência de prazer. Permitam-me elaborar.

Acredito que a própria Klein não está plenamente convencida da eficácia da formulação, como ilustrado na ressalva que ela faz algumas linhas abaixo: "Dúvidas sobre a posse do objeto bom e a correspondente incerteza sobre os próprios sentimentos bons também contribuem para identificações vorazes e indiscriminadas" (Klein, 1991[1957], p. 218). A existência de sentimentos bons, por si só, não garante a persistência dos mesmos e nem que resistam aos ataques a eles direcionados, que aparecem refletidos nas dúvidas e incerteza sobre a própria bondade e o bom objeto interno. Além disso, Klein associa amor e gratidão a variações de relação positiva com o objeto. Freud, em seu elaborado esforço para considerar amor em termos de vicissitudes instintuais, eventualmente reconheceu derrota e admitiu que

> *Preferiríamos considerar o amor como sendo a expressão de toda a corrente sexual de sentimento, mas essa ideia não elucida nossas dificuldades e não podemos ver que significado poderia ser atribuído a um conteúdo oposto dessa corrente ... tornamo-nos cônscios de que as atitudes de amor e ódio não podem ser utilizadas para as relações entre os instintos e seus objetos, mas estão reservadas para as relações entre o*

ego total e os objetos. (Freud, 1915c, pp. 80-82, grifos do original)

A dificuldade com a formulação de Klein da gratidão como variação do amor é que ela é de fato diferente da inveja. A inveja emana diretamente do desejo posto em movimento pelos impulsos sádico-orais e sádico-anais. Amor e gratidão, no entanto, não emanam *diretamente* da experiência de gozo e satisfação. O que se pode dizer que deriva disso é o *prazer*, que representa uma experiência, um estado psíquico ou seu resíduo mnêmico; não representa o objeto da pulsão, uma vez que a última já está tranquilizada. Amor e gratidão, portanto, representam sentimentos de ordem superior e integrações mentais ao nível do que Freud descreve como "ego total" ou personalidade. Essas integrações envolvem entre elas impulsos odiosos e destrutivos bem como amor e gratidão em uma consolidação pós-ambivalente ou, nos termos de Klein, uma aquisição da posição depressiva.

Essa distinção entre as variações do amor, e consequentemente da gratidão, é ilustrada e refletida no entendimento da transferência positiva e na forma como ela é manejada. Nós usualmente interpretamos a transferência quando ela é ou idealizada (como Klein demonstra) ou conflituosa, ou quando mascara ataques invejosos eróticos ou destrutivos ao analista. Nós raramente iríamos interpretar sentimentos de amor e gratidão, estes são considerados genuínos (por exemplo, não idealizados) e reflexo da apreciação e gratidão do analisando pela análise e pelos esforços do analista. A posição não interpretativa nesse caso revela que esses sentimentos são de ordem diferente. Nós os considerarmos como aquisição da análise, e não como não necessitando interpretação. Diz-se, às vezes, que o amor e a gratidão sobre os quais Klein se refere são de natureza primitiva e, portanto, são meros precursores de sentimentos mais maduros (Segal, 1979). Mas isso não esclarece plenamente a dificuldade: no mínimo introduz um desequilíbrio entre gratidão e inveja, em que tal distinção entre manifestações precoces e tardias não se faz necessária.

Há vários lugares em que Klein sugere uma dimensão um tanto diferente, talvez mais ampla: não é suficiente falar do desejo ou sua satisfação; há também a questão de *como isso é experienciado,* que influencia o desenlace. A primeira dessas sugestões aparece quando ela diz que "a internalização voraz perturba a relação com o objeto" (Klein, 1991[1957], p. 220). A implicação disso é que quando a internalização é experienciada como voraz, quando um desejo voraz permeia a *experiência* de satisfação, o resultado é colorido por ela e pode ser deletério. Novamente: "É a própria voracidade com que essa internalização é efetuada que contém o germe do fracasso" (Klein, 1991[1957], p. 250). A citação a seguir introduz claramente a ideia do papel significativo e lugar da *experiência*.

Uma superposição entre essas várias fontes, tanto de libido quanto de agressividade, é normal. Porém quando a superposição equivale a uma incapacidade de experienciar suficientemente a predominância de qualquer uma dessas tendências... tanto a vida sexual subsequente quanto as sublimações são, então, adversamente afetadas. (Klein, 1991[1957], p. 227, grifo meu)

Admitir essa dimensão *experiencial* adicional que foca não no *conteúdo,* mas em *como* o conteúdo é processado – isto é, *em qual dimensão experiencial* isso acontece – pode resolver algumas das dificuldades teóricas às quais me referi. Eu propus (Erlich, 2003) que eventos e conteúdos psíquicos ocorrem dentro de *duas* dimensões experienciais: uma baseada na separatividade entre sujeito e objeto (*Doing*), outra na unidade sujeito e objeto (*Being*).[1] Eu também postulo a simultânea e contínua presença e operação dessas duas dimensões desde o início da vida extrauterina. A suposição de Klein da separatividade primária entre sujeito e objeto, que aumenta a inveja, ódio e ataques destrutivos ao objeto amado estão totalmente dentro desse enquadre de referência, em que tudo que tem a ver com pulsões – que, como sugerido, implicam entre separação do sujeito com o objeto – acontece. É precisamente o hiato que contribui para a ânsia, como também a raiva e inveja que a criança experiencia, como Klein descreveu.

Por outro lado, uma boa parte do que Klein descreve como amor e gratidão envolve a dimensão de *Being*: isto é, a *experiência de unidade* de sujeito e objeto. Essa experiência acompanha tudo o que acontece, em geral como uma qualidade de fundo. Como Klein sugere, e eu concordo, torna-se um foco e uma questão quando ela é danificada ou perturbada, e a "incapacidade de experienciar" se instala. Nesses casos, a capacidade de experienciar a unidade é severamente prejudicada, quando não totalmente ausente. Mas é acompanhada de outros atributos e componentes dessa dimensão que incluem se sentir vivo e existindo (*being*) e *ser parte de uma totalidade ou unidade*. Eu identifico uma sugestão disso na declaração de Klein: "No curso do desenvolvimento, a relação com o seio materno torna-se a base para a dedicação à pessoas, valores e causas" (p. 219). O que Klein descreve aqui é a experiência de *pertencimento* – a um grupo, ideia ou ideologia, a uma causa ou conjunto de valores – baseado na imersão e fusão com eles. É essa experiência que faz com que o seio bom seja parte do *self* do sujeito, o que Klein chama de "assimilação". A diferença crucial, na minha opinião, é que essa assimilação em particular não é dirigida

---

[1] "*Doing*": fazer, agir; "*Being*": ser [N.T.].

pela pulsão, mas pela experiência de unidade e pela dimensão do *Being*.

A experiência do *Being* ou da unidade às vezes é compreendida no pensamento kleiniano no sentido de identificação (Klein, 1955), que é uma unidade defensivamente-impulsionada, organizada contra a perda do objeto ou desistência dele. Similarmente, na identificação projetiva há também um componente de sensação de unidade com certos aspectos do objeto, no qual partes do *self* foram evacuadas e projetadas, mas devido a uma necessidade defensiva e, frequentemente, regressiva. Na dimensão do *Being*, em contrapartida, ocorre uma experiência não-pulsional, que é de uma natureza diferente e é pano de fundo necessário para sentir-se vivo e conectado. Eu acredito que isso é exatamente o que Klein tinha em mente quando se referiu à experiência ou estado de "unidade".

Há, naturalmente, consequências a partir desse ponto de vista. Talvez a mais importante seja a que devemos fazer uma distinção entre aquilo que é o que não é da ordem do pulsional e da separatividade e seus desdobramentos. Eu não encontro esta distinção no pensamento de Klein. Há também diferenças no que causa a perturbação tanto no percurso quanto na dimensão. Por exemplo, eu considero que os efeitos da pulsão e do conflito (a dimensão *Doing*) são precisamente como Klein os descreveu. Nesse sentido, eles são, como ela sugere, principalmente internos e independentes de influências ambientais "reais", o que pode só servir para aperfeiçoar e amenizar seus impactos e torná-los menos destrutivos. O que se revela na dimensão do *Being*, por outro lado, precisamente porque é baseado na experiência de unidade (e não em pulsão), é muito mais suscetível à capacidade do objeto de estar nessa unidade com o sujeito. É uma dimensão mais sensível às flutuações e disposições do objeto para participar do que pode ser experienciado (pelo objeto) enquanto ele abre mão da sua própria existência separada e funde-se com a do bebê ou de outro. Claramente isso deve ser uma experiência ameaçadora para alguns, especialmente se eles já sofrem de dificuldades nessa dimensão, contribuindo, assim, para uma transmissão intergeracional. Nós já vimos dificuldades profundas como essas na relação de sobreviventes do Holocausto com seus filhos ou a segunda geração (Erlich & Felsen, 1990).

III

Eu me preocupei com certa extensão sobre o tema da separatividade e da unidade porque eu penso que representa um *shibboleth* psicanalítico fundamental, mas também porque parece refletir uma falta de clareza na teorização de Klein que influenciou outras. Vou agora focar nos aspectos de "Inveja e gratidão" que eu julgo estimulantes em termos de atualidade, pertinência e continuidade.

O primeiro e mais importante destes é o lugar concedido ao mundo interno e à realidade psíquica. Aqui, a posição de Klein é inequívoca, firme e consistente. No que tange ao impacto das pulsões na psique e seu desenvolvimento, há uma clara prioridade do interno e psíquico sobre o externo e real. O "objeto bom", esperado como um continente para o amor do sujeito, não representa uma avaliação objetiva de sua natureza, mas o produto da vida e dos aspectos amorosos do sujeito. Essa ênfase e inabalável insistência kleiniana servem como um farol muito necessário no mundo psicanalítico contemporâneo, no qual essa hierarquia foi rejeitada e suplantada em muitos lugares pela predominância dos fatores externos ou pela substituição das efetivas relações de objeto por fantasias como sendo o que povoa o mundo interno.

A mudança na ênfase foi, não em pequena medida, relacionada ao trabalho de Klein, que abriu o caminho para um foco mais claro nas relações de objeto. Para Klein, contudo, tal como para Freud, isso significava relações de objeto motivadas e colocadas em movimento pelos trabalhos internos de pulsões e fantasias, não pelas relações interpessoais e interações. Embora ela não renegue o papel da mãe e ambiente reais, deixa claro que a fantasia e a dinâmica interna, por serem baseadas em fatores inatos, é que são decisivas:

> O montante de minhas observações... convenceu-me de que o impacto dessas experiências externas é proporcional à força constitucional dos impulsos destrutivos inatos e das ansiedades paranoides decorrentes. Muitos bebês não tiveram experiências muito desfavoráveis e, ainda assim, tem sérias dificuldades com a amamentação e com o sono, e nós podemos ver neles todos os sinais de grande ansiedade, os quais as circunstâncias externas não explicam suficientemente.
>
> É também sabido que alguns bebês são expostos a grandes privações e circunstâncias desfavoráveis e, ainda assim, não desenvolvem ansiedades excessivas. (Klein, 1991[1957], p. 262)

Essa posição fundamenta muito do que é atualmente controverso dentro da psicanálise. Enquanto os debates frequentemente focam em padrões educacionais e variedades de práticas clínicas, é evidente que a origem fundamental da efervescência resulta de desacordos profundos no que tange ao papel e a substância do mundo interno, em contraste com as influências externas e circunstâncias. Essa é a versão dos dias atuais da resistência inicial às teorias de Freud da sexualidade infantil e do inconsciente dinâmico. Simplesmente não há como essas ideias serem aceitas sem resistência e/ou tentativas de alinhá-las com a realidade comum, previsível, racional e observável. Há uma consequência adicional importante à posição exposta por Klein. Ao mesmo tempo que é imensamente difícil aceitar os efeitos primários do mundo interno e das suas projeções, como a inevitabilidade da inveja e da destrutividade, há nisso também um grau inerente de otimismo. Enquanto a batalha interna é inevitável e sempre-presente, isso também implica autonomia, um grau de escolha e uma responsabilidade pessoal definitiva. É uma posição tanto ética quanto científica que marca essas abordagens psicanalíticas que são comumente chamadas de "clássicas", sugerindo que elas são relativamente ultrapassadas em relação às chamadas abordagens "contemporâneas". Por um lado, a tendência recente de realocar responsabilidade no ambiente externo real liberta o paciente de culpa e sustenta uma promessa maior de cura e revitalização, condicionando-o a experienciar o analista como um objeto "novo" e mais sintonizado; por outro, ao aceitar essa perspectiva, o paciente deve assumir uma posição vitimizada. Klein estava ciente disto de uma forma surpreendente e contemporânea. Em primeira instância, ela enfatiza que é o paciente que é incapaz de aceitar o bom alimento oferecido pela mãe-analista devido à sua voracidade e culpa: "Nessa situação, a culpa arcaica em relação à rejeição do leite e do amor oferecidos pela mãe é revivida porque a ajuda do analista não é aceita" (p. 254). Em outras palavras, a oferta de disponibilidade de leite e amor, ainda que obrigatória, não garante aceitação pelo bebê, que é então uma vítima não de privação externa, mas de sua própria inveja e voracidade. Klein parece falar diretamente a alguns analistas contemporâneos quando diz:

> *Analisar processos de cisão e o ódio e a inveja subjacentes, tanto na transferência positiva quanto na negativa,*

exige muito do analista e do paciente. Uma consequência dessa dificuldade é a tendência de alguns analistas a reforçar a transferência positiva e a evitar a transferência negativa, e a tentar fortalecer sentimentos de amor assumindo o papel do objeto bom que o paciente não fora capaz de estabelecer firmemente no passado. Esse procedimento difere essencialmente da técnica que, ao ajudar o paciente a conseguir uma melhor integração do self, visa uma mitigação do ódio pelo amor... Descobrimos que... o paciente nunca abandona completamente seu forte desejo de receber provas de amor e apreciação do analista.... em identificação com seu paciente, a necessidade arcaica de reasseguramento, pode influenciar intensamente sua contratransferência e, consequentemente, sua técnica. Essa identificação pode também facilmente levar o analista à tentação de assumir o lugar da mãe e a ceder à necessidade premente de aliviar imediatamente as ansiedades de seu filho (o paciente). (Klein, 1991[1957], pp. 257-258)

Um outro aspecto dessa posição desidealizante é a desidealização do próprio analista. Klein, de uma maneira verdadeiramente freudiana, vê a motivação e a prontidão a persistir em análise como derivada fundamentalmente do "desejo pela verdade", que é mais profundo e mais duradouro do que o desejo de ser ajudado. Além disso, a análise não leva ao renascimento ou à interrupção de conflito e sofrimento. Leva, no melhor dos casos, a uma melhor integração. Ainda que a "integração completa e permanente ... nunca [seja] possível".

IV

Finalizando, eu quero frisar alguns pontos com respeito ao processo clínico e terapêutico e a forma como ele atravessa esse trabalho. Alguns dos seus aspectos já foram tocados na discussão precedente, mas alguns pontos precisam ser destacados. Em oposição à antiga imagem predominante da interpretação direta, abrupta e insensível, claramente não é esse o caso aqui. Em primeiro lugar, Klein sustenta que a ansiedade é o ponto focal de sua técnica. Eu acredito que quando a ansiedade é o ponto focal, estamos mais frequentemente em terreno seguro, bem como na direção correta. Além disso, ela afirma que "Em análise devemos caminhar *lenta e gradativamente* em direção ao doloroso *insight* referente às divisões do *self* do paciente" (p. 225, grifo meu). Parece que essa nota cautelosa é destinada a contrapor projeções de análises impiedosas.

A técnica de Klein tal como é refletida neste trabalho é qualquer coisa menos insensível. Pode ser incisiva, e certamente vem de um lugar de "saber" algo sobre o inconsciente. Isso é compreensível, mas também precisa de algumas observações cautelosas. Por um lado, o analista na abordagem de Klein está bastante vulnerável a que seu inconsciente, contratransferência e inveja possam obstruir o processo analítico de muitas formas que se igualam a algumas do paciente. Por outro lado, o analista deve ser capaz de transcendê-las e de focar claramente na miríade de formas nas quais a inveja do paciente visa destruir o analista e a análise. O analista precisa estar pronto e capaz para receber as projeções do paciente e trabalhar com elas analiticamente. É difícil conceber a capacidade de manter a postura analítica e de trabalhar sob essa tempestuosa e dramática condição sem se segurar a algo. Esse algo é a convicção do analista sobre a presença e a natureza de processos inconscientes como inveja, voracidade e destrutividade, incluindo a idealização destrutiva. Klein afirma em uma nota de rodapé: "A experiência mostrou-me que, quando o analista fica plenamente convencido da importância de um novo aspecto da vida emocional, ele se torna capaz de interpretá-lo mais cedo na análise" (p. 246). A convicção do analista em seu conhecimento é experiencial, derivada amplamente de sua própria análise, mas também em grande medida da teoria. Apesar dele poder estar se debatendo perdido sem esse sabe convicto, há também o sempre-presente perigo de que este conhecimento possa se tornar dogmático e exclusivo.

Em meu próprio trabalho, a inveja – em seu sentido destrutivo, que é tipicamente diádico – está sempre presente. Em casos graves ela ocupa um papel mais dominante do que o ciúme ou a inveja triangular edípica. O que eu acho mais difícil é a resistência a essa linha de interpretação e *insight*. Eu acredito que leva um tempo muito longo, com frequência anos de análise, antes que essa força emocional destrutiva e perniciosa possa ser abordada – não só por mim, mas pelo paciente – sem escape e negação. Quando isso realmente acontece e a inveja é desnudada em seu caráter pernicioso e totalmente irracional, proveniente de dentro e suportando pouca ou nenhuma relação com o externo, então uma mudança fundamental acontece no paciente e na análise, o que é experienciado como um momento de unidade entre analista e analisando. Eu estou convicto de que isso não poderia acontecer sem o trabalho pioneiro de Melanie Klein, pelo qual sou profundamente grato.

4. Uma resposta independente a "Inveja e gratidão"

Caroline Polmear

Tradução de Nina Lira

No prefácio desta fértil obra, Melanie Klein reconhece sua dívida com Abraham e sua satisfação em poder levar adiante a obra dele por meio de uma publicação própria: "Inveja e gratidão".

Relendo este trabalho, vinte anos ou mais depois de tê-lo estudado pela primeira vez, percebo quão fácil é esquecer minha dívida para com ela e com outros cujos trabalhos tornaram-se parte integrante de minha coleção de teorias, teorias parciais e conceitos sobre os quais me sustento no consultório. Sandler (1983) explorou de forma profícua a relação que temos com nossa teoria. Ele ressaltou que muito raramente abandonamos, de fato, uma velha teoria ou conceito, até mesmo quando já foram substituídos por um novo pensamento. Ele também observou que nossas teorias não formam uma teoria coesa completa, um paradigma internamente consistente, mas, pelo contrário, aguardam até que sejam "convocadas" pelo nosso pré-consciente quando forem relevantes ao material que estamos tentando entender no consultório. Na verdade, ao citar Sandler como faço agora, estou demonstrando seu ponto. A noção de pré-consciente é raramente usada pelos analistas kleinianos e independentes, mas todos sabemos exatamente o que significa e nos sentimos à vontade com ela enquanto um termo descritivo. No que diz respeito ao trabalho de Klein ora em discussão, dou-me conta da frequência com que estou ciente do poder destrutivo da inveja e do prejuízo ao desenvolvimento de um relacionamento com uma outra pessoa inteira, que tenha uma capacidade de concernimento e uma habilidade para dar e receber amor.

No entanto, é curioso que minha aceitação dessa visão particular kleiniana do desenvolvimento nas primeiras semanas e meses de vida, com ênfase tão diferente daquela dos teóricos independentes, fique assentada dentro de mim com certo conforto.

Então, por que é que minha dívida com ela, pelos seus insights, pode tão facilmente passar sem reconhecimento? Desconfio que essa falha de conscientemente reconhecer o uso de tantas teorias, conceitos e observações que nos são esclarecedoras tem algo a ver com a atitude do narcisismo das pequenas diferenças, quando definimos a qual grupo pertencemos, pelas vias de descrever qual grupo e teoria não "nos" representa. Nesse processo, negamos a própria natureza do nosso uso da teoria psicanalítica.

O artigo de Klein é tão rico que eu poderia escolher qualquer um de seus vários temas para explorar. No entanto, pretendo restringir-me, neste capítulo, a uma análise da descrição kleiniana do desenvolvimento inicial como está retratado neste trabalho. Então, descreverei as observações de Winnicott e sua compreensão conceitual do mesmo período de desenvolvimento. Mais especificamente, gostaria de explorar a importância central que ele atribui à completa dependência do bebê em relação à mãe ou cuidadora, o seu conceito de "*holding*"[1] e a área de separação em "eu" e "não-eu". Por fim, explorarei algumas das implicações clínicas e técnicas das diferenças entre essas duas visões.

---

1 Termo já traduzido em outras obras como "o segurar"/"o sustentar" (o bebê). Optamos por manter o termo em inglês, dado o seu amplo uso no meio psicanalítico [N.T.].

Os primeiros seis meses: a perspectiva kleiniana do desenvolvimento

Klein (1991[1957]) considera a inveja como uma expressão "sádico-oral e sádico-anal dos impulsos destrutivos" e que tem uma base constitucional. Ela levanta a seguinte questão: como é que o ego imaturo e frágil faz sua primeira relação objetal de forma segura quando ele é governado pela influência da poderosa força destrutiva da inveja, tão ligada à pulsão de morte?

Sua resposta encontra-se na elaboração dos processos projetivos e introjetivos que estão em ação, e nas defesas contra a aniquilação que são empregadas pelo bebê. Nesse e em todos seus trabalhos, Klein atribui uma importância fundamental à primeira relação de objeto do bebê: com o seio da mãe e, depois, com a mãe. Se essa relação for introjetada com uma segurança razoável, então estará estabelecida a base para um desenvolvimento satisfatório. Internalizações precoces dominadas pela inveja contribuem para a dificuldade em construir um bom objeto interno e desenvolver a capacidade para o amor e gratidão.

Inicialmente a inveja, ou inveja primária, é referida ao seio que amamenta. Ela define a inveja como "o sentimento raivoso de que outra pessoa possui e desfruta de algo desejável – sendo o impulso invejoso o de tirar este algo ou de estragá-lo" (Klein, 1991[1957], p. 181). O bebê invejoso deseja o seio como alimento e também ser liberto dos impulsos destrutivos e da ansiedade persecutória. O ataque invejoso sobre o seio aumenta o terror que a criança sente de ser aniquilada por esse seio atacado e persecutório. A primeira defesa do ego e a primeira conquista do desenvolvimento é a de cindir o seio em bom e mau. Dessa forma, o ego dispersa os impulsos destrutivos e as ansiedades persecutórias internas. Essa é a defesa primária durante os primeiros meses de vida. A pulsão de vida e o amor dão ímpeto a essa cisão e preservação bem-sucedidas e, mais tarde, a uma integração também bem-sucedida. A inveja excessiva no ego imaturo cria a culpa persecutória, que não pode ser tolerada nem elaborada, e a cisão torna-se mais permanente.

Quando um objeto bom é segura e adequadamente estabelecido e não está oprimido por impulsos destrutivos, ele sobrevive aos ataques sobre ele fantasiados, a culpa é tolerável, e o movimento em direção à integração (posição depressiva) progride. Com a eclosão do complexo de Édipo, que Klein localiza entre os 3 e 6 meses, o progenitor, que no início é um objeto combinado, diferencia-se gradualmente em um casal. Quando a inveja não é excessiva, o ciúme torna-se um meio de elaboração, que, por sua vez, torna-se ele mesmo uma defesa contra a inveja.

Durante esses meses, nos momentos em que o desenvolvimento é mais perturbado pela inveja excessiva, intensificam-se a onipotência, a negação e a cisão. Partes más excindidas [*split-off*] são evacuadas para dentro do outro por identificação projetiva, enquanto o seio bom é idealizado e, em seguida, internalizado pelo bebê. A interferência sentida via gratificação oral pode levar a um voo defensivo à genitalidade.

Os primeiros seis meses: a perspectiva winnicottiana do desenvolvimento

O bebê winnicottiano inicia sua vida num estado de ausência de integração egoica e de total dependência física e emocional da mãe ou do principal cuidador (eu uso o termo "mãe" por simplificação). Desta forma, o ponto de partida de Winnicott na compreensão do bebê diz respeito à sua total dependência. Juntos, o bebê e a mãe formam uma unidade durante as primeiras semanas. O crescimento físico e emocional do bebê depende de um "ambiente facilitador" (Winnicott, 1963b), muitas vezes referido como "maternagem suficientemente boa" (Winnicott, 1960b). Tendo as condições favoráveis, o bebê sai de um estado de dependência absoluta, passando pela dependência relativa, e segue rumo à independência. Ao mesmo tempo, três tarefas do desenvolvimento são alcançadas: integração, personalização e os esboços de relação objetal.

A função da mãe no período de dependência absoluta é contemplada pelo termo "*holding*" (Winnicott, 1960a). É por meio do "*holding*" que "o potencial herdado" evolui para uma "continuidade do ser", um início do *self* (1960a). Com o fracasso do *holding*, o "ser" não pode se desenvolver. A alternativa ao ser é o reagir, que interrompe o ser e aniquila o *self* em desenvolvimento. O *holding* implica não somente um manuseio [*handling*][2] físico sensível e afinado, mas também uma total provisão ambiental prévia e concomitante aos primórdios da separação entre "eu" e "não-eu". Parte desta provisão envolve dar "apoio-egoico" ao ego frágil da criança, tendo em mente a criança como uma pessoa inteira, antes que a criança tenha seu próprio senso de si mesma (Winnicott, 1998). É este aspecto do *holding* que permite o início da "linha de integração", ou o "continuar a ser". Isso também viabiliza intervalos, por exemplo durante os descansos, ao estado de não-integração. Por meio deste "apoio-egoico" vital – ou, em outras palavras, o uso do forte ego materno enquanto o do bebê ainda é fraco, indefeso e não integrado – o bebê pode, de tempos em tempos, tolerar o isolamento (em oposição à fusão) e experimentar seus próprios

---

2 A partir deste ponto, a expressão *handling* será mantida em inglês, tendo em vista que o verbo *to handle* contempla múltiplos sentidos e que *handling* também é um conceito bastante conhecido. Nesse contexto, tem sido traduzido principalmente como "manejo" ou "manuseio", relativo ao lidar com as mãos [N.T.].

impulsos autênticos acerca da ideia de um outro – um objeto que é o cerne da sua experiência e cuja existência torna isso real. Essas são as primeiras experiências do *self*, e quando elas resultam em uma comunicação da experiência, um gesto espontâneo que é correspondido pela mãe, elas se tornam as primeiras experiências de relações objetais e um início da noção de "eu" e "não-eu". Assim, na primeira fase do *holding*, se tudo vai bem, períodos de "ser" podem ser experimentados sem a necessidade de reagir a intrusões (*impingements*) externas e sem aniquilação.

Da perspectiva externa, *holding* significa atender às necessidades físicas do bebê e, portanto, nesta fase inicial, às necessidades psicológicas dele. O *holding*, para que seja confiável, depende da empatia ou capacidade da mãe de identificar-se com seu bebê via identificação projetiva – um processo que começa na gravidez e perdura até as primeiras semanas de vida. Ele exige uma "adaptação 'ao vivo' das necessidades do bebê" (Winnicott, 1960a), uma capacidade de resposta imediata que pode estar obscurecida nas mães experientes, que, talvez, por já terem feito isso tantas vezes, não mais se sintonizam com a comunicação única e particular de seus bebês. (Os riscos de haver uma equivalência disso na relação analítica são dolorosamente reais.) O *holding* protege o bebê das injúrias fisiológicas e leva em conta a sensibilidade da pele do bebê, a sensibilidade visual, a sensibilidade à queda ou despedaçamento, bem como considera a falta de conhecimento que o bebê tem de qualquer coisa além de seu *self*. Por último e não menos importante, o *holding* inclui o segurar físico e o manusear da criança, que é uma forma de amar e a única maneira que a mãe tem de expressar seu amor nesse estágio.

A base da satisfação pulsional e das relações objetais é o handling, o manejo geral e o cuidado com o bebê, o que é facilmente tido como certo quando tudo vai bem. (Winnicott, 1960a, p. 49)

A fase da personalização vem depois da fase do *holding*. Um pouco como a declaração de Freud (1923b) de que o ego é "primeiro e acima de tudo, um ego corporal", Winnicott identifica um aspecto importante da integração no que ele chama de personalização. Isso inclui a noção de alojamento da psique no soma. Por meio de um *holding* empático, a criança gradualmente adquire consciência de uma "membrana que estabelece o limite entre interior e exterior, entre eu e não-eu". (Winnicott, 1960a).

Ao mesmo tempo que se dá a separação entre interior e exterior, acontece o processo de integração interno, o que significa que, com um *handling* empático, uma parceria psicossomática pode ser estabelecida.

O handling *descreve a provisão ambiental que, vagamente, corresponde ao estabelecimento de uma parceria psicossomática. Sem um* handling *suficientemente bom, ativo e adaptativo, a tarefa interna pode vir a ser pesada, na verdade pode, inclusive, ser impossível que o desenvolvimento de uma inter-relação psicossomática se estabeleça adequadamente. (Winnicott, 1962, p. 62)*

Mais adiante Winnicott afirma que, tratando-se de um *handling* adaptativo, a mãe "é capaz de manejar o bebê e o corpo desse bebê como se os dois formassem uma unidade" (Davis & Wallbridge, 1981; Winnicott, 1969).

A terceira fase do desenvolvimento aponta para a relação objetal primitiva e a experiência de onipotência. Mais uma vez, o *holding* é vital nesta fase, embora, aqui, a mãe seja requisitada a responder à necessidade de seu bebê por mais autonomia de ação, já que ele está se movendo do "ser" para a "atividade" com maior frequência. Quando o bebê inicia uma ação a partir de seus próprios impulsos e a mãe responde, o bebê assume que a satisfação veio dele mesmo. Winnicott vê isso como um estágio essencial no desenvolvimento do *self*. Uma resposta afinada da mãe faz dos eventos do id, da fome, da voracidade e da necessidade do seio uma experiência valiosa e significativa. Winnicott relaciona isso à noção de Freud sobre o bebê que alucina o seio e que o encontra bem ali à sua disposição. Uma vez que o bebê tenha inaugurado a boa experiência, ele agora terá uma ideia do que precisa e obterá a satisfação quando isso se apresentar a ele. A importância deste período de onipotência está na concepção de um senso de ser real e de ser capaz de afetar o ambiente.

Winnicott afirma que é somente quando se alcança alguma organização egoica, e certo reconhecimento da existência do outro, que o trabalho de Klein sobre mecanismos primitivos de projeção e introjeção se torna importante. Esse reconhecimento do outro é alcançado paulatinamente, com a desilusão gradual que a mãe produz no bebê, por exemplo, quando esta souber que seu filho pode esperar mais um pouquinho antes de ser alimentado. Por vezes isso é referido por Winnicott como o estado de "viver com" em vez de estar fusionado com a mãe. Curiosamente, ao contrário de outros teóricos interessados nesses primeiros meses, Winnicott fala do papel do pai. O pai, sem que a criança tenha conhecimento, lida com o ambiente para a mãe enquanto ela faz o *holding*. Então, em certo sentido, o pai "sustenta" [*holds*] a mãe para que ela possa se concentrar no bebê. Parte do reconhecimento do bebê de sua separatividade também depende da crescente apreensão de que pai, mãe e bebê vivem juntos.

Junto aos primeiros momentos do "eu sou" e o reconhecimento de que tudo o mais é não-eu, vem uma expectativa de perseguição. A assertividade do "eu sou" é sentida como um ataque agressivo contra a mãe, que é experimentado pelo bebê como um "momento bruto", um sentimento de exposição infinita. Esse momento de incerteza só pode ser vivido pelo bebê se ele estiver sendo sustentado [held] de forma segura. Sem essa segurança e confiança advindas do *holding* estável da mãe, o bebê irá submeter-se, regredir para um estado fusional, ou desintegrar-se em ansiedade. Dessa forma, o importante para o bebê de Winnicott é a conquista da separatividade e a agressividade que dela decorre. Nesse sentido, a ruptura do apoio nesses momentos conduz a uma ruptura da integração.

Winnicott descreve as origens de uma capacidade para o concernimento quando o bebê tem cerca de 6 meses de idade. Ele enumera as condições para o seu surgimento: a integração do ego e um percepção de um *self*, uma pessoa inteira com um interior e um exterior; uma relação objetal na qual existam elementos de amor e destrutividade, talvez bem caracterizados no "Eu te amo – eu te devoro"; e uma mãe agora percebida como uma pessoa inteira e separada, que está no processo de se tornar permanente na mente do bebê.

Como Klein, Winnicott também descreve uma cisão cujos efeitos precisam ser agrupados, neste caso, para que a capacidade de concernimento possa se desenvolver. Contudo, a cisão de Winnicott está na percepção do bebê de suas "duas" mães: a "mãe-objeto" e a "mãe-ambiente". A mãe enquanto objeto ou dona do objeto parcial, o seio, é a mãe que o bebê experimenta como satisfazendo suas pulsões do id. A mãe-objeto é usada de forma impiedosa e agressiva pelo bebê. "A fantasia que acompanha as pulsões sanguinárias do id contém ataque e destruição" (Winnicott, 1963a). A mãe-ambiente é a destinatária de todo o seu amor, afeto e "coexistência sensual".

Com o desenvolvimento da relação objetal, o bebê experimenta ansiedade, isso porque, se ele consome e destrói a mãe, ele a perderá e/ou poderá ser atacado por ela. Mas ele também percebe que oferece algo para a mãe-ambiente – poder-se-ia dizer que ele traz alegria a ela. A partir desse conhecimento, a qualidade de sua ansiedade muda e se torna culpa. Por ele ter esse conhecimento, de que faz uma reparação ao contribuir com a mãe-ambiente, a culpa pode ser suportada. Nos casos favoráveis, em que a mãe demonstra, por meio de sua presença e reações confiáveis, poder suportar a crueldade do bebê, este torna-se mais ousado para experimentar suas pulsões do id, liberando, assim, a sua vida pulsional. As duas mães podem, gradualmente, tornar-se uma. A culpa permanece dormente e só aparece como tristeza ou humor deprimido quando não há oportunidade para reparação.

Assim, tanto o bebê kleiniano quanto o winnicottiano chegam, por vias diversas, a uma posição semelhante, e por volta do mesmo período em suas vidas.

A abordagem de Klein e de Winnicott: semelhanças e diferenças

Antes de qualquer coisa, não deve ter escapado à atenção do leitor o fato de que foi necessário um número bem menor de palavras para descrever o esquema de desenvolvimento de Klein, como foi apresentado em "Inveja e gratidão", se comparado ao de Winnicott. Klein está descrevendo um aspecto que afeta o desenvolvimento inicial, mas em nenhum momento diz que aquele é o único. Winnicott está descrevendo uma imagem mais complexa e completa da unidade mãe-bebê e, em seu trabalho, atenta-se a todos os aspectos que observa, esclarecendo-os em um vasto número de artigos. Talvez seja o tom muito diferente, o uso da linguagem e a ênfase que fazem com que as abordagens pareçam tão diferentes. Na verdade, embora a descrição de Klein seja a de um processo impulsionado a partir de dentro, orientado pela necessidade de se defender contra a inveja destrutiva e espoliadora ligada à pulsão de morte, em vários pontos de sua obra ela reconhece a importância dos fatores ambientais no desenvolvimento saudável: "Circunstâncias externas tem um papel vital na relação inicial com o seio". Ela vai ainda mais adiante quando faz referência aos partos difíceis que apresentam complicações, como a falta de oxigênio no bebê.

Além disso, se a criança é ou não adequadamente alimentada e cercada de cuidados maternais, se a mãe frui plenamente ou não os cuidados com a criança, ou se ela é ansiosa e tem dificuldades psicológicas com a amamentação – todos esses fatores influenciam a capacidade do bebê de aceitar o leite com prazer e de internalizar o seio bom. (Klein, 1991[1957], p. 210)

Então ela novamente diz: "a privação intensifica a voracidade e a ansiedade persecutória" e "é claro que a privação, a alimentação insatisfatória e as circunstâncias desfavoráveis intensificam a inveja por perturbarem a gratificação plena, criando-se um círculo vicioso" (p. 187). Portanto, não é verdade que este é um bebê sem mãe. Pelo contrário, Klein está investigando e ensinando seus interlocutores sobre os processos que estão em ação no mundo interno infantil nesse momento crucial em que se estabelecem as bases da saúde ou da falta dela. Ela surge como alguém portando uma mensagem urgente para que os analistas efetivamente entendam e acreditem no mundo interno, e percebam a necessidade imediata em associar as falhas precoces na consecução do desenvolvimento à saúde mental gravemente prejudicada. Estou certa de que todos nós percebemos em nossos pacientes *borderline*, esquizoides, narcisicamente prejudicados e esquizofrênicos a clareza da inter-relação entre os processos que ela descreve e os danos no desenvolvimento da personalidade e no desenvolvimento do amor, que, nesta fase, resulta num fracasso. É como se ela estivesse descrevendo o fracasso em integrar e a dominação pela inveja, que é o próprio resultado do fracasso do desenvolvimento precoce e é o que vemos na clínica desses pacientes doentes.

Enquanto Klein estava se dirigindo a um público de psicanalistas, no intuito de promover a compreensão do desenvolvimento do mundo interno e dos processos dinâmicos que estão em ação na sua formação, Winnicott dirigia-se a um público mais amplo nos seus diferentes artigos. Quando conversava com os psicanalistas, ele enfatizava a importância do ambiente no intuito de influenciar a psicanálise no sentido oposto daquilo que ele percebia como um estudo muito focado de conflitos internos. Ele estava contra essa tendência de "explicar tudo o que pode ser sabido sobre os bebês em termos do bebê sozinho" (Winnicott, 1970). Em outras situações, ele escreveu para mães, cuidadores, professores, assistentes sociais e oficiais de liberdade condicional.

Sua perspectiva abrange o mundo interno do bebê, ao passo que mantém em cena a importância da total dependência que o bebê tem de sua mãe. Ele reconhece o valor do trabalho de Klein ao localizá-lo em um estágio de desenvolvimento posterior ao que ela atribuiu. Para Winnicott, as primeiras semanas antes da integração do ego e do reconhecimento [*awareness*] de um eu e um não-eu precedem a atividade defensiva precoce e a relação objetal que Klein descreve.

A elaboração de Winnicott do estado fusional de dependência é central no pensamento dos Independentes. Balint (1959) descreve de uma forma ligeiramente diferente uma ideia similar em sua fase de "amor primário", na qual o bebê e a mãe permanecem em estado quase pré-natal de "mistura interpenetrante". Na fase de amor primário, mãe e bebê desejam a mesma coisa, de tal modo que o bebê não precisa estar ciente de suas demandas ou dos efeitos que provoca sobre sua mãe. Esse conhecimento vem após as primeiras semanas, como no esquema de Winnicott. Essa sensibilidade aos períodos iniciais, que os analistas Independentes tendem a ressaltar, é um tema valioso para ser refletido clinicamente. Muita coisa já foi escrita sobre a regressão e o manejo da regressão, então não quero seguir por esse caminho. Em vez disso, prefiro pensar sobre as manifestações do fracasso precoce do *holding* que se apresenta de uma forma mais cotidiana.

Em uma supervisão, uma terapeuta sensível e experiente trouxe uma sessão que ela considerava "ter sido ruim" [*gone badly*]. Começamos por tentar entender o que significava "ter sido ruim".

Seu paciente *borderline* acaba de retornar após uma semana de folga devido a compromissos de trabalho e começou a relatar, de modo bastante indiferente, algumas coisas que ele vinha pensando. O conteúdo sugeria um pensamento novo e significativo, ao passo que a terapeuta experimentava aquilo como algo irritante e desinteressante. Ela tentava descobrir o que teria ocorrido e registrava que se sentia confusa e provocada. O paciente tinha trazido informações novas, mas que apareciam com um sentimento incompatível. Ele não conseguiu suportar o silêncio da terapeuta enquanto ela estava pensando e exigiu que ela falasse imediatamente. Apesar dos melhores esforços tanto do paciente quanto da terapeuta, a sessão rapidamente degenerou-se em um "desconforto" generalizado, com o paciente chateado e irritado por ter tentado trazer algo novo e importante e ter experimentado sua terapeuta não lhe correspondendo. O paciente fez uma referência a querer deixar de lado a terapeuta, da mesma maneira que sempre se sentiu deixado de lado por ela, e assim por diante. Esse conteúdo conduziu a terapeuta ao pensamento de uma relação a três, mas de um jeito que ficou intelectual e que não aliviou o paciente.

A terapeuta recuperou a situação dizendo que achava que tinha cometido um equívoco e que algo havia "falhado" entre eles. Gradualmente, enquanto tentavam decifrar a dolorosa bagunça, o paciente comunicava o quanto sua terapeuta lhe fazia sentir como se tudo de errado fosse por culpa e falta dele, e o quanto sentia que a terapeuta não podia aceitar o que ele estava trazendo.

Ao ouvir a maneira como a terapeuta descrevia a atmosfera, a confusão e a dor que havia na sala, acompanhada da extrema ansiedade do paciente mascarada de uma provocação reivindicativa, senti que o paciente estava trazendo à sessão o trauma da intrusão [*impingement*]. Essencialmente, ele apresentou isso ao fazer sua terapeuta sentir-se confusa, provocada e mal compreendida. Ele esteve ausente e perdeu suas sessões, mas realizou algum trabalho sobre si mesmo no tempo em que esteve sozinho. Com medo de não encontrar uma resposta satisfatória em seu retorno, ele tentou fazer um gesto espontâneo em direção a sua terapeuta/mãe, mas, ao mesmo tempo, atuando na transferência, trouxe também a expectativa de um fracasso traumático do *holding* e da falta de uma resposta afinada. O que veio a ser encenado foi o fracasso de um *holding* ativo e responsivo, bem como um voo defensivo e precoce à intelectualidade, enquanto ambos se alfinetavam, tentando ser aquele alguém que poderia "entender". A alusão que o paciente fez ao sentir que a culpa era sempre sua – algo que é muito comum no trabalho com questões *borderline* – aponta, creio eu, para o fracasso em deixar-se fusionar durante a primeira fase do desenvolvimento. Há uma ruptura muito rápida entre o bebê e a mãe, que deixa para trás limites inseguros e sentimentos de vulnerabilidade em relação às projeções de um dentro do outro.

Penso que a situação foi resgatada quando a terapeuta pôde se tornar um objeto novo, tanto ao dizer que pensou que havia cometido um equívoco, quanto se envolvendo com o paciente na tentativa de entender o que havia "falhado" entre eles.

O termo "objeto novo" precisa de certa atenção, pois é uma pedra angular importante da minha abordagem clínica a pacientes com uma falha precoce no desenvolvimento. No exemplo acima, a terapeuta saiu do papel da transferência traumatizante que lhe tinha sido atribuído por seu paciente no momento em que ela o levou de volta ao ponto da sessão em que as coisas começaram a dar errado. Strachey (1934) descreve a natureza do que é terapêutico em psicanálise da seguinte maneira: a recepção neutra do analista dos impulsos transferenciais do id do paciente leva a uma introjeção nova no superego, de tal forma que o superego severo do paciente passa a ter uma imago nova dentro de si. Strachey entende isso a princípio como um superego auxiliar que, em última instância, leva a uma modificação do superego. Os impulsos do id do paciente direcionados à analista podem, então, tornarem-se conscientes por meio da interpretação. Ele começa a notar o quanto seus impulsos hostis do id são direcionados a objetos arcaicos fantasiados e não a objetos reais, e, então, a mudança interna acontece. Nesse sentido, para Strachey, a introjeção de um objeto novo é crucial para a transformação mutatória por meio da interpretação.

Baker (1993) elabora o conceito de efeito terapêutico do analista como um objeto novo. A sobrevivência do analista enquanto analista, mantendo o *setting* e a postura analítica, fornece ao paciente uma nova introjeção, um objeto novo. De modo algum isso nega a importância da interpretação, tampouco encoraja a "experiência emocional corretiva" na análise (Alexander, 1950), a gratificação dos desejos do paciente, o dar as mãos [*hand-holding*] ou qualquer outra forma de atuação sedutora do analista.

Para os nossos propósitos, o objeto novo poderia ser uma pessoa capaz de ouvir e sentir as queixas e críticas do paciente relativas à sua real falha no *holding* (na transferência aqui e agora), e que queira reconhecer essa falha e pensar sobre ela de forma não defensiva e sem ataques críticos ao paciente.

Voltando às nossas duas perspectivas do desenvolvimento infantil: a diferença de ênfase nas forças destrutivas está clara nas duas descrições. Winnicott não tem tempo para a pulsão de morte. Seu pensamento é o de que a morte não faz sentido até que advenha o ódio por uma pessoa inteira. Somente, então, a pessoa pode ser odiada e morta. Da mesma forma, a noção de castração entra em cena nesta fase, com a possibilidade da pessoa poder ser mutilada enquanto estiver viva. No entanto, suas opiniões sobre a agressão, espalhadas ao longo dos seus vários escritos, não são, de modo algum, "suaves". Em "O ódio na contratransferência" (Winnicott, 1947), ele propõe a ideia de que somente quando o paciente se defrontar com o ódio do analista é que ele poderá começar a sentir amor. Com a vida, vem a agressão. Chutar dentro do útero é a forma como o bebê sente, pela primeira vez, poder no seu corpo, e ele tem prazer nessa atividade muscular. "Nas origens, agressividade é quase sinônimo de atividade" (Winnicott, 1950, p. 204). Nessa fase, a agressão é da ordem de uma função-parcial e, como tal, não é intencional. Contudo, à medida que começa a se desenvolver a agressão oral, como mordidas no mamilo, e algum senso de separatividade emerge, daí a agressão causa ansiedade e culpa. Isto se liga ao surgimento do estágio do concernimento. Descrevi anteriormente o quanto o surgimento dos primeiros momentos do "eu sou", tão vitais para o desenvolvimento do *self*, são experienciados como agressivos e dão origem à ansiedade. A raiva pela frustração também começa a aparecer. E essa é uma forma intencional de agressão, que levará à ansiedade se não houver segurança suficiente.

> Ele (o bebê) tem de reconhecer seus ataques de cólera, e por causa disso ele sente-se repleto de coisas ruins, malignas ou persecutórias. Essas coisas ou forças más, estando dentro dele, como ele sente, criam uma ameaça a partir do interior a sua própria pessoa e também às coisas boas que formam a base de sua confiança na vida. (Winnicott, 1950, p. 207)

Aqui, Winnicott está descrevendo um processo em termos semelhantes aos de Klein, mas, novamente, datando-os em um momento mais tardio que ela. A coisa só poderá acontecer quando o bebê for capaz de diferenciar o que está dentro dele e o que lhe é externo.

Algumas implicações clínicas e técnicas

Tendo apresentado duas descrições diferentes – a de Klein e a de Winnicott –, acerca do desenvolvimento mais primitivo, é válido perguntar como é que elas podem coexistir beneficamente dentro de mim quando estou com um paciente. Penso que a clareza das descrições de Klein a respeito dos efeitos prejudiciais da inveja no desenvolvimento saudável da personalidade, dos efeitos limitantes da falta de integração quando a posição depressiva não pode ser alcançada ou sustentada, e da poderosa interação dos processos projetivo e introjetivo constituem a minha compreensão básica da estrutura interna e da dinâmica que muitos dos nossos pacientes mais desarranjados apresentam. Contudo, eu tendo a assumir que estes pacientes, devido ao resultado de uma interação entre as tendências inatas e a experiência ambiental precoce, trazem para a análise uma falha traumática no desenvolvimento primitivo, que resultou na dinâmica que Klein descreve tão bem. O fracasso no *holding* terá ocorrido por uma multiplicidade de razões, que podem variar desde um "mau ajuste" entre mãe e filho, à morte ou perda daquele que cuida do bebê, às ansiedades, depressão ou perdas da mãe que ficam projetadas na criança, a uma ambivalência materna incontrolável, a pressões externas, tal como uma ansiedade decorrente de uma dívida ou de uma guerra, das pressões sociais – como a da a mãe voltar a trabalhar, de modo a não se entregar à sua preocupação materna, e assim por diante. Há tantas razões possíveis quanto mães e bebês no planeta. O paciente carrega um trauma precoce, experienciado como uma falta de sintonia [*attunement*] em um momento em que ele ainda não estava separado da mãe, e antes que tivesse uma noção clara de eu e não-eu. Ele percebe que aquilo não vai bem, e pode até queixar-se vociferadamente, mas pode ser que tenha tido uma experiência limitada do *holding* suficientemente bom que o impeça de explicitar ou, de fato, saber o que ele precisa. A analista enfrenta o problema de re-traumatizar o paciente não intencionalmente com tudo o que diz, com falas que, em certos momentos, podem soar ao paciente como se viessem de uma pessoa *separada*, enquanto ele sente-se *fusionado* e precisa de alguém que possa suportar estar indiferenciado dele. Uma interpretação correta sobre inveja e espoliação só será útil se for recebida num momento em que o paciente está ciente e em condições de tolerar a existência separada da mãe/analista, bem como já tenha tido experiências suficientes de ser sustentado de forma confiável. Se ela for oferecida em um momento de regressão, geralmente experienciado como um momento prematuro ou acalorado [*raw or heated*], será vivida como mais uma intrusão ou como outro afastamento forçado, uma separação traumática provocada pela analista/mãe em um bebê inexperiente e em carne viva – mais um prego no caixão da esperança do paciente em ter uma experiência diferente e em desenvolver um *self* verdadeiro e fundamental, que seria possível se fosse recebido e correspondido empaticamente.

Outra questão clínica proveniente da perspectiva winnicottiana do desenvolvimento do *self* é a questão da autenticidade na díade mãe-bebê. Trata-se de algo que depende de um *holding* suficientemente confiável que permita ao bebê experimentar suas próprias sensações corporais e expressá-las em um gesto espontâneo, a ser correspondido por uma mãe empática. Isso requer do bebê a descoberta de sua própria experiência, a expressão dela por meio de um gesto espontâneo, e a existência de uma resposta única e apropriada a isso. Da mesma forma, penso eu, os pacientes que trazem falhas traumáticas e precoces no *holding* requerem que os analistas sejam capazes de usar suas teorias psicanalíticas de uma maneira autêntica e particular, realizando-as partir de cada díade analítica. Como a mãe não deve confiar apenas na sua experiência de ser mãe, mas também deve estar sintonizada àquele bebê específico, o analista deve fazer o mesmo. Assim, se o paciente queixar-se "quando você me diz isso, só me faz sentir como se você fosse incapaz de lidar com isso!", então o analista deve realmente levar isso em conta, não importa o quão "exata" tenha sido a interpretação – caso contrário, a possibilidade de um desenvolvimento real e espontâneo do *self* será substituída por algo complacente e falso. Esta seria uma outra forma de retraumatizar o paciente.

Sr. X

Imagino-me em meu consultório com um paciente – vamos chamá-lo de sr. X. Digamos que ele esteja em análise há algum tempo, de modo que conhecemos bem a maneira de pensar, ser e de se relacionar um do outro. Eu o descreveria como um *borderline*. Ele me mostrou uma centena de vezes o quão despreparado e injuriado ele pode se sentir em certos estados mentais aterrorizantes e o quanto ele luta com a integração. Sua tendência a idealizar é um esforço de obter um objeto bom que possa sobreviver ao objeto mau intrusivo e odiado, deixando-o muito vulnerável a um menosprezo esmagador; geralmente sou eu quem está, num primeiro momento, vulnerável a isso, em sua forma projetada. Em um estágio mais básico e primitivo do desenvolvimento, ele luta com uma dificuldade de continuar-a-ser [*going-on-being*] ele mesmo, uma tendência fundamental à desintegração, que aumenta sua sensação de falta de uma pele protetora ou de contornos que pudessem amortecer aquilo que ele experimenta como minha intrusividade e meu "forçar" dentro dele todas as minhas falhas e inseguranças, ao negá-las para mim mesmo. O trabalho pode durar um longo período durante o qual ele ache impossível distinguir o que sou eu e o que é ele. Suas projeções podem ser sentidas como violentas e violadoras para mim, e seu terror de mim pode aumentar muito nesses momentos. Neste estado aterrorizado ele tem que continuar a me atacar ainda mais, porque se ele retornasse a um estado mais integrado, teria que experimentar a culpa daquilo que vinha fazendo comigo. A inveja que ele sente de mim e dos outros incomoda-o enormemente, e quando a natureza espoliadora dela é apontada, isso pode facilmente fazê-lo se sentir condenado pelo ataque do seu próprio superego psicótico.

Tenho em mente uma compreensão das dificuldades do sr. X, alinhada às vívidas e claras descrições kleinianas. Paralelamente a essa compreensão, tenho uma voz Independente, uma conversa em que abordo qual seria a melhor maneira de sustentar [*hold*] ou manejar [*handle*] o sr. X no estado em que ele se encontra.

O sr. X começa a sessão suspirando e parecendo muito miserável, me mostrando que seus sintomas voltaram. Experiencio um desapontamento e, à medida que ele vai falando de suas questões, percebo que vou me sentindo criticada e atacada por não ter conseguido ajudá-lo. Ele fala com um pouco mais de animação sobre alguns insights maravilhosos que teve ao ler o capítulo de um livro. É um capítulo realmente brilhante e ele enumera as coisas que o ajudaram. Mas estou ciente de várias coisas. A primeira delas é a de que eu também escrevi um capítulo neste livro; a segunda, é que o tema comentado tem sido o nosso recente foco de trabalho conjunto; a terceira, é que a sessão de ontem me parecia ter sido iluminadora, após a qual, talvez, eu possa ter esperado que ele sentisse alívio; e a quarta é que, por mais que não goste de admitir, estou me sentindo irritada e provocada.

O que se passa pela minha mente enquanto tento organizar meus pensamentos e sentimentos em uma interpretação?

Devo interpretar o ataque invejoso nesta fase? Como isso seria experienciado pelo sr. X? Eu posso ouvir pelo seu jeito comedido um esforço para controlar a própria ansiedade, um esforço considerável tendo em vista seus ataques inconscientes. O que eu sei é que ele é muito sensível quando está nesse estado de espírito: nossa conversa poderia facilmente seguir uma espiral à baixo, chegando a um previsível estado de retraimento no qual eu sinto que não posso sustentá-lo [*hold*] ou mesmo chegar perto dele, e ele sente que me distancio dele, deixando todos os problemas dentro dele e não compartilhados entre nós. Eu também me questiono sobre como ele está hoje, em especial. Não quero ficar presa por um pensamento de que ele não pôde se desenvolver desde o mês passado, quando uma coisa semelhante aconteceu. Quero manter meu *holding* responsivo, vivo e ativo. Penso também sobre os seus esforços de reparação. Estaria ele fazendo esforços para trazer algo enriquecedor à díade paciente-analista – baseada no modelo da díade mãe-bebê de Winnicott – e, em caso afirmativo, eu posso reconhecer isso? Será que ele teme não poder contribuir em nada comigo e que está em uma situação desesperada que não pode melhorar de jeito nenhum? Enquanto penso nisso, concentro-me no fato de que ele *está* trazendo um material novo e interessante, *está* me contando sobre as ideias que teve e sobre o trabalho que ele tem feito fora das sessões, *está* me mostrando sua ambivalência com relação ao que aconteceu no trabalho de ontem, no qual ele teve um insight, mas que, em seguida, foi deixado para lidar sozinho com a novidade que isso produziu na sua relação comigo. Ao mesmo tempo, sua comunicação projetiva é uma tentativa inconsciente de nos levar por um caminho familiar, para reencenar [*reenact*] suas intrusões traumáticas iniciais.

Gostaria de encontrar uma maneira de falar com o sr. X sobre sua inveja, de um modo a oferecer-lhe a experiência de ser sustentado [*held*] e não aniquilado. Dito de outra forma, ele inconscientemente estará sempre tentando repetir um terrível padrão de vínculo, encorajando-me a desempenhar minha parte nisso, enquanto eu desejarei reconhecer isso com ele, bem como dar-lhe uma experiência diferente ao mesmo tempo.

Gostaria de encontrar uma forma de trazer à tona essa ansiedade de que eu não vou apreciar ele me dizer o quão proveitoso foi o trabalho da sessão de ontem, porque vou estar rapidamente respondendo ao ataque que ele faz a mim. Talvez eu pudesse mostrar que, possivelmente, ele esteja com medo de me tornar poderosa demais e separada demais para continuar atenta a ele, caso eu perceba o quão ajudado ele se sentiu, e que, me manter no escuro sem saber o que ele sentiu, é uma forma de se agarrar ao meu interesse e ao "eu" de que ele precisa para ajudá-lo.

Eu precisaria ser cuidadosa no modo de falar com o sr. X para que ele não sentisse que eu estava sendo "legal" como uma forma de sedução. Nesse sentido, eu precisaria deixar claro que eu sabia, pelo fato de ter experimentado isso, que eu havia sido atacada e que, mesmo assim, eu poderia continuar querendo pensar sobre ele.

Conclusão

Neste capítulo, concentrei-me em um aspecto de "Inveja e gratidão": o desenvolvimento das relações de objeto na primeira infância. Comparei isso às descrições de Winnicott sobre as primeiras semanas e meses de vida e explorei algumas das implicações técnicas da perspectiva winnicottiana do desenvolvimento. Também me fiz a seguinte questão: como essas duas visões podem coexistir dentro de mim no consultório, e descobri, em uma análise do meu pensamento clínico, que a descrição de Klein da estrutura dinâmica do mundo objetal interno daqueles pacientes que tiveram prejuízos no desenvolvimento primitivo é inestimável para a minha compreensão, enquanto as descrições e ênfases winnicottianas orientam minha técnica no consultório.

5. Sobre a gratidão

Edna O'Shaughnessy

Tradução de Estanislau Alves da Silva Filho

"Inveja e gratidão", publicado em 1957, é um dos últimos escritos de Melanie Klein antes de sua morte, em 1960. Ela começa o prefácio deste maravilhoso e curto trabalho dizendo: "Há muitos anos venho me interessando pelas fontes mais arcaicas de duas atitudes que sempre nos foram familiares: a inveja e a gratidão" (p. 207). Tal obra é um destilado das reflexões oriundas do trabalho de sua vida toda, e tais reflexões, por sua vez, também se referem a uma vida toda. A autora continua:

> *Cheguei à conclusão de que a inveja é um fator muito poderoso no solapamento das raízes dos sentimentos de amor e de gratidão, pois ela afeta a relação mais antiga de todas, a relação com a mãe. A importância fundamental dessa relação para toda a vida emocional do indivíduo tem sido substanciada em vários trabalhos psicanalíticos. (Klein, 1991[1957], p. 207)*

Em seu trabalho, ela examina o papel da inveja de forma mais completa que o da gratidão, no entanto, isso não significa que ela considere a inveja mais importante. Assim como Atlas, carregando em seus ombros um mundo inteiro, ambas, inveja e gratidão, também carregam um peso terrível: a inveja "interfere na construção de uma relação segura com o objeto bom interno e externo" (p. 262) e a gratidão "é essencial à construção da relação com o objeto bom e é também o fundamento da apreciação do que há de bom nos outros e em si mesmo" (p. 219).

Neste capítulo acerca das ideias de Klein sobre gratidão, abordarei, no âmbito de uma psicanálise, alguns modos de surgimento de gratidão, bem como alguns de seus problemas. Antes de tudo, gostaria de apontar que não há regra alguma que diga que a inveja deva se manifestar antes da gratidão. Por vezes, em relação ao analista, a gratidão emerge antes da inveja.

Leon

Após a sua primeira sessão, um menino de 11 anos saiu da sala de jogos e foi embora. Eu ainda estava na sala guardando sua caixa de brinquedos, quando percebi que ele havia voltado e estava parado na porta. Virei-me e ele falou com grande seriedade: "Obrigado. Obrigado. Muito obrigado", e foi embora. Pelo que ele estava me agradecendo?

Quando seus pais me consultaram em busca de uma análise para o filho, eles estavam angustiados e com interesses conflitantes. O pai estava desesperado pensando que Leon (como devo chamá-lo), sempre muito apreensivo diante de novidades, não conseguiria mudar para a nova escola nos próximos meses, de modo que para ele era urgente que Leon fizesse uma análise. A mãe estava humildemente em dúvida quanto a isso, insistindo que Leon era apenas um garoto comum, não estudioso, sem maiores problemas – mas ela era anulada pelo marido.

Como eles não haviam feito menção à depressão, eu não esperava a criança profundamente deprimida que chegou para uma primeira sessão: um menino desajeitado e cabisbaixo, que se sentou na minha frente em um pequeno banco, aparentemente nada ansioso por estar diante de uma pessoa desconhecida para um estranho propósito chamado "psicanálise". Na verdade, ele tinha um ar visível e incongruente de "isso é comum". Quando falei sobre como ele precisava fazer tudo ficar comum para manter seus medos afastados, Leon concordou com a cabeça. Então, seu rosto se encobriu e ficou avermelhado, ao mesmo tempo que ele começava a chorar. Depois de um tempo, perguntei se ele não sabia por que estava chorando ou se sabia por que chorava. Ele respondeu "O primeiro" – significando que ele não sabia por que estava chorando – e eu disse que ele estava me mostrando que havia uma profunda tristeza nele e que ele não sabia do que se tratava.

Ele parecia muito deprimido e, ao mesmo tempo, seu choro – que continuava – assumiu outra qualidade: era para me fazer sentir pena dele. Então falei sobre como ele também queria que eu percebesse, por ter sido trazido pelos pais, que estava sofrendo – ele gostaria que todos nós sentíssemos pena dele e que percebêssemos que estávamos errados por lhe oferecer análise. Ele novamente concordou com a cabeça.

Durante todo o tempo, seus pés balançavam na minha direção e depois recuavam para trás do banco; e, às vezes, ele passava os olhos na sala, na pia e nas torneiras, e na caixa de materiais de desenho e brinquedos de seu interesse. Continuei falando sobre como ele tinha desejos opostos: queria ir embora, mas também queria essa nova experiência – ainda que o desejo tivesse que ficar em segredo, escondido tanto de mim – suspeito – quanto de seus pais e irmão em casa. Ele mais uma vez concordou com a cabeça. Ao final de nossa hora, seu rosto franziu e suas mãos ficaram trêmulas. O medo inundou-o: por um instante ele parecia um bebê novinho. Eu disse que pensava que ele, um garotão, sentia que havia uma criança pequena dentro dele que tinha muito medo de mim e que não sabia, afinal, de que se tratava tudo aquilo. Ele concordou vigorosamente. Como descrevi acima, ele saiu, voltou e disse: "Obrigado. Obrigado. Muito obrigado" e foi embora.

Imagino que todos nós conheçamos pacientes que dizem um profundo "obrigado", não durante a sessão, mas depois dela. Tal como a inveja excindida [split-off] afeta uma análise por meio de sua intrínseca negação, também a gratidão excindida sustenta uma análise por meio de uma afirmação que é, por algum motivo, mantida fora da sessão. A gratidão de Leon se mostrou de uma vez; foi apenas depois, quando apareceu nas sessões algo que se revelou como sendo seu observador dos eventos, que descobrimos que este observador poderia ter outras emoções, como desprezo e gratificação invejosa. A esse respeito, Hanna Segal (1979, p. 148) chama a atenção para uma discordância entre Freud e Klein. Como consequência de sua hipótese sobre o narcisismo primário, Freud acreditava que o ódio ao objeto era mais antigo do que o amor a ele; Klein vê o amor e o ódio como presentes desde o início. Pelo que Leon me agradecia? Creio que foi por abordar a sua realidade psíquica, pela atenção e interpretação, e por conter, como costumamos chamar, um "*acting in*" (Joseph, 1989) com ele. Ele também agradeceu, nessa nova circunstância de uma sessão psicanalítica, na qual ele me deixou ver sua depressão, seu medo, que eram, sim, boas razões para se sentir uma compaixão suave – sem negar ou ficar ansiosa demais ou excessivamente solicitante (ou seja, sem repetir as suas relações de objeto constrangedoras) –, por eu poder reconhecer os seus sentimentos e por falar claramente sobre eles. Quer dizer, acho que ele estava agradecido por eu fazer o meu trabalho. Também tinha para ele o significado de seu pai dar-lhe algo que ele próprio, o pai, valorizava, pois também estava fazendo análise, e acho que Leon também estava agradecido por isso.

Sobre a gratidão na infância, Melanie Klein escreve: "Uma gratificação plena ao seio significa que o bebê sente ter recebido do objeto amado uma dádiva especial que ele deseja guardar. Essa é a base da gratidão" (1991[1957], p. 188). Ela se refere a Abraham, mencionando que "Abraham não falou em gratidão, mas descreveu a generosidade como uma característica oral" (1991[1957], p. 207). Abraham descreveu a generosidade em um artigo sobre a formação do caráter maníaco. Ele escreveu: "Frequentemente pode-se observar a generosidade enquanto uma característica de caráter oral. Nesse caso, a pessoa oralmente gratificada está identificada com a mãe dadivosa" (Abraham, 1924, p. 403).

Considero existir um *continuum* de doação psíquica ao qual pertence a dadivosidade [*bounteousness*], um *continuum* que vai desde a maldade e a retentividade numa extremidade à doação generosa na outra. A mãe dadivosa, com quem a pessoa generosa se identifica, é o objeto amado presenteado pelo qual a gratidão pode ser sentida. É claro que a "dadivosidade" terá características específicas em cada instância do espectro. Contarei uma vinheta sobre um paciente maníaco (conhecido em supervisão), cujos objetos continham elementos contrários e condicionais nas suas dadivosidades, assim como a generosidade do sr. M, a qual creio que, ainda assim, contenha gratidão.[1]

Sr. M

O trabalho do sr. M é o de decorar interiores para pessoas abastadas e se juntar a elas em eventos sociais e festividades nas quais acontecia uma confusão de limites e papéis – situação que dá continuidade à sua história inicial. Não havia pai na casa, e parece que M precisou excitar o "interior" de sua mãe, e, assim, em excitação mútua, ele e sua mãe tiveram uma espécie de viver opulento falso [*false high-living*], que ele sabia que também tinha outro lado, no qual ele não era aceito, ficando esquecido e negligenciado. Atualmente, o sr. M é companheiro de uma pessoa domesticamente negligente; é ele mesmo quem cuida das crianças, faz compras, cozinha sua "*haute cuisine*" para a família.

Estava à beira da falência quando iniciou a análise e sua analista reduziu os honorários a um patamar que ele poderia arcar – fato do qual ele estava ciente. Nos primeiros meses, o sr. M poderia chegar muito cedo, tocar intensamente a campainha, trazer presentes. Ele agarrava-se às sessões, falava rápido, passava de um assunto para outro, fazia piadas e ficava se movendo

---

[1] O sr. M está sendo analisado por Natasha Harvey, que deu permissão para que seu caso fosse discutido.

no divã – de lado, apoiado no cotovelo ou sobre o estômago para poder olhar para o analista, ou sentado em vários lugares do divã. Somente em certos momentos – e tais momentos eram sempre significativos – ele conseguia se deitar no divã da maneira tradicional. Sua analista teve que lutar para sustentar um enquadre analítico – tanto externamente (por exemplo, encontrar maneiras de lidar com seus horários de chegada ou com os presentes), quanto dentro de si mesma. O sr. M costumava projetar "interiores" e, com sua fala rápida e profusa, costumeiramente por meio de sua maneira calorosa, astuta e brincalhona, era adepto de mirar e invadir a mente de sua analista. Na terminologia de Abraham, o sr. M é um paciente com elevado erotismo oral constitutivo. Sua velocidade e seu entusiasmo tornavam-no difícil de fazer contato, e sua analista teve que se esforçar para não se excitar ou entrar em colapso com risadas – era quase forçada à mania do paciente. Às vezes, o sr. M também se sentia atraído pela análise ou ainda pela própria analista, com uma excitação quase incontrolável, e uma crença confusa e ansiosa de que a transgressão e a excitação mútua eram o que a analista realmente queria, ao mesmo tempo em que sabia – um saber que corria sério risco de se perder — de que havia uma realidade diferente das sessões, com uma analista lutando com um paciente carente, o qual se defendia efusivamente dos temores de uma queda fria e vertiginosa.

Durante esse primeiro ano, o sr. M foi ficando cada vez menos excitado e animado em seu modo de se comunicar. Ele começou a respeitar os limites de tempo das sessões, passou a tocar mais comedidamente a campainha e parou de trazer presentes. Em sua vida profissional, ele estava notavelmente mais apto a se manter em seu lugar com os clientes, e suas finanças foram mais bem organizadas com a ajuda de um gerente financeiro. E, no fim desse primeiro ano, ele expressou sua gratidão em duas ocasiões. Numa vez, sua analista chamou-lhe a atenção quanto a não ter pagado sua conta; ele tinha o cheque no bolso, mas não o havia entregado. O sr. M disse, então: "O negócio é que eu me sinto pateticamente agradecido a você. Fico envergonhado pelo quanto me sinto agradecido, porque sei que não conseguiria funcionar sem vir aqui. Estou muito grato pelo desconto que você me dá e, devo dizer, se alguém fizesse comigo o que faço a você, eu ficaria muito bravo... mas não entendo isso, porque estou muito agradecido e espero que você não leve para o lado pessoal, porque você sabe, mais do que qualquer um, o quanto isso é um problema que tenho com todos. [Conscientemente, ele estava se referindo à sua tendência a não quitar as contas.] Estou pateticamente agradecido por tudo isso". E, uma vez mais, na última sessão antes das férias de Natal, depois de falar sobre suas ansiedades em viajar e suas insatisfações com seu companheiro, ele disse o quão diferente era ter as suas finanças em ordem antes de sair: como realmente tinha crédito em sua conta corrente, e como todos os seus fornecedores haviam sido pagos; e ele mencionou possíveis projetos lucrativos para o próximo ano. Com um ar brincalhão, ele disse a sua analista: "Nós não estamos trocando presentes de Natal este ano, não é? Acho que, de qualquer forma, eu não conseguiria lidar com uma conversa dessas com as sessões chegando ao fim".

Prosseguiu de forma séria: "Mas eu quero que você saiba que você tem algo que só meus filhos têm, que é a minha mais profunda gratidão. 95% disso é devido a você e às minhas sessões. Sei muito bem disso. E, talvez, no Ano-Novo, possamos falar sobre o aumento de seus valores, porque estou ciente do enorme desconto que você me dá e acho que poderei pagar um pouco mais". A analista me disse que ficou tocada, e que pensou que dessa vez o sr. M não estava – como frequentemente fazia – projetando seu interior, mas sim expressando a sua gratidão.

A gratidão do sr. M era autêntica? Ou a analista e a supervisora, também, estavam enganadas? Quando o sr. M diz "Eu quero que você saiba que você tem algo que só meus filhos têm, que é a minha mais profunda gratidão. Noventa e cinco por cento disso é devido a você [*down to you*] e às minhas sessões", seria isso sincero, em todas as nuances, já que sua gratidão é altiva [*down to you*] e convoca a analista – isto é, será que ele sabe que ainda "está por cima" [*is still high*]?[2] Tais questões estão entre os desconfortos recorrentes no trabalho com o sr. M. Como em todos os pacientes que são "bipolares", as comunicações do sr. M têm frequentemente um aspecto duplo. Poderia o sr. M, mesmo que expressasse sua gratidão, também estar fornecendo-a como um tipo de presente de Natal que ele pensa que a analista quer, com isso interferindo e estragando o seu presente de gratidão? Ou ele estaria expressando genuinamente sua gratidão, como compreendeu a analista?

Partindo da compreensão da analista, creio que a gratidão do sr. M era particularmente referida ao esforço emocional e à

---

2 No original, "... *including that his gratitude was 'down to you' – that is, he knows he is still high?*" [N.T.].

contenção da analista contra as forças selvagens de sua excitação erotizada. Penso que ele mantém seus olhos nela, observando-a e testando-a, querendo ver se sua aceitação está condicionada a ele fazer o que ela quer ou se ela pode aceitá-lo do jeito que ele é; se ela é cética e preconceituosa com ele ou se é capaz de discriminar as coisas, sabendo quando confiar nele e quando não. Nesse sentido analítico, teria ela a "dadivosidade" para tudo?

Não inesperadamente, quando o trabalho no ano seguinte começou, o sr. M teve um episódio maníaco circunscrito no tratamento. Diversas tendências tornaram-se mais claras: a constante estimulação que ele fazia da situação analítica, perturbando-a; seu ódio louco de suas frustrações (por exemplo, a de que a analista se abstém de tocá-lo ou de ser tocada); a natureza de sua excitação sexual destrutiva, que, enquanto o defende da persecutoriedade da analista de quem depende, também possui o tom de uma sedução psicótica para ele. Junto com tudo isso, ele segue com sua "patética gratidão".

A analista

Agora vou mudar o foco do paciente para a analista. Nem todos os pacientes se concentram no mundo interno do analista de modo tão intenso como o sr. M. Penso, no entanto, que a maioria dos pacientes nos examina detidamente e mira nossas mentes (Brenman-Pick, 1985) para descobrir como atendemos e ouvimos, se aceitamos ou nos abstemos de participar de um *acting "in"*, o que negligenciamos e selecionamos para interpretar, e de que maneira oferecemos nossas interpretações. Sob o exame detido do paciente virá a nossa capacidade e incapacidade de fazer trabalho analítico, o nosso narcisismo, a nossa frieza, o nosso calor humano excessivo, a nossa retidão, a nossa convicção ou a falta dela em nossas falas, a nossa altivez sobre um paciente que fica por baixo e assim por diante. A natureza dos objetos internos do paciente, seu amor e ódio, afetam essas percepções que tem da analista e seu exame minucioso é, em si, ansiogênico, considerando-se a preocupação com que se ocupa da própria natureza da analista, com o medo de que a analista não possa tolerar a percepção do paciente de suas questões psíquicas – especialmente no que se refere às áreas "sem acesso" do analista [*analyst's "no-go" areas*].

"Sem acesso" ["*no-go*"] vem do sonho de um paciente relatado durante uma supervisão. Um analista, que considero sério e trabalhador, ainda que um pouco frio, relatou o sonho de um paciente de uma *paisagem congelada e com neve na qual havia uma pequena casa*. Perto da casa havia uma placa indicando "Sem acesso" ["*no--go*"]. O analista interpretou o sonho não como a percepção do paciente sobre ele, mas como uma representação da frieza e do isolamento do próprio paciente. Seu paciente não fez nenhuma objeção à interpretação, acolhendo assim o analista. Certamente é fácil enxergar uma área de frieza "sem acesso" ou uma postura narcísica, ou o que for, nos outros; difícil, no entanto, é enxergar tais áreas "sem acesso" em nós mesmos (Money-Kyrle, 1956).

Se o analista é, digamos, frio ou narcisista, um paciente sentirá que é cordial ser mantido à distância dele – no caso do narcisismo, porque o analista confere muita atenção a si próprio. Se essas características permanecem como áreas não operantes, elas vão interferir na gratidão. Se paciente e analista conseguirem falar a respeito delas, poderá haver, até certo ponto, alguma reparação da situação; naturalmente, isso não fará com que a frieza ou o narcisismo do analista desapareçam, mas o paciente poderá ser grato por ter um analista capaz de lhe permitir expressar tais pensamentos e sentimentos.

Pelo que, então, nossos pacientes são gratos a nós? Há uma série de questões desconfortáveis para o analista nesse ponto. É pela dadivosidade do nosso convite de trazerem tudo para nós? É pelos presentes especiais que lhes oferecemos com nossas interpretações? Caso comecemos a nos achar, de fato, dadivosos benfeitores que oferecem presentes especiais, então estaremos, é claro – como advertiu Freud –, esquecendo-nos do fenômeno da transferência. É uma área perigosa que pode convocar nosso narcisismo, sedução, tendências a parear com nossos pacientes em idealizações espúrias, nossa capacidade de autoengano ou nossa mania – riscos que se tornam visíveis no caso do sr. M. Como observa Gabbard (2000), há também as tensões que o analista sente com um paciente ingrato. Creio que nossos pacientes percebem e nós, analistas, também comunicamos tais coisas sobre nós mesmos, o que dificulta ao paciente sentir gratidão – não somos suficientemente dadivosos; considere, a esse respeito, a expressão de gratidão do sr. M, que pode ser vista como uma resposta às contrariedades de seu objeto. Além disso, o nosso próprio medo dessas coisas pode nos intimidar diante da expressão de gratidão.

No entanto, em certo sentido que precisa ser esclarecido, é verdade que a psicanálise oferece algo único aos pacientes. E isso é verdade pelo simples fato de que uma psicanálise é única, apenas como poderia ser. "Toda coisa é o que é e não outra coisa", dizia o bispo Butler. Apesar de não estarem desconectadas das circunstâncias de gratidão presentes em sua respectiva vida familiar, social e profissional, as circunstâncias para que um paciente sinta gratidão por um psicanalista são diferentes: elas se relacionam com significados conscientes e inconscientes da vida externa e interna de um paciente – isto é, referem-se à realidade psíquica dele e, também, ao analista enquanto um objeto psicológico privilegiado, bem como à empreitada que é a própria psicanálise, que possui suas próprias categorias, as quais Bion denominou de "elementos" da psicanálise.

Tudo isso é um assunto muito amplo, que deixarei por aqui, assim como deixo intacta a questão relacionada à gratidão que o analista sente em relação a seu paciente. Passo agora a outro paciente, a dra. Y, para investigar uma área diferente: a manutenção, a perda e a recuperação interna da gratidão, com tudo o que a acompanha.

Dra. Y

Dra. Y é uma psiquiatra. Perto do fim de uma longa análise, ela me contou o seguinte sonho: "Em meu sonho eu estava procurando um texto do Hamlet, de Shakespeare. Eu sabia que tinha alguns pequenos volumes da peça, mas não conseguia encontrar nenhum, e isso já estava me deixando frenética. Então vi alguém, que parecia ser eu mesma, comendo calmamente cenouras com salsinha, indiferente à minha busca e à minha ansiedade. A visão de uma calma assim, que nada ajudava, só seguia comendo, deixava-me cada vez mais ansiosa. Meu sonho seguia, e eu ficava mais confusa e agitada. Não consegui encontrar o pequeno livro de Shakespeare que estava procurando e o sonho, assim, foi quase um pesadelo".

Sem nenhuma pausa, a dra. Y passou a associar sobre seu sonho: neurose obsessiva. "Eu estava lendo sobre neurose obsessiva ontem, em um artigo péssimo, sentindo que não sabia ou não entendia ainda o que era. Hamlet era um neurótico obsessivo. Sobre as cenouras e a salsinha, eram cores brilhantes e contraditórias como as vermelhas e verdes dos semáforos: Pare! Siga! [*Stop! Go!*]. Isso me faz lembrar da minha tentativa de trabalhar em meu artigo ontem (ela está escrevendo um texto para uma conferência). Parei assim que o comecei. Senti-me cansada, com sono, fui pegar um café. Sim, é isso. Essa é a parte de mim que perturba, e da qual não conseguirei ajuda alguma."

Angustiada e agitada, dra. Y continuou: "me desculpe, eu sei que não deveria estar desse jeito à esta altura do tratamento. Eu sei que Hamlet precisa se vingar da morte injusta de seu pai, mas não pode. Assim como Hamlet e sua neurose obsessiva, eu também não posso. Mas isso está certo? Eu me sentiria melhor se pudesse prosseguir com meu artigo. Realmente sinto muito por voltar a ser assim tão perto do fim da análise".

A dra. Y estava angustiada à medida que reconhecia sua regressão a um antigo estado de mente, ao mesmo tempo em que o questionava. "Hamlet precisa se vingar da morte injusta de seu pai, mas não pode. Assim como Hamlet e sua neurose obsessiva, eu também não posso. Mas isso está certo?", pergunta ela de maneira agitada e duvidosa, buscando respostas não em seus próprios pensamentos e sentimentos, mas sim no Hamlet de Shakespeare. Observei a presença da figura que calmamente comia cenouras vermelhas e salsinha verde. Observei sua culpa e suas desculpas, suas autocríticas, e o quanto a dra. Y lutava sozinha na sessão, frenética, e sem qualquer conclusão, ainda no estado de seu sonho, sem conseguir trabalhar no texto da conferência. Ela parecia não ter expectativa alguma de receber a minha ajuda ou de considerar que juntas pudéssemos tentar algo. Acima de tudo, ela transmitia solidão, interna e externa.

Passado algum tempo, falei com a dra. Y sobre o quanto ela se sentia sozinha e sem ajuda na luta com seu sonho e com sua agitação. Eu lhe disse que tinha perdido a analista que havia conhecido ao longo de todo o período de análise – eu mesma, quem estava terminando com ela, mas que ainda estava ali.

Uma mudança de atmosfera veio em seguida. A dra. Y começou a chorar e por um tempo ficou sem conseguir falar. Então ela disse: "O que você disse fez toda a diferença. Você sabia quem eu era".

Penso que a dra. Y sentiu-se sozinha, apenas com um *self* obstrutivo identificado com uma analista desumana, pare-siga ["*stop-go*"],[3] que é indiferente com sua busca e ansiedade. Ela havia perdido a analista boa, internalizada, com quem ela tinha uma longa história. Quando comunico a ela que me lembro de quem ela é, que sei que ela é minha paciente lutando com o fim da análise, seu estado interno se altera e sua mente volta a funcionar. Ela chora com alívio, penso eu, quando recupera o contato com seu objeto bom perdido e, quando ela volta a poder falar, expressa generosamente sua gratidão: "O que você disse fez toda a diferença. Você sabia quem eu era". A dra. Y parecia ter recuperado a vida dentro de si e falava comigo de uma forma esperançosa, até mesmo com prazer, sobre coisas variadas. Entretanto, esse seu estado mais feliz não foi duradouro: devo retomar esse ponto logo à frente.

---

3 No original, *inhuman stop-go analyst*. A partir deste ponto, a expressão *stop-go* será mantida em inglês [N.T.].

Embora a perda e a recuperação fossem de primeira ordem, havia outras coisas cruciais. Uma delas é a figura comendo cenouras vermelhas e salsinha verde. Melanie Klein observa que a inveja – "o pior pecado" (Chaucer) – e a gratidão – "o pai das virtudes" (Cícero) – afetam-se mutuamente de modos diferentes. A inveja *perturba* a gratidão, enquanto a gratidão *mitiga* a inveja. A mitigação é mais misteriosa que a perturbação. Seria a figura da comedora de cenoura e salsinha – algo presente, mas *não dominante como já foi, sendo agora apenas reconhecida pelo que é* – um exemplo de mitigação? Em seu sonho, a dra. Y viu "alguém, que parecia ser eu mesma, comendo calmamente cenouras com salsinha, indiferente à minha busca e à minha ansiedade. A visão de uma calma assim, que nada ajuda, só seguia comendo, deixava-me cada vez mais ansiosa". E como em suas associações ela disse "essa é a parte de mim que perturba, da qual não conseguirei ajuda alguma". Mas uma coisa notável e diversa, que foi ficando nítida à medida que sua análise foi se dirigindo ao fim, é que a dra. Y não mais se encontrava no estado de depressão melancólica em que estava quando começamos. Antes, ela frequentemente era como a figura em seu sonho: dissociada e deprimida de maneira melancólica, cheia de amargura e inveja latentes, identificada com um objeto "*stop-go*" desinteressado, algo que a analista costumava ser para ela, uma figura relacionada às perdas indevidas e às negligências amargas de seu passado, assim como com as perdas comuns que vêm com a vida.

A comedora de cenoura e salsinha ainda está no mundo interno da dra. Y, – mas ela se relaciona de modo diferente com isso. Ela até pode ficar perturbada (e.g. sua tentativa de trabalhar no texto da conferência é perturbada e se transforma em um "*stop-go*" quando ela vai buscar um café), mas ela não está predominantemente identificada com isso e, inclusive, consegue reconhecer a sua natureza. Essa é uma mudança central que aconteceu no decorrer de sua análise. Podemos dizer que o enfraquecimento do poder dessa figura é um exemplo de mitigação? Teria a gratidão da dra. Y a uma analista "que sabia quem ela era" gerado uma mitigação – isto é, *reduzido a força e a ascendência* – da inveja e do ódio em sua personalidade?

O objeto bom interno é impermanente de três formas: ele é vulnerável a danos causados por ataques internos, vulnerável a circunstâncias externas e também à passagem do tempo. Klein diz que "o bebê sente ter recebido do objeto amado uma dádiva especial que deseja *guardar*" (1991[1957], p. 220, grifo meu). Entendo que a dra. Y está lutando para manter o seu objeto bom interno. Ela pede desculpas por estar ansiosa, agitada e incapaz de trabalhar em um momento tão próximo do final de sua análise. "Me desculpe, eu sei que não deveria estar desse jeito à esta altura do tratamento", diz ela. E repete: "Realmente sinto muito por voltar a ser assim tão perto do fim da análise". Conscientemente, ela se sente culpada por perder o seu objeto bom; inconscientemente, ela culpa a sua analista por esse evento e por seu consequente estado de ansiedade e agitação. Quanto ao exterior, há também, nas palavras de Klein, "o anseio do bebê por um seio inexaurível e sempre-presente" (1991[1957], pp. 210-211) e isso quer dizer que há um anseio por um objeto interno eterno. É claro que o analista não pode satisfazer os desejos de um objeto eterno e inesgotável, nem prover ao paciente um objeto bom interno eterno, e nem é possível ao paciente nunca perder o seu objeto bom, tampouco efetuar uma reparação eterna. Todos são irrealizáveis.

De fato, quando nos aproximamos do final da sessão, a dra. Y perdeu o seu estado de mente grato que – para repetir as palavras de Klein – "é essencial à construção da relação com o objeto bom e é também o fundamento da apreciação do que há de bom nos outros e em si mesmo" (1991[1957], p. 219). Sua fruição da sessão cessou, e ela parecia voltar a estar mais do jeito que ela estava no início da sessão: ansiosa e sozinha. A dra. Y foi incapaz de manter o seu objeto bom interno e estava, nessa conjuntura, sofrendo uma perda interna provocada pela perda iminente do objeto externo (Klein, 1935), quando os finais das sessões tendiam a ser um presságio do término final. Eu não tinha certeza, contudo, da direção de sua ansiedade. Teria ela se voltado à busca de algum *script* ou algum dos pequenos volumes de *Hamlet*? Ou estaria ela lutando com algo diferente: a perda e a dor do luto da analista ao final da sessão? Estaria ela tentando se afastar disso por meio de uma regressão a seu antigo estado melancólico, e ainda assim achando que não poderia – como em seu sonho, no qual ela não conseguia encontrar o texto que procurava, os pequenos volumes de *Hamlet* com o assassinato do pai, a traição materna e as exigências impossíveis de reparação. Joan Riviere descreveu este estado: "a posição depressiva imanente traz uma sensação de fracasso, de incapacidade de remediar questões... tão intensamente, que a crença em coisas melhores fica muito fraca: o desespero torna-se algo muito próximo" (Riviere, 1936, p. 146); "todos os entes queridos *internamente* estão mortos e destruídos" (1936, p. 194). Riviere enfatiza que, nessa cena no mundo interior, "é *o amor por seus objetos internos* que subjaz e produz a culpa e a dor insuportáveis" (1936, p. 115).

Considero que a dra. Y, incapaz de regredir a seu antigo estado melancólico e também incapaz de enfrentar o final da sessão, estava perdida em algum lugar entre a condição descrita por Riviere, na qual o paciente não pode nem reparar nem escapar de seus objetos danificados, moribundos ou mortos, e os diferentes problemas da posição depressiva acerca da separação do *self* e do objeto, da impermanência da relação com o objeto, da solidão e da dor do luto pela perda do objeto. É certo que há toda uma área de entrelaçamento entre o complexo de Édipo da dra. Y, as demandas que ela sente que seus objetos lhe dirigem – você se lembrará de como ela se desculpa: "Me desculpe, eu sei que não deveria estar desse jeito à esta altura do tratamento" –, seus conflitos sobre reparação, questões que conseguimos alcançar, esperanças que foram frustradas e questões relativas às falhas da analista. Mas, mais imediatamente, há o fim da sessão, a realidade dolorosa que o *tempo* adentrou (Birksted-Breen, 2002), em que a analista é realmente uma analista "*stop-go*".

Ao longo de "Inveja e gratidão", Melanie Klein enfatiza que a vida emocional se caracteriza pela perda e recuperação do objeto bom. De fato, a impermanência é um aspecto central daquilo a que ela se refere com seu conceito de posição. Freud o chamou de "transitoriedade" em seu breve e maravilhoso artigo "Sobre a transitoriedade" (Freud, 1916a): "Não faz muito tempo empreendi, num dia de verão, uma caminhada através de campos sorridentes na companhia de um amigo taciturno e de um poeta jovem mas já famoso" (p. 305). Freud descreve como o poeta admirava a beleza da cena, mas que não extraia nenhuma alegria dela: "Tudo aquilo que, em outra circunstância, ele teria amado e admirado, pareceu-lhe despojado de seu valor por estar fadado à transitoriedade" (p. 305). A dra. Y está exposta à transitoriedade da análise: a sessão analítica terminará e a análise finalmente se encerrará, com significados que se conectam à longa experiência humana de transitoriedade e perda: o nascimento para fora do útero da mãe, o desmamar-se das intimidades de se alimentar no seio de uma mãe, a descoberta de que a mãe não é apenas sua – de que ela tem outras intimidades sexuais ainda maiores com o pai e, talvez, o pai e a mãe também sejam pais de outras pessoas e, ademais, eles ainda têm outras atividades, conexões e prazeres, dentro da própria casa e fora na sociedade. No caso da dra. Y, a essa série natural de transitoriedades devem ser adicionadas separações, retiradas e perdas por morte.

Em seu *Poema del Cante jondo*, Federico García Lorca (1987) cunha esse refrão:

Ai, amor

que se foi e não voltou!

É um refrão para a série dos amores humanos que vão embora e nunca retornam. Em alguns meses, eu serei a ex-analista da dra. Y, ou seja, mais uma entrada na série de perdas de sua vida. Em seu artigo, Freud nos conta como debateu com seus companheiros, argumentando que a transitoriedade não implicava perda de valor. "Pelo contrário", ele disse, "implica um aumento! O valor da transitoriedade é o valor da escassez no tempo" (Freud, 1916a, p. 305). Entretanto, ele percebeu que não conseguiu impressionar seus companheiros. Freud escreve:

> *Meu fracasso levou-me a inferir que algum fator emocional poderoso se achava em ação, perturbando-lhes o discernimento, e acreditei, depois, ter descoberto o que era. O que lhes estragou a fruição... deve ter sido uma revolta em suas mentes contra o luto... a mente instintivamente recua de algo que é penoso. (Freud, 1916a, p. 306)*

Pois bem, será que Freud nos convenceu? Será que podemos manter nossas memórias de fruição e gratidão, dadas a transitoriedade da natureza e a dor do luto por sua perda?

6. Mantendo a inveja em mente: as vicissitudes da inveja na maternidade adolescente

Alessandra Lemma

Tradução de Bartholomeu Vieira

O que nos liga aos nossos objetos? Seria o amor e a gratidão – um senso de que nos deram algo de graça, algo que valorizamos e de que conseguimos tolerar o fato de que precisamos da outra pessoa para nos fornecer isso? Ou seria a inveja e o ressentimento – um senso de que estamos presos em uma disputa com aquele que, a nosso ver, nos privou de algo bom que *deveria* ter sido nosso? Outra maneira de ver isso é perguntar se o vínculo com nossos objetos é do tipo que apoia nosso desenvolvimento e separatividade ou aquele que nos mantém escravizados ao objeto por quem nos sentimos privados.

Os pensamentos de Klein sobre amor, gratidão e inveja sempre me sensibilizaram profundamente, pois eles versam tão bem sobre os conflitos que todos nós enfrentamos quando tentamos dar sentido a como o amor e o ódio moldam nossos relacionamentos com as coisas boas em nossa vida. Suas ideias foram especialmente relevantes para mim no meu trabalho com mães adolescentes e as crianças nascidas dessas mulheres (estou me referindo aqui sobre o trabalho com pacientes adultos que nasceram de mães adolescentes), que é o foco deste capítulo.

Inveja e privação

Em seu trabalho de referência, Klein concentrou-se em uma questão que hoje em dia subestimamos, mas que é difícil de imaginar que não esteja em algum lugar em nossa mente quando estamos juntos de um paciente: como o bebê experimentou o seio? Ele foi sentido como cheio ou vazio? Ele foi prazerosamente oferecido e recebido? Ou foi sentido como egoísta, "mau" e "rancoroso", como Klein dizia, tornando-se a origem da inveja e do ressentimento?

Em "Inveja e gratidão", Klein introduziu sua noção de uma "inveja primária" inata, definida pelo ataque sendo sobre um objeto "bom" *por causa* da sua bondade. A ideia de destrutividade inata tem provocado polêmica. Klein, de fato, foi criticada por ter descartado completamente ou minimizado o impacto da mãe real sobre o desenvolvimento do bebê. Este trabalho, junto com outros, reconhece que a mãe "real", não apenas a mãe da fantasia, desempenha um papel importante ajudando o bebê a gerenciar sua inveja. Klein refere-se a como o estado de espírito da mãe no momento da amamentação, por exemplo, pode afetar a experiência do seio sobre o bebê. Além disso, ela discute a relação entre privação e inveja:

> *Se considerarmos que a privação intensifica a voracidade e a ansiedade persecutória, e que existe na mente do bebê a fantasia de um seio inexaurível, que é o seu maior desejo, torna-se compreensível como a inveja surge mesmo se o bebê é inadequadamente amamen-*

tado. *Os sentimentos do bebê parecem ser que, quando o seio o priva, este se torna mau porque retém só para si o leite, o amor e os cuidados associados ao seio bom. (Klein, 1991[1957], p. 215, grifo meu)*

Embora ela se refira ao seio indisponível como fonte de privação e, assim, como um gatilho para a inveja, é justo dizer que Klein não desenvolve suas ideias sobre essa inveja mais reativa, dando prioridade à inveja derivada de um grau inato de instinto de morte. No entanto, a privação como uma experiência interna e real figura em seu pensamento sobre a inveja e no material de seus casos. Na verdade, quaisquer que sejam as suposições que façamos sobre as origens da inveja, a experiência do paciente, como aparece na transferência, é invariavelmente um sentimento de privação de alguma forma.

Apesar de ser teoricamente interessante especular sobre as origens (e elas nunca podem ser mais do que especulações), é a *experiência* de inveja do paciente e o que ele faz com essa experiência o que mais interessa no consultório. Por conseguinte, embora eu não fique convencida a respeito da noção de uma inveja inata, no meu trabalho clínico, eu considero, todavia, inestimáveis as ideias de Klein sobre o impacto destrutivo da inveja sobre as relações de objeto, sobre o modo como o *self* se defende contra a consciência da inveja e sobre a forma como a consciência de dependência do objeto bom pode suscitar o desejo de estragar a bondade do objeto. Enquanto a inveja se manifesta de maneiras diferentes, Klein nos ajuda a entender como o ato de estragar o objeto bom por meio da inveja funciona como uma defesa contra a dor psíquica: a dor da separação, da perda, da ânsia e da consciência da própria inveja.

Neste capítulo, eu estou preocupada com a inveja emergindo de uma experiência real de privação. Exatamente como Klein a descreve no caso da inveja primária, uma experiência de privação também pode resultar em ataques ao objeto bom – isto é, mesmo quando o objeto não está sendo fomentador de privação – como uma maneira de defender contra a necessidade e a dependência do objeto.

A fonte da inveja

Para a maioria dessas jovens meninas que se tornam mães durante a adolescência, isso representa um momento de crise aguda. Internamente, a maternidade acrescenta uma camada de complexidade ao processo psíquico da adolescência, que normalmente já coloca em movimento uma avaliação inquietante da identidade pessoal. A jovem menina deve integrar ao seu senso de quem ela é a realidade do corpo sexual maduro (Läufer & Läufer, 1984). Isso está inextricavelmente ligado ao ressurgimento de ansiedades primitivas sobre dependência e separação das figuras parentais e dos conflitos edípicos. As mães adolescentes experimentam essas ansiedades primitivas ainda mais intensamente se, como frequentemente é o caso, o relacionamento primitivo com suas próprias mães foi de alguma forma perturbado (ver, por exemplo, Madigan, Moran, & Pederson, 2006; Pines, 1988).

Uma mãe que gosta de amamentar seu bebê ajuda-o a se afastar da inveja em direção à gratidão. Assim como ela espontaneamente oferece seu seio, igualmente ela também oferece sua mente. Ela fornece nutrição psíquica – isto é, um seio com uma mente (ver Bion, 1962a; Winnicott, 1954). Uma mãe que não sente prazer em "nutrir" é, portanto, experimentada como também retentiva de sua mente. Isso pode levar à internalização de um objeto sentido como não receptível às projeções do *self* e, portanto, sentido como incapaz de transformar a dor psíquica.

Eu gostaria de sugerir que, se a menina adolescente internalizou um objeto materno que não gostou de "nutrir", então as perdas e ansiedades associadas com o fato de se tornar mãe durante a adolescência são mais propensas a mobilizar internamente uma experiência de privação sobre a qual não pode haver reflexão. À medida que ela se volta para sua mãe internalizada buscando compreensão, essa jovem mãe encontra um objeto que não é sentido como generoso e capaz de sustentar o *self* em um momento de crise significativa. Suas próprias experiências como uma filha e, agora, como mãe, tornam-se muito confusas em sua própria mente. Ela é literalmente incapaz de "manter em mente" e suportar tanto a sua própria experiência de privação quanto a do bebê, assim como a inveja que isso pode provocar em ambos. Um clima interno de recriminação e ressentimento pode então criar raízes.

As dificuldades da jovem mãe são muitas vezes manifestadas em sua identificação com o bebê e não com o desejo de se tornar propriamente uma mãe (Pines, 1988). A representação de seu bebê em sua mente, portanto, é tipicamente distorcida (ver, por exemplo, Slade et al., 2005). Na minha experiência, a qualidade e a nocividade da inveja mobilizadas na jovem mãe para com seu bebê dependem do fato de ele estar representado em sua mente como um rival que rouba a sua liberdade e oportunidade de ser adolescente *ou* como uma mãe retentiva e privativa, que guarda toda a nutrição para si mesma.

Se o bebê for experimentado como um rival que priva a jovem mãe do seu direito de se sentir "adolescente", proponho que a inveja do bebê se instaura de forma menos perniciosa. Isso ocorre, em grande parte, porque a jovem mãe nesse cenário tem alguma percepção de si mesma e de possuir uma mente própria, mesmo que os processos projetivos ainda predominem, como é o caso na maioria dos adolescentes enquanto lutam para descobrir quem são. Tornar-se mãe impacta, é claro, sobre os conflitos em torno da separação e sobre as ansiedades edípicas que inevitavelmente são retomadas durante a adolescência, mas, nos casos em questão, a jovem garota poderá, todavia, se aproximar dos desafios da maternidade precoce com uma experiência mais integrada de si mesma. Crucialmente, ela possui algum desejo de se separar de seus objetos primários, por mais ambivalente que ela possa se sentir sobre isso.

Proponho, portanto, que, à medida que ela amamenta seu bebê, esta jovem mãe relaciona-se com o seu seio como um "seio sexual". É um símbolo de seu desejo de desenvolver sua própria identidade emergente e separada. De fato, a "queixa" típica expressada pela jovem mãe é que o bebê a "impede de ter uma vida". O bebê é sentido como privando a mãe do direito de adequadamente experimentar e "brincar" para descobrir quem ela é. Porque ela se sente privada de "oportunidades", isso pode tanto interferir com a capacidade dela de ter prazer junto de seu bebê como com as oportunidades dele de sentir prazer. Podem ocorrer problemas significativos tanto com a mãe quanto com o bebê. Isto é, no entanto, bastante diferente de experimentar o bebê atrapalhando a própria sobrevivência psíquica do *self*, que é a experiência interna com a qual eu estou essencialmente preocupada neste capítulo.

Quando o núcleo da ansiedade na jovem mãe diz respeito a sua sobrevivência psíquica e a fragmentação do *self*, minha impressão é que a inveja despertada nela pelo bebê assume um comportamento mais destrutivo. Aqui, o ataque de inveja é destinado a apagar para si mesma a percepção da ansiedade, da dependência e da separação. Ela se sente privada de um seio amoroso, nutritivo, então a sua própria ânsia pelo seio é convertida em ódio. Nesse cenário, portanto, estou sugerindo que a jovem mãe, cuja experiência de si mesma é igual a de um bebê em privação, inveja o seio nutritivo de que o bebê depende. Em sua mente, o bebê está descaradamente "tomando dela". Ela o odeia porque o bebê é sentido como insensível às necessidades dela. Em outras palavras, o bebê não é um bebê na mente desta mãe; em vez disso, ele representa um objeto materno frustrador, que não tem consciência alguma das necessidades do seu bebê. Por isso, essa jovem mãe pode prontamente experimentar o bebê como uma presença hostil em sua vida. Não é apenas como se o bebê tomasse algo dela; em vez disso, o bebê a atormenta. Na transferência, torna-se possível discernir como o objetivo do ataque invejoso ao bom objeto visa erradicar o anseio materno pelo seio amoroso e nutritivo. (A intolerância materna ao acesso do bebê às coisas boas pode ser gerenciada pelo estabelecimento de uma relação de posse sobre ele. Isso frustra as tentativas do bebê de se separar dela. Em vez disso, o bebê está vinculado a ela por uma obrigação porque ela sente que fez muito por ele. Pela perspectiva do bebê, eu sugiro que esses são os alicerces para um mundo interno dominado por uma economia de propriedade, dívida e obrigação.)

Em dois dos casos com os quais trabalhei com mais intensidade, tornou-se claro na transferência que essas jovens mães invejavam um estado mental particular atribuído ao bebê/mãe. Sua característica principal é a ausência de qualquer consciência de pensamentos ou sentimentos dolorosos – uma espécie de Nirvana psíquico no qual é a "mãe/outro"[1] quem tem que absorver toda a dor psíquica deixando o bebê, literalmente, "sem preocupações" para apreciar a sua alimentação. (Eu escolhi a expressão "sem preocupações" porque ela surgiu algumas vezes no meu trabalho com jovens mães, em que elas a usaram para se referir à percepção do estado de espírito invejável do bebê.) O estado de espírito

---

[1] No texto original, a autora faz um jogo de palavras com (m)other, que não pode ser feito no português. Preferimos manter o fluxo de leitura e colocar tanto a palavra "mãe" como "outro", respeitando a ambiguidade estética que a autora propôs [N.T.].

"despreocupado/sem cuidados" atribuído ao bebê/mãe contrasta totalmente com a experiência da jovem mãe com sua própria mente. Sua mente agora se sente invadida pelas necessidades do bebê e pelos sentimentos e pensamentos perturbadores que o bebê evoca. Klein capta bem a demanda atribuída à mãe pelo bebê que sente que "compete a ela evitar toda dor e males provindos de fontes internas e externas" (1991[1957], p. 217). O bebê, portanto, busca alívio de seus próprios impulsos destrutivos e suas ansiedades sem qualquer preocupação com o objeto. Mas o estado de espírito de privação que é experimentado pela jovem mãe torna menos provável que ela seja capaz de acolher as projeções do bebê. Isso prejudica a possibilidade de a experiência do bebê ser "mantida em mente" por ela.

As histórias vividas por essas duas jovens mães apontam que as dificuldades de suas próprias mães foram intrusivas nas suas experiências primitivas de dependência de um objeto capaz de digerir estados de espírito perturbadores. Via transferência, elas fortemente endereçaram a mim a expectativa de que minha mente não seria receptiva às suas projeções. Muitas vezes, eu fui experimentada como egoísta, privando-as do meu espaço psíquico, que era sentido como livre de experiências dolorosas. Uma das pacientes muitas vezes me descreveu como "má". Ela estava convencida de que eu tinha "as respostas", porque minha vida parecia ser para ela "acolhedora", mas que em vez de aliviá-la de sua dor, eu simplesmente a deixava sozinha para resolver as coisas por si mesma. Em uma ocasião, quando tive que cancelar uma sessão em cima da hora, essa paciente se convenceu de que eu ia ter um feriado prolongado. Era impossível para ela ao menos cogitar a ideia de que eu pudesse estar doente ou ter que resolver uma questão urgente. Consequentemente, muitas vezes eu era considerada uma mãe narcisista, que a privava e, ainda por cima, provocativamente enaltecia suas riquezas. Essa qualidade mais provocadora do objeto foi uma característica marcante em ambos os casos: eu era sentida como se estivesse expondo cruelmente o que lhes faltava enquanto eu desfrutava de acesso privilegiado a coisas boas, em particular minha mente aliviada. Essas jovens mães estavam ambas à mercê de um objeto que era sentido como envolto narcisicamente em si mesmo e em uma identificação com ele próprio – como era evidente em sua própria maternidade.

O conforto do ódio

> Do seio o bebê recebe leite e demais confortos humanos... Suponha o bloqueio à sua iniciativa por temor à agressão sua ou de outrem. Se a emoção é muito intensa, inibe-lhe o impulso para aceitar o sustento. No bebê ou na mãe, ou em ambos, o amor mais aumenta que diminui o bloqueio, em parte porque é inseparável da inveja do objeto que assim ama ... a parte que o amor desempenha escapa à observação, pois a inveja, a rivalidade e o ódio a encobrem embora não exista ódio sem presença de amor. (Bion, 1962a, p. 30)

Srta. E

As palavras de Bion muitas vezes estavam em minha mente enquanto eu trabalhava com a srta. E, quem conheci com 21 anos. O seio nutritivo e necessitado era uma tormenta para ela. Diante da dor da ânsia pela nutrição e amor psíquicos do objeto, o ódio pelo objeto proporcionava uma espécie de conforto. Aqui, o ataque de inveja capaz de estragar o objeto funcionava como uma defesa contra a dor de amar e a dependência que isso revelava. Por assim dizer, ela serviu para matar dois coelhos com uma cajadada só, quais sejam: tanto o objeto invejado quanto o *self* que desejava o objeto (Segal, 1993). Esse processo tornou-se o foco no meu trabalho com ela.

A srta. E engravidou aos 16 anos de idade. Ela foi encaminhada por causa de uma depressão e de dificuldades em cuidar de seu filho. Do ponto de vista clínico, no entanto, a característica mais importante que apresentava era sua personalidade narcísica. Ela era uma jovem inteligente e, em muitos aspectos, agradável. Ao final dos quatro anos de tratamento, ela havia feito algum progresso limitado, mas encorajador a respeito de sua capacidade de ser mais receptiva às necessidades de seu filho.

A srta. E estava sob o efeito de drogas em uma festa quando teve relações sexuais desprotegidas e engravidou. Apesar de não ser uma grande consumidora de drogas, ela regularmente fumava maconha como uma forma de "não pensar", como ela costumava dizer. Os pais dela eram abastados financeiramente e a tinham apoiado, com uma atitude aparentemente liberal em relação à gravidez. Contudo, a srta. E desconfiava do encorajamento de sua mãe para prosseguir com a gravidez, haja vista estar claro que, naquele momento, a gravidez prejudicaria severamente seus estudos e sua vida social. Ela sentiu que sua mãe tinha invejado sua liberdade e popularidade com os amigos, especialmente porque sua mãe havia ficado bastante doente bem naquela época.

À medida que nosso trabalho se desenrolava, tornou-se claro que a srta. E sempre experimentou sua mãe como fascinante, provocativa e indisponível. A mãe da srta. E tinha acabado de completar 19 anos quando ela nasceu. A imagem que surgiu foi a de uma mulher narcisista que, como a srta. E sentia, tinha ressentimentos sobre a gravidez. Ela não teve mais filhos, o que confirmou a crença da srta. E de que sua mãe na verdade não a queria. O pai permaneceu uma figura nebulosa ao longo de sua vida: o provedor de dinheiro, mas, até onde ela era capaz de perceber, não muito mais que isso. A srta. E gastava excessivamente, usando aquisições materiais como uma forma de desviar sua necessidade do amor do objeto. Era difícil para ela, no começo, sequer reconhecer que seus pais lhe davam dinheiro para compras e para sua análise. Em vez disso, a srta. E se comportava como se lhe "devessem" isso, ignorando, dessa forma, uma experiência de dependência de qualquer tipo.

Quando criança, a srta. E sempre se sentiu como um fardo entre sua mãe e seu trabalho e sua mãe e sua vida social ativa e aparentemente superanimada. Ela ficou sob os cuidados de babás por longos períodos. Essa foi a base de sua principal acusação de que sua mãe "queria tudo". É claro, como não poderia deixar de ser, que é impossível saber a real qualidade da maternagem recebida pela srta. E. Eu, no entanto, tive a impressão, na transferência, de que ela se relacionava, essencialmente, com um objeto sentido como que envolto em si mesmo e de alguma forma depreciativo em relação a ela. Pude compreender que a srta. E não teve a oportunidade de internalizar uma experiência de um objeto materno que oferecesse livremente um espaço em sua própria mente. Isso estava na raiz do seu ressentimento em relação a sua mãe.

A srta. E. sentia o seu filho como alguém capaz de estragar as coisas boas de sua vida; atribuía intencionalidade maligna em seu comportamento. Por exemplo, uma vez ela me disse que ele havia quebrado algo no apartamento "de propósito, para me atingir porque ele sabia que eu gostava daquilo". Ela o considerava "descuidado" ou "sempre brincando". Sentia isso como se ele estivesse propositadamente ostentando sua liberdade, e isso estimulava a sua inveja enquanto ela se sentia sobrecarregada por aquilo que chamava de "responsabilidade". Ao longo da análise, chegamos a compreender que "responsabilidade" significava para ela o fardo de "pensar e sentir" por ambos, ela e o filho. Ela invejava, portanto, o que percebia como seu espaço psíquico privilegiado, livre de pensamentos ou sentimentos dolorosos. Claro que na realidade esse menino pequeno estava muito perturbado e sobrecarregado.

Em algum nível, a destrutividade da srta. E dirigida ao seu bebê provocava nela uma profunda culpa. Mas ela não podia recorrer a um objeto interno capaz de suportar conhecê-la e perdoá-la pelo que ela tinha feito ao seu bebê. Não tinha escolha, por assim dizer, além de continuar invejando e odiando seu filho, que era sentido como o único responsável por drená-la de todos os seus recursos. O ressentimento era usado como defesa contra a culpa a respeito de sua própria destrutividade.

A srta. E projetava em seu filho e dentro de mim, na transferência, a sua visão pessoal a respeito de sua própria mãe narcisista e capaz de privação. Ela frequentemente atribuía a mim um estado de espírito "sem preocupações", narcisista e irracional. Ela havia sido exposta internamente à presença de um objeto "egoísta", desinteressado, que era sentido como que mantendo todas as coisas boas para si. Isso geralmente provocava um desejo de criticar severamente ou de alguma forma estragar o que eu oferecia a ela ou o que ela percebia como bom na minha vida, como espero ilustrar com algumas sessões do segundo e quarto ano, respectivamente, de sua análise.

Ano 2

Na sessão de quarta-feira, a srta. E. disse que se sentia muito brava com o filho, porque ele pedia muito dela, quando, na verdade, já havia tomado tudo o que ela tinha. Ela o acusou de ser egoísta e "sempre querendo mais brinquedos, mais de tudo". Ela trouxe um sonho em que atendeu a campainha de sua casa, e era o porteiro, entregando-lhe um embrulho. Ela então ficou em silêncio. Eu quebrei o silêncio e perguntei-lhe se ela podia se lembrar de algo mais ou se tinha algum pensamento sobre isso, ela respondeu enfaticamente que não havia mais nada. Ela pareceu irritada comigo, e me senti repreendida por ter pedido associações.

A srta. E acrescentou que não podia "bancar o luxo de analisar seus sonhos". Ela disse que já tinha muito em sua mente para "brincar de ser Freud", e que, de qualquer forma, sua vida ainda era uma bagunça graças a mim (ela estava se referindo aqui sobre sua repetitiva acusação de que eu não lhe oferecia ajuda prática suficiente com seu filho). Eu disse que em vez de ajudá-la quando ela se sentia tão assediada pelas necessidades de seu filho, ela sentia que eu lhe devolvia um embrulho cheio dos sentimentos dos quais ela queria se livrar, enquanto guardava outro embrulho "luxuoso" e divertido só para mim.

Na sessão de quinta-feira (a última sessão da semana para ela), a srta. E pareceu irascível. Disse que uma das professoras da escola deu a seu filho uma tarefa que a srta. E nunca conseguiria fazer com que ele fizesse (e com a qual essa professora ajudou pacientemente esse menino por vários meses). Ela disse que tinha dúvidas sobre essa professora em particular, porque ela frequentemente faltava em razão de doenças vagas, e sua classe então tinha que ser administrada por um professor substituto. Ela achava que a escola não deveria contratar professores tão pouco confiáveis. Foi por isso que ela decidiu mudar a escola, porque ela não podia mais aguentar "aquelas atitudes". Ela continuou dizendo que achava que a escola, por ser uma escola estadual, tinha uma equipe provavelmente invejosa de sua origem privilegiada.

Ela então me disse que passou o dia todo no telefone tentando obter informações sobre cirurgia plástica para melhorar os seios. Ela disse que uma de suas amigas "fez os peitos" recentemente, e agora ela estava considerando seriamente essa opção para si mesma. Ela falou comigo sobre sentir ódio de seus próprios peitos, que haviam ficado "flácidos" desde que parou de amamentar. (Ela amamentou seu filho apenas por três semanas.) Ela esteve pensando sobre amamentação no caminho para a sessão depois de ter visto uma mulher em um banco no parque amamentando seu bebê: "Não sobrará nada deles [os seios] uma vez que ele [o bebê] tiver acabado com eles". Ela então acrescentou com desdém: "Meus amigos estavam vivendo o melhor de suas vidas quando meu filho nasceu, e eu estava dando leite. Que legal! Eu desisti daquilo. Muito aborrecimento... e a mamadeira é boa o suficiente de qualquer jeito. Ele é mesmo um 'balofinho' [o termo que usava para o excesso de peso], então de qualquer jeito isso não fez mal algum a ele". Sua voz teve uma aspereza que eu já havia notado em outras ocasiões.

A srta. E continuou falando sobre como o aumento nos seios de sua amiga não tinha sido um sucesso: "Eles parecem falsos", ela acrescentou um pouco depreciativamente. (Essa era uma amiga que constantemente a apoiava.) Seu humor, logo em seguida, ficou arrasado e ela ficou em silêncio por um tempo. Eu me senti redundante na sessão, um pouco como a professora e a escola que tinham sido demitidos por ela.

Ela por fim retomou a conversa me dizendo que seu fim de semana seria triste porque não teria ajuda com o filho, pois seus pais estariam fora. Ela zombou da tendência de sua mãe de "entuchar demais" sua mala, mesmo quando estava indo viajar por apenas dois dias: "Ela sempre acha que vai ir ver a rainha", acrescentou. Disse que se ofereceu para arrumar a mala porque queria poupar sua mãe de parecer ridícula.

A srta. E continuou dizendo que estava de saco cheio de tudo e que apesar de seus esforços para se adequar à análise, ao mesmo tempo que também estava tentando retomar seus estudos *e* tendo que cuidar de seu filho, ainda estava se sentindo presa e infeliz. Eu estava ciente de me sentir um pouco cansada de suas acusações repetidas de me achar inútil para ela. Assim como ela, eu sentia uma necessidade de algum tipo de aumento dos seios. Disse que ela estava cercada por "pessoas gordas e excessivamente cheias", mas que ela se sentia drenada de coisas boas para si mesma. A srta. E disse que odiava a análise porque era "só papo" e que ela precisava era de ajuda prática. Achava que falar sobre sentimentos era algo superestimado. Ela havia recentemente lido uma resenha sobre um livro de autoajuda e achava que seria muito bom porque dava dicas sobre como se gerenciar. Isso é o que ela queria, e disse que talvez eu devesse ler também. Ela então disse com raiva que os terapeutas deveriam saber que eles nunca dão uma ajuda real: em vez disso, eles apenas falam sobre sentimentos. Eu disse que ela parecia sentir que a minha mente estava cheia de ideias inúteis sobre sentimentos e que ela agora queria encher minha mente exatamente com tudo o que ela pensava que deveria estar lá sobre ela para que eu levasse para o fim de semana. A srta. E riu. Disse que eu tinha um jeito de explicar as coisas que a fazia rir. Eu disse que ela odiava a sensação de realmente sentir que o que eu oferecia a ela era útil; em vez disso, era mais suportável me transformar em alguém com peitos "falsos" de quem ela poderia rir – e não uma pessoa real e útil que ela realmente poderia sentir falta.

Os olhos da srta. E se encheram de lágrimas e ela ficou em silêncio por um longo tempo. Finalmente rompeu o silêncio e disse que estava chateada porque sentia que era uma mãe ruim e que odiava ter que pensar nisso, que preferia ser como sua amiga, que estava "despreocupada" e só tinha que pensar sobre onde ir no feriado. Seu tom, então, voltou a ser áspero e chamou essa amiga de "uma vaca estúpida" porque ela não tinha nenhuma ideia a respeito da vida real e, de qualquer maneira, ela simplesmente esnobava os outros. Eu disse que ela havia conseguido se conectar com um sentimento perturbador quando se viu como uma mãe "má" e que foi capaz de me contar, mas rapidamente isso se tornou excessivamente doloroso. Assim que ela se conectou com esse sentimento, odiou-me por fazê-la pensar sobre essas coisas, especialmente porque eu fui para o fim de semana sem pensamentos dolorosos em minha própria mente. Era essa vaca estúpida e irracional de analista que agora a esnobava em sua luta contra a sensação de ser uma mãe má.

A srta. E disse: "Até mesmo a professora é melhor do que eu em cuidar do meu filho. Eu sei que ela me desaprova; aliás, todos da escola me desaprovam. Todos eles pensam: 'A riquinha ficou grávida... bem feito para ela'". Ela sentiu que todos viram a gravidez como um erro e que ela, então, tinha que pagar por isso. Ela disse que seu filho tinha sido um erro com o qual ela teria que viver para o resto de sua vida. "É fácil para ele", ela acrescentou: "Agora ele me tem para fazer tudo por ele. Ele nem sequer tem que pensar em escovar os dentes, e então, quando ele for mais velho, porque ele é um menino, se ele engravidar uma menina, ele pode simplesmente ir embora, assim como o pai dele fez". Ela então balançou a cabeça e com raiva disse: "É tudo uma merda, é tudo uma merda mesmo". Ela me contou que estava tentando não fumar (maconha), mas que ela iria pegar um pouco porque era a única maneira que tinha de ficar em paz. Ela estava planejando deixar seu filho na casa de um amigo e então ela poderia apenas "sair de minha mente" [*get out of my mind*].

 Eu disse que ela temia que eu desaprovasse o quão difícil tinha sido para ela ter prazer nas recentes conquistas do seu filho. Doía nela o fato de que seu filho se permitia ser ajudado, mas que ela não conseguia. Eu disse que ela queria apenas se afastar de tudo isso agora na sessão e não ter que pensar em nada. Eu acrescentei que isso parecia ser a única opção disponível para ela, porque ela acreditava que eu também queria me afastar agora que eu estava diante de seus sentimentos de que era "tudo uma merda" o que eu havia lhe oferecido. Estávamos perto do final da sessão: a srta. E simplesmente encolheu os ombros e disse que havia "muito a dizer sobre drogas". Ela ficou em silêncio até o fim.

Discussão

Na sessão de quarta-feira, a srta. E começou me contando sobre sua experiência de se sentir esgotada pelas exigências de seu filho e depois por meus pedidos de que pensasse sobre seu sonho. Fazendo uma reflexão, eu intervi rápido demais e sem pensar muito a respeito, talvez atuando [*enacting*] a identificação projetiva depositada em mim dessa criança/mãe demandante, voraz, incapaz de pensar em *sua* experiência. Ela só conseguia me enxergar interessada em coisas boas para mim mesma (seu filho, pelo que ela me diz, sempre queria "mais brinquedos, mais de tudo"). Ela sente que eu *lhe* exijo que forneça material analítico para que eu "brinque", enquanto não lhe dou nada em troca, deixando-a sozinha para organizar os conteúdos de sua própria mente enquanto eu tenho o "luxo" de brincar de ser Freud. Até então, esse trabalho formava um cenário de transferência familiar, pelo qual ela me experimentava como alguém sem preocupações e sem capacidade de pensar sobre ela. Como sua mãe, eu era sentida por ela como alguém que estava sempre em algum outro espaço mental mais excitante e "luxuoso", onde não havia espaço para pensar sobre seu sofrimento. Quaisquer rompimentos eram experimentados por ela como se eu a obrigasse, cruelmente, a olhar para todas as coisas boas que eu tinha. Ao me dar seu sonho, ela queria que eu levasse comigo, durante o fim de semana, um embrulho cheio de seus pensamentos/

sentimentos dolorosos, mas, em vez disso, eu me tornei intrusiva em sua experiência.

Na sessão de quinta-feira, a srta. E estava se sentindo muito assediada, achando impossível aproveitar a conquista de seu filho e o fato de que ele pôde permitir que a professora o ajudasse. Essa professora prestativa se tornou alvo do ataque invejoso: ela não é confiável e tem que ser demitida. Toda a inveja está firmemente localizada na equipe, que ela acredita que sente inveja de sua origem privilegiada. O ataque invejoso mascara o sofrimento em saber que ela ativamente estraga essa boa experiência de seu filho. É doloroso para ela reconhecer a ajuda da professora, porque esse sucesso horrivelmente reflete para a srta. E um sentido de sua própria "maldade" [badness].

A experiência da srta. E de se sentir privada é intensa nesta sessão, provavelmente porque ela também está lidando com a pausa do fim de semana. Eu acho que ela anseia que eu a alimente, mas esse anseio é pervertido: debilitar-me invejosamente é o triunfo sobre seu próprio desejo. Ela tenta se tranquilizar por meio de suas ideias sobre o aumento dos seios, consequentemente me deixando saber que ela pode se dar algo sem depender de mim. Em qualquer caso, sou sentida por ela como alguém não confiável, como a professora que sai de licença doente, e tudo o que tenho a oferecer são peitos "falsos". Assim como sua mãe, eu estou narcisicamente envolta em mim mesma ("A Rainha") e ela me transformou em um objeto de escárnio, inútil, que precisa de sua ajuda. A representação interna do objeto materno como "Rainha" também carrega a experiência da srta. E de sua mãe como uma mulher que cruelmente ostenta as riquezas que lhe foram recusadas. Eu acho que foi essa qualidade mais narcísica do objeto que alimentou a retaliação invejosa.

A srta. E eventualmente foi capaz de responder à minha interpretação sobre como ela odeia reconhecer qualquer vínculo ou dependência de mim, e fica angustiada porque, então, percebe-se como a mãe má. Ela consegue ficar brevemente com esse sentimento, o que, penso eu, foi genuíno. Mas isso se prova demais para ela suportar, e a srta. E rapidamente recua para uma posição de depreciação: eu me torno uma vaca estúpida e irracional "descuidada". Esse é o estado mental que ela quer para si mesma (e que ela me faz saber que vai conseguir mais tarde ao fumar maconha). Em sua experiência, eu sou como seu filho neste momento que, como ela diz, "nem sequer tem que se preocupar em escovar os dentes", enquanto deixo ela pensando em como é ser uma mãe má. Fundamentalmente, neste momento, acho que se torna clara a sua incapacidade de permitir o surgimento de um espaço sensível para os sentimentos e a interrupção do pensamento pela ascensão, mais uma vez, de uma experiência a meu respeito como incapaz de alimentá-la, mas também como alguém que poderia depreciá-la e envergonhá-la quando ela estivesse mais vulnerável. Eu acho que a srta. E estava identificada com essa qualidade depreciativa de sua mãe e frequentemente me experimentava dessa maneira por meio da identificação projetiva.

Ano 4

Agora eu gostaria de apresentar um breve trecho de uma sessão ocorrida quinze meses depois, quando a srta. E estava vindo apenas três vezes por semana. Nessa época, ela sabia que eu estava grávida. Antes do anúncio da minha gravidez, de fato, ela já havia decidido terminar a sua análise, porque estava se mudando de Londres. Apesar de a minha gravidez não ter sido o gatilho para o término, no entanto, isso significou que terminaríamos três meses antes do que havíamos concordado. Essa foi a primeira sessão da semana para ela, três semanas após o anúncio da minha gravidez.

Na semana anterior, eu senti que nós tínhamos feito um contato significativo.

A srta. E começou me dizendo que estava ouvindo o rádio enquanto tomava café da manhã e havia escutado uma notícia sobre abuso infantil. Ela era muito crítica sobre pedófilos e pensava que nada justificava tal comportamento em relação às crianças. Na opinião dela, tais pessoas deveriam ser presas para sempre – e, na verdade, enquanto pensava sobre isso, ela chegou à conclusão de que a pena de morte deveria ser imposta para quem cometeu os crimes mais graves. Ela fez um longo e agressivo discurso a esse respeito. Quando tive a oportunidade, disse-lhe que alguém estava sendo firmemente acusado em sua mente e deveria ser severamente punido.

A srta. E parou de falar um pouco, seus olhos se encheram de lágrimas, e depois disse que tinha passado dos limites na noite anterior com seu filho. Ela gritou e xingou ele, depois bateu a porta. Ele ficou muito chateado. Ela se arrependeu, mas, ao mesmo tempo, estava furiosa porque ele rasgou um de seus álbuns de fotos – um particularmente importante, porque nele haviam fotos de seus dias no ensino médio, e ela gostava de rever esses momentos. Eu disse que talvez a interrupção de sua análise por conta da licença maternidade e a antecipação do fim de nosso trabalho pudesse ser sentido por ela como a perpetração de um crime hediondo contra ela – como se eu estivesse rasgando o álbum de nosso trabalho juntas, de forma que ela fosse deixada sem nada de bom para guardar. Eu disse que ela sentia isso como uma vingança [*spiteful*], como se eu estivesse estragando algo de importância para ela, de fato colocando minhas necessidades antes das dela.

A srta. E disse que sabia que eu tinha que parar. Ela mesma sentia-se pronta para parar e, na verdade, achava que poderia ter parado muito antes, já que agora estávamos "apenas recapitulando coisas antigas". Ela ficou em silêncio por um tempo e depois me disse que teve um sonho muito ruim duas noites atrás. Ela não tinha certeza se deveria me contar, "porque poderia se tornar realidade". Finalmente, ela me disse que no seu sonho *eu havia dado à luz um bebê com síndrome de Down*. Ela claramente se sentia incomodada enquanto falava. Ela ficou muito inquieta no divã e demorou bastante tempo até me dizer que, por causa da minha idade, achava que era mais provável que eu desse à luz um bebê com deficiência. Imaginou que acharia difícil trabalhar com alguém como ela em um momento como esse na minha vida. Não era nada pessoal, mas assim era a vida – quanto mais velha você fica, maiores sãos as chances de deficiência. Ela imaginou que eu não gostaria de ter tais pensamentos em minha mente. Achava que eu parecia tão feliz desde que fiquei grávida – "brilhando e tal", ela acrescentou. Disse que não suportaria cuidar de uma criança com deficiência. Ela se odiava por sentir isso, porque sabia que era "errado", mas que sentia repulsa à deficiência: "Eu sei que as pessoas dizem que os bebês com síndrome de Down são amigáveis, mas acho eles feios". Eu disse que ela temia que eu não pudesse suportar olhar para ela com seus sentimentos "feios" em relação a mim. Em vez disso, eu iria repelir a versão dela que me dá um bebê deficiente. Eu disse que ela temia que eu não fosse compreendê-la e nem a perdoar, mas sim que a condenaria à pena de morte.

Discussão

No momento em que essa sessão ocorreu, a srta. E estava mais conectada com os aspectos destrutivos de si mesma. Podia pensar mais sobre seu ressentimento em relação à mãe e ao filho, e agora apoiava mais a ajuda terapêutica que o filho estava também recebendo.

A srta. E inicia a sessão atacando o bom trabalho da semana passada, relegando-o a um redundante "recapitulando coisas antigas". O sonho é um ataque invejoso à minha capacidade de dar vida a um bebê saudável. Ele também demonstra o sofrimento dela em me perder por meio de uma retaliação pelo crime que perpetuo contra ela. Meu crime não é apenas que eu a deixe prematuramente, mas que eu a abandone para alimentar outro bebê enquanto ela ainda está faminta. A experiência de sua voracidade para com o seio e a fantasia do bebê dentro de mim, que na verdade será quem possuirá o seio, desencadeiam o desejo de estragar, e dessa forma ela onipotentemente me dá um bebê deficiente. A srta. E sentiu inveja do que percebeu ser minha felicidade sobre meu bebê, e isso foi projetado em mim quando ela diz que eu teria inveja de sua juventude.

Não vou entrar em mais detalhes sobre a sessão. Eu simplesmente quero chamar a atenção para a intensificação da ansiedade no ponto em que ela começa a me contar sobre o sonho. Pode-se entender essa ansiedade de maneiras diferentes. Eu pensei que estava ligada à sua experiência de si mesma ao estragar algo de bom para mim e ao medo de minha resposta. A inveja cria um medo de retaliação, que então reinicia o ciclo destrutivo. A srta. E antecipa uma mente não acolhedora que não apenas é incapaz de suportar possuir sentimentos "feios", mas que na verdade irá puni-la brutalmente por ter tais sentimentos: eu vou executá-la. Sua expulsão abrupta e precoce da mente do outro é, portanto, experimentada sob a forma de uma violência brutal contra o *self*, além de ser aterrorizante.

Conclusão

Existem muitas leituras possíveis de uma obra tão rica de ideias como "Inveja e gratidão". Para mim, o trabalho de Klein é, fundamentalmente, sobre a realidade do sofrimento de amar e como os estragos provenientes dos ataques de inveja são uma tentativa de eliminar qualquer consciência das ansiedades que *surgirão* quando pudermos ser vulneráveis o suficiente para amar e aceitar nossa dependência do outro.

O trabalho com jovens mães e seus filhos me ajudou a compreender que se sentir "reconhecido" e perdoado pelo objeto por sua própria destrutividade, como Klein sugestivamente elabora, promove a capacidade de amar. Essa capacidade proporciona o mais profundo sentimento de gratidão em relação aos nossos objetos. Isso nos ajuda a internalizar um objeto generoso que oferece sua mente livremente e que pode, portanto, tolerar saber sobre os aspectos bons e maus do *self* e dos outros. Perturbações no início do relacionamento com a mãe prejudicam a possibilidade de tal internalização. Por sua vez, como no caso da srta. E, isso pode colocar a jovem mãe e seu bebê à mercê de um ciclo destrutivo de retaliação invejosa.

7. A inveja na sociedade ocidental: hoje e amanhã

Florence Guignard

Tradução de Estanislau Alves da Silva Filho

Embora o ciúme evoque fantasias primitivas – especialmente a cena primária –, a inveja só pode ser representada de modo solitário e um tanto malévolo. As metáforas relacionadas a ela são sempre violentas, muitas vezes enfatizando estados somáticos: "Ele está babando de inveja; ela está verde de inveja; estou morrendo de vontade de ter isso".

A pessoa ciumenta sente-se excluída não apenas de qualquer contato (externo) com a outra pessoa, mas também da companhia dos objetos internos desta última. Por outro lado, o indivíduo invejoso se isola do contato atacando a capacidade de amor que a pessoa invejada tem, uma vez que a ideia de estar em contato com impulsos e afetos pertencentes à outra pessoa é, em si mesma, abominável.

A ampla exploração de Melanie Klein (1991[1957]) fez da inveja um verdadeiro conceito psicanalítico. Ela discutiu esse fenômeno não apenas em termos da inveja experienciada pelos homens acerca da feminilidade e da maternidade, mas também no que diz respeito à inveja do pênis nas mulheres.

Neste capítulo, busco enfatizar o impacto intergeracional da inveja no estabelecimento da identidade de gênero em crianças. Em particular, quero explorar as implicações do desaparecimento do período de latência no Ocidente. Tal ocorrência teve, inevitavelmente, um impacto na estrutura do ego porque, como sugiro, a inveja já não fica mais sendo gerenciada por meio da repressão pós-edipiana.

O objeto invejado

A inveja vai abocanhando as alegrias da vida – tanto as da própria pessoa como as da outra pessoa também. Sempre que um indivíduo invejoso descobre a existência e a beleza da capacidade da pessoa invejada de se envolver com seus objetos catexizados, essa capacidade é atacada – não importando se essas catexias referem-se a um ser humano (inclusive à pessoa invejosa), ou a um lugar, uma obra de arte, uma memória, uma ideia. A inveja tem o dom de detectar a natureza dos relacionamentos pulsionais e atacá-los usando a própria entropia da pulsão envolvida.

A inveja da capacidade nutritiva do seio é sucedida pela inveja da capacidade materna de obter prazer sexual do pênis do pai e pela inveja da capacidade de procriar. Os ataques mortais dirigidos contra essas potencialidades acarretam certas consequências para o desenvolvimento da criança:

- aumento nos aspectos persecutórios da culpa inconsciente;
- expansão cada vez mais patológica da identificação projetiva na tentativa de se livrar dessa culpa intolerável;
- paralelamente a isso, a cisão vai assumindo uma forma mais patológica, ao ponto de poderem se tornar confusas as experiências internas e externas, boas e más;

- deterioração na qualidade da comunicação entre as mentes da criança e da mãe;
- deficiência nos mecanismos introjetivos devido ao medo de que o objeto invejado e atacado possa ser reintrojetado;
- e, como resultado de tudo isso, um risco significativo de uma futura disrupção no desenvolvimento do pensamento e da simbolização.

A intrusão é uma marca característica da inveja e, assim, enfraquece o processo de identificação primária ligada à aquisição da identidade de gênero. O senso de identidade do indivíduo, portanto, fica ameaçado, particularmente no que diz respeito ao trabalho na posição depressiva e às várias etapas da configuração edípica.

Dada a importância dos mecanismos de cisão, é possível que alguns aspectos da personalidade invejosa atinjam um desenvolvimento mais saudável. Entretanto, a parte invejosa acaba atacando a relação de amor e de confiança com um objeto bom que tenta se desenvolver na parte mais saudável. Esse é um dos principais motivos do fracasso no tratamento psicanalítico: a criatividade do casal analítico é tão invejada que o paciente, incapaz de introjetá-la, esvai-se e fica estéril.

O arranjo econômico da culpa também será afetado pelos ataques secretos feitos pela inveja. Aqui, a culpa inconsciente é fundamentalmente de natureza persecutória e não depressiva; ela gradualmente atinge um nível intolerável de intensidade e importância patológica, de modo que as pessoas invejosas não podem senão tentar se livrar tanto das partes boas de si mesmas, quanto de quaisquer vestígios dos crimes cometidos.

Inveja e mentalidade grupal

A ideia inovadora de Bion sobre a mentalidade grupal (Bion, 1948) nos permite adicionar outro parâmetro à exploração do conceito de inveja. Já destaquei em outro trabalho (Guignard, 1994, 1997) a permeabilidade da fronteira que separa, na mente de uma pessoa, o funcionamento paranoico de sua contraparte relacionada aos grupos. Em minha opinião, a patologia das cisões sofridas pelo invejoso aumenta essa permeabilidade. Dada a ausência de qualquer confiança básica, seja no critério de seu ideal do ego ou mesmo na percepção e avaliação da realidade externa, tais pessoas farão um uso considerável de mecanismos que são, essencialmente, aqueles da mentalidade grupal quando têm de lidar com qualquer relacionamento afetivo mais relevante. A mentalidade grupal fornece-lhes soluções prontas e *a priori*, de modo que se torna desnecessário pensar sobre a relação, em todos os sentidos – sendo esse um processo baseado na experiência psíquica do desenvolvimento edipiano. De fato, é precisamente na esfera edipiana do funcionamento mental dessas pessoas que a própria mentalidade grupal delas assume o lugar de suas respectivas capacidades de pensar sobre as coisas. Todo o equilíbrio econômico dos mecanismos de idealização ficará distorcido; e isso, por sua vez, arruinará o processo fundamental da transformação do ego ideal infantil em um ideal do ego pós-edípico de boa qualidade – isto é, tais pessoas invejarão seus objetos idealizados primitivos de maneira esquizoparanoide e seguirão, assim, um caminho destrutivo em seus relacionamentos com objetos reais.

O destino doloroso daqueles que são invejados

Adultos

O fato de a inveja se estabelecer muito precocemente significa que é um componente importante do narcisismo, de modo que traços dela podem ser encontrados em todos os pacientes narcisistas que tornam a vida realmente difícil aos seus objetos invejados. É por essa razão que o narcisismo de alguém que é invejado é posto à prova, especialmente quando há uma relação estreita entre essa pessoa e o indivíduo invejoso. Presos entre o amor que sentem pela outra pessoa e o medo de serem atacados por essa mesma pessoa, os indivíduos invejados têm dificuldade em avançar na elaboração de seus próprios processos de luto, no que se referem à perda do objeto e à perda da onipotência infantil. As características projetivas da inveja são tais que a pessoa invejada terá de carregar o peso da culpa excessiva e inconsciente do indivíduo invejoso.

Se a pessoa invejada pretende proteger seu relacionamento com o individuo invejoso, serão necessárias medidas defensivas em três níveis diferentes:

- idealizar a pessoa invejosa, com o objetivo de reprimir a situação de inveja;
- tomar algumas medidas evasivas no relacionamento com a pessoa invejosa;
- encontrar um modo de manter a capacidade de catexia libidinal e de preservar internamente vivos outros objetos de amor, o que tenderá a reforçar os mecanismos de cisão com o intuito de reduzir as restrições que a manutenção do segredo impõe ao funcionamento consciente.

No decorrer de uma análise, os analistas de pacientes narcisistas e invejosos terão que lidar com situações de conflito bastante específicas acerca de sua própria dimensão *Infantil* (Guignard, 1996). Na transferência, o analista torna-se o objeto invejado, o que o coloca em uma posição entre o Caríbdes da tentação de fazer reparações e a Cila do ódio na contratransferência, tendo em vista os ataques invejosos do paciente contra o senso de identidade do analista.

Crianças

Uma mãe pode, por vezes, sentir inveja de seu próprio filho. Nesses casos, as consequências para o desenvolvimento psicológico dele serão consideráveis. Sendo vital a manutenção da relação com o objeto primário, a criança não terá nenhuma opção senão condescender. Em um movimento defensivo de duas vertentes – contra seus próprios desejos e visando a não introjeção da inveja da mãe – a criança usará todos os recursos de cisão, negação, idealização e identificação narcísica (tanto projetiva quanto mimética com relação à mãe invejosa) que estão à sua disposição –, de tal modo que a criança, por necessidade e por mandato, tornar-se-á invejosa. Um conluio, portanto, estabelecido, tanto com a mãe invejosa real quanto com o objeto primário invejoso internalizado. A parte do ego da criança que, dessa forma, tornou-se invejosa proíbe qualquer outra relação objetal, até aquelas que apenas aparentam ser possíveis, e isso, é claro, terá um grande impacto no desenvolvimento edipiano da criança e na sua capacidade de simbolização. Por outro lado, pode acontecer de crianças submetidas a tais circunstâncias conseguirem usar uma forma defensiva de cisão bastante adequada, preservando assim uma área de sua mente para si mesmas, que deverá permanecer em segredo, e que existe graças aos relacionamentos com outros objetos que promovem o crescimento. Aqui, novamente, qualquer progresso no desenvolvimento também deverá permanecer em segredo na maior parte do tempo.

Por causa do amor da criança pela mãe invejosa, tanto a interna quanto a externa, seu narcisismo básico será caracterizado por uma extrema fragilidade, devido a poderosos sentimentos de culpa decorrentes de três fontes diferentes: da culpa que é projetada pela mãe real, que é tanto amorosa quanto invejosa; daquela transmitida pelo objeto interno materno invejoso da criança; e, também, daquela resultante do sentimento de trair ambas as mães, a real e a interna, caso a criança catexise qualquer outra pessoa. As tendências depressivas da criança aumentarão ainda mais devido ao conflito entre o desapontamento sentido com relação ao objeto primário experimentado neste estágio tão precoce e uma idealização defensiva que deve ser constantemente escorada [*shored up*] de modo a preservar o relacionamento primário com esse objeto. O resultado será uma relação fóbica que fica apenas parcialmente escondida atrás de uma personalidade "faz de conta" [*"as-if" personality*] precariamente equilibrada. Tais pacientes tendem a fugir do tratamento analítico assim que ele põe em questão essa configuração.

Quando a patologia da inveja atinge uma geração, a geração que se segue dela será tão frágil narcisicamente que transmitirá mensagens paradoxais às gerações subsequentes.

Inveja e identidade de gênero

A natureza projetiva da inveja – algo que Klein enfatizou –, permitiu que Freud, um homem, identificasse a inveja do pênis, e que Klein, uma mulher, descobrisse a inveja do seio. Certamente, não é irrelevante, em minha opinião, que ambas figuras centrais da psicanálise tenham sido particularmente sensíveis a seus respectivos objetos internos de identidade de gênero. Sabe-se que Freud considerava difícil admitir o seu papel materno na transferência (Doolittle, 1977), além de ter dito que a feminilidade se tratava de um "continente negro" (Freud, 1926e, p. 212). Em outro trabalho (Guignard, 1996), mostrei como o escândalo que foi a descoberta da sexualidade infantil continua a provocar poderosas manobras defensivas, que se expressam *via* a infiltração inconsciente, nos adultos, das teorias sexuais infantis – sejam elas educacionais, no caso dos pais, ou metapsicológicas, no caso dos psicanalistas.

No que diz respeito às várias questões envolvidas na inveja, penso que devemos voltar à situação trifásica apresentada por Klein (1932) em sua conceitualização dos estágios iniciais do complexo de Édipo, quando enfatizou o papel organizador desempenhado pelos impulsos genitais presentes no meado do primeiro ano de vida.

A inveja desestabiliza o narcisismo básico tanto da pessoa invejosa quanto da pessoa invejada – mesmo que afete esta última em menor grau, ainda o faz de modo considerável. Naturalmente, essa desestabilização se concentra na integração da bissexualidade dentro da identidade sexual do indivíduo, pois ataca o processo de identificação. Sempre que a identidade básica de gênero é construída sob inveja das características do outro gênero, a bissexualidade psíquica se desenvolverá de forma desequilibrada.

Klein (1991[1957]) entendeu a inveja como a expressão sádico-oral e sádico-anal de impulsos destrutivos, que operam desde os primórdios da vida e que têm base constitucional. Essa base cria imediatamente um conflito entre a libido e a pulsão de morte. O sexo biológico do bebê desempenha um papel decisivo na forma como essa situação de conflito se estrutura. Dependendo se o bebê for um menino ou uma menina, os impulsos derivados do conflito pulsional [*drive-related impulses*] – cujas manifestações dependerão do gênero da criança – serão tratados de maneira diferente no que tange às características edipianas da *rêverie* da mãe (Bion, 1962b). A qualidade da catexia inconsciente que o adulto faz sobre os órgãos genitais do bebê modificará a repressão que a criança carregará com relação à percepção mental de seus primeiros impulsos genitais nas relações de objeto e na identificação.

Inveja da dimensão materna primária, inveja da dimensão feminina primária

Em um artigo anterior (Guignard, 1995), diferenciei a esfera da "dimensão materna primária" daquela da "dimensão feminina primária". A "dimensão materna primária" concerne à capacidade da mãe de aliviar as dolorosas identificações projetivas da criança. Assim, trata-se da primeira dimensão das relações objetais e das identificações do bebê. A "dimensão feminina primária" é o passo seguinte no desenvolvimento da criança. Ela ocorre no período da "fase feminina primária" (de 4 a 6 meses de idade), conforme descrito por Melanie Klein (1932). Quero enfatizar aqui não apenas o desapontamento da criança quando ela descobre a existência do pai e a catexia que a mãe direciona a ele, mas também o quanto a sexualidade da mãe é vivida como um "escândalo", na medida em que a "mãe materna" passa a ser sentida como estando totalmente fora do alcance do bebê.

Por ora, gostaria de examinar a inveja a partir desses dois parâmetros do desenvolvimento infantil inicial.

A extensão que Bion (1962b) deu ao conceito de identificação projetiva de Klein (Klein, 1946) levou-o a conceituar a capacidade de *rêverie* da mãe, como a capacidade de pensar sobre as impressões sensoriais (elementos beta) projetadas nela pela ansiedade primária do bebê; a mãe, então, as desintoxica e as envia de volta ao bebê, de uma forma que se tornam pensáveis (elementos alfa) e que possam ser usadas para o desenvolvimento. O espaço intra e interpsíquico no qual essa comunicação ocorre é o que denomino de "esfera materna primária".

Em *A psicanálise de crianças*, Klein (1932) descreveu as características da dimensão feminina primária que é comum a crianças de ambos os sexos; essa fase ocorre no quarto mês de vida, desencadeada por um aumento dos impulsos genitais na criança. Klein descreveu as características desta fase da seguinte forma:

- descoberta do desejo da mãe pelo pai (objeto total) e pelo seu pênis (objeto parcial);

- a criança se identifica com esse desejo feminino na mãe;

- portanto, ocorre um aumento na capacidade de introjeção e, consequentemente, um aumento no interesse do bebê pelo mundo circundante.

Em seguida, Klein passou a descrever os estados psicopatológicos relacionados às dificuldades encontradas durante essa fase – em particular, falou sobre a passividade excessiva e sobre um ponto de fixação presente na homossexualidade masculina. Note-se que esta fase corresponde exatamente ao que, cerca de três anos depois, Klein descreveria como a posição depressiva (Klein, 1935).

Tentei examinar mais detalhadamente os parâmetros dessa fase na descrição que faço daquilo que chamo de "esfera feminina primária". Na sociedade ocidental atual, na qual a atividade sexual fica cada vez mais separada da função reprodutiva, a identificação com a dimensão materna da mãe é bastante diferente da identificação com sua dimensão feminina. Tenho observado, tanto em meninas e mulheres quanto em meninos e homens, o tremendo impacto inconsciente do escândalo que é a sexualidade da mãe – sem dúvida porque, na nossa época e atualmente, essa sexualidade está muito menos escondida do que estava na época de Freud – ou mesmo na de Klein.

O destino da identificação – por um lado – com a dimensão *materna* da mãe e – por outro – com a sua dimensão *feminina* (Guignard, 2002c) é algo crucial. Observei que a rivalidade edipiana com a dimensão feminina da mãe e a identificação superficial com seu aspecto maternal estão intimamente relacionadas com o funcionamento pré-consciente. No entanto, resta em todas as meninas e mulheres uma cisão-e-negação profundamente enraizadas no que se refere à relação causal que governa esses dois fenômenos. É como se a aceitação social da liberdade sexual das mulheres na atual sociedade ocidental não tivesse qualquer efeito sobre o sentimento inconsciente de escândalo ligado à sexualidade da mãe. E esta situação psicológica não é, em nada, modificada pelo advento da puberdade e da adolescência. O reconhecimento de que a mãe deve ter uma vida sexual – goste-se dela ou não – diz respeito à situação do conflito edipiano; no entanto, o direito de possuir seus próprios órgãos reprodutores evoca em cada filha uma sensibilidade muito mais profunda que traz à mente o esplêndido termo "memórias em sensações" [*memories in feelings*] cunhado por Klein.

Para além de qualquer ciúme que se refira à sua mãe dando à luz a outra criança, essas jovens mulheres consideram qualquer coisa que diga respeito aos órgãos reprodutores da mãe quase que como um ataque pessoal a elas: patologias uterinas, histerectomias e assim por diante. Uma análise mais profunda revela a continuidade da fantasia de possuir o útero materno, ligada a uma das mais primitivas fantasias descritas por Freud: a de retornar ao útero da mãe (Freud, 1933a[1932], p. 87). O resultado é a falta de diferenciação entre o próprio útero e o de sua mãe – com o qual estas meninas e jovens mulheres estão em um estado de identificação projetiva altamente intrusiva. A experiência da maternidade pode, na melhor das hipóteses, modificar esse sentimento inconsciente cindido. No entanto, tive uma paciente que precisou, no decorrer de sua análise, passar por uma gravidez atrás da outra antes que conseguisse processar a sua dolorosa separação com o útero materno projetado sobre mim.

No que diz respeito à inveja, podemos dizer que a rivalidade edipiana está relacionada com o aspecto superficial das dimensões maternas e femininas primárias, na medida em que o vínculo funcional entre elas pode ficar eludido. Tendo em vista que a inveja ataca a criatividade mais do que qualquer outra coisa, a inveja surgirá sempre que a fantasia de possuir o útero da mãe não se sustentar mais – isto é, quando o útero passa a ser visto como algo ligado à vagina, o órgão do prazer sexual. Por exemplo, atendi uma jovem que entrou em análise enquanto estava grávida de seu primeiro filho. Ela era extremamente invejosa quanto a mim e ressentia-se de qualquer separação. Isso invariavelmente despertou a fantasia do "bebê do fim de semana" e, consequentemente, a sua rivalidade para com a minha própria capacidade de dar à luz – a bebês reais e a meus próprios pensamentos. Suas gravidezes repetidas foram uma tentativa de manter à margem os sentimentos de inveja despertados por sua tomada de consciência do relacionamento entre minha criatividade manifesta e minha sexualidade fantasiada.

A inveja tenta restaurar e fortalecer a cisão entre o órgão da satisfação sexual e o da reprodução, a fim de negar que haja qualquer ligação entre eles. É isso o que eu chamo de "escândalo da sexualidade da mãe". Para a mente infantil, essa realidade é uma contradição em termos. É óbvio que meninos e homens não estão isentos da fantasia primitiva de retornar ao útero materno, tampouco podem evitar as problemáticas que envolvem sua inveja da criatividade materna. Sua identidade de gênero, no entanto, não os obriga a enfrentar a necessidade *biológica* de procurar uma solução de compromisso, como é o caso das meninas e das mulheres.

Há vários anos tenho conduzido um seminário de pesquisa em parceria com um analista homem, durante os quais observei que existem diferenças consideráveis na forma como os analistas homens e mulheres escutam o material apresentado no grupo do seminário, havendo diferenças importantes dependendo da configuração de gênero do casal analítico (Guignard, 2001).

Sintetizando os principais pontos aventados a partir da perspectiva da inveja e sua relação com as dimensões feminina primária e materna primária, eu diria que, uma vez que a dimensão materna primária está intimamente ligada à função analítica da *rêverie*, tanto os analistas do sexo masculino quanto os do sexo feminino usam essa dimensão como uma "terceira força" em situações nas quais a inveja ameaça assumir o controle das questões sexuais edipianas envolvendo rivalidades e ciúmes. Essa solução técnica tende a encorajar uma contratransferência de cisão-e-negação no analista, na tentativa de evitar e se defender dos problemas corrosivos postos pela inveja.

É aqui que as estratégias diferem, tanto no que se refere aos pacientes do sexo masculino ou feminino, quanto aos analistas do sexo masculino ou feminino, variando-se de acordo com a composição do casal analítico. Deixe-me dar alguns exemplos:

- Muitas vezes, a transferência erótica de uma paciente do sexo feminino para um analista masculino será apreendida e tratada pelos outros analistas do sexo masculino do grupo por meio de sua *rêverie* materna, enquanto as analistas mulheres do grupo imediatamente captam o aspecto erótico dominante. Esse desvio técnico tem a vantagem de oferecer um escudo protetor contra a excitação em face de um perigo erotomaníaco que, como sabemos, é sempre sustentado por uma transferência negativa (Freud, 1912b), mas que representa mesmo um ponto cego (Guignard, 2002a) na contratransferência do analista homem, algo que poderia levar a uma falha em se analisar o escândalo da sexualidade da mãe.

• Os analistas do sexo masculino não têm dificuldades em identificar a inveja do pênis em pacientes mulheres, mas, comparado às analistas do sexo feminino, eles realmente acham mais difícil identificar a inveja da criatividade do seio. Sua contratransferência é cegada – eis outro ponto cego – pela importância do aspecto fálico da sua identidade de gênero, o que os protege contra sua própria inveja do seio.

• As analistas mulheres muitas vezes tentam se proteger contra a transferência erótica de um paciente do sexo masculino, concentrando-se nos aspectos paternos da transferência. O risco aqui é que elas não consigam dominar a inveja da criatividade materna que é um componente da homossexualidade masculina.

• Com as pacientes do sexo feminino, as analistas do sexo feminino geralmente ficam mais à vontade para interpretar a rivalidade edipiana – tanto em suas dimensões maternas quanto femininas –, mais do que quando precisam lidar com a dimensão da inveja na relação de transferência. Considerando-se, por um lado, a prevalência dos distúrbios da simbolização em pacientes invejosos e, por outro lado, a fragilidade da imago paterna que seria o terceiro na relação psicanalítica entre analista mulher e paciente mulher invejosa, o risco de um colapso depressivo na paciente significa que o alcance das possíveis interpretações é muito mais estreito.

Para resumir, quando analista e paciente são do mesmo sexo, os problemas que surgem parecem ser muito mais complicados do que quando um deles é do sexo masculino e outro do sexo feminino.

Mudanças atuais na sociedade ocidental

Se nós, psicanalistas, não quisermos deixar nossa técnica e teorias no limbo, teremos que examinar de perto as mudanças profundas que ocorreram na sociedade ocidental e o impacto disso em nossa compreensão da inveja.

a) Por mais de trinta anos, a mentalidade grupal da sociedade ocidental tem sido influenciada por uma poderosa demanda de libertação do indivíduo – especialmente as mulheres, que agora têm uma voz poderosa e um papel importante a desempenhar na organização da sociedade. No entanto, levará tempo até que a evolução externa se encontre em harmonia com os princípios que continuam a governar a mente humana e seu funcionamento (Freud, 1911b). As questões mais sensíveis dizem respeito, acima de tudo, à desestruturação da vida familiar, com o desaparecimento quase completo da família estendida, a incidência generalizada do divórcio e o surgimento de famílias em "novo estilo", como nas variedades de casais homossexuais, famílias monoparentais e mesmo famílias reconstituídas.

Ainda é cedo demais para avaliar as consequências a longo prazo do que poderia vir a ser um "descasamento" [*uncoupling*] do primado da estrutura edipiana em crianças pequenas.

b) Além das mudanças na estrutura familiar, outra mudança significativa diz respeito ao período de latência, que vem desaparecendo gradualmente ao longo dos últimos dez anos. Hoje em dia, seja qual for seu contexto social, a maioria das crianças de 6 a 12 anos que vive em áreas urbanas se assemelha ao que eram os adolescentes de 10 ou 15 anos atrás. Dado o seu óbvio interesse pela sexualidade, o seu comportamento e a maneira como eles falam tão livremente com os adultos, que eles imitam o máximo que podem, a hiper-maturidade – ou a pseudo-maturidade – está cada vez mais espalhada, a ponto de ter se tornado quase a norma: o que implica ser completamente sem sentido observar tal fenômeno a partir de uma perspectiva psicopatológica.

Assim, a teoria psicanalítica confronta-se com um impasse. O modelo de neurose infantil de Freud e o da neurose de transferência subsequente baseiam-se nos dois estágios de desenvolvimento da sexualidade infantil, separados por um período de latência (Freud, 1905d). Se o período de latência desaparecer, levará consigo a definição freudiana do conceito de "posterioridade" [*deferred action / Nachträglichkeit*], pedra angular da teoria da repressão. O reconhecimento da diferença entre os sexos e entre as gerações, resultante da construção de um superego ideal via identificação com o casal parental e com os representantes das gerações precedentes, foi entendido como um marco do desenvolvimento da estrutura mental do indivíduo. Seria a ponte identificatória com os pais como garantidores da supremacia do princípio da realidade sobre o princípio do prazer-desprazer. A puberdade ocorreria quando o terreno já estivesse "cultivado", em todos os sentidos da palavra, limitando assim os efeitos da posterioridade da crise de identidade adolescente.

A ausência de um período de latência tende a desorganizar profundamente o equilíbrio entre as forças das defesas primárias

– cisão, negação, idealização e identificação projetiva – e as das defesas pós-edípicas – principalmente a repressão secundária. É provável que, de agora em diante, a inveja desenvolvida nas primeiras fases da vida se apresentará não modificada e não reprimida e desempenhará um papel destrutivo maior na organização da personalidade.

Do ponto de vista da identidade de gênero, observamos uma diminuição das características de cada gênero a nível comportamental, mas, do ponto de vista psicodinâmico, isso não impede a influência do "rochedo" (Freud, 1937c) na inveja dirigida ao outro gênero. Mais especificamente, quando a inveja ataca o primeiro estágio da integração da libido com a pulsão de morte, podemos esperar que os impulsos sádicos fiquem mais espalhados, numa forma menos elaborada do que era no tempo de Freud, há um século. É provável que isso seja particularmente evidente durante a adolescência.

c) O impacto da realidade virtual sobre o funcionamento psíquico também merece ser considerado. A globalização da comunicação virtual obriga os indivíduos a enfrentar novos tipos de ansiedade, bem como acarreta o perigo de que a mentalidade grupal consiga prevalecer sobre o pensamento próprio. Em particular, a internet torna mais fácil o contato com pessoas de fora de nosso círculo habitual, independentemente da distância geográfica. Esse extraordinário instrumento de conhecimento e comunicação, que possibilitou um progresso incomparável no campo da ciência e da tecnologia, modifica de forma totalmente nova o sentimento de isolamento característico de cada membro da espécie humana; como resultado disso, o relacionamento de alguém consigo mesmo e a forma como a própria vida mental interna é catexizada também são modificados. A internet facilita a comunicação virtual imediata, na qual a diferença entre os sexos e entre as gerações já não desempenha seu papel tradicional – algo que, para os psicanalistas, é decisivo para a resolução do complexo de Édipo. A realidade virtual se relaciona de modo completamente diferente com o princípio do prazer-desprazer e com o princípio de realidade, que se opõe ao da fantasia, porque oferece uma ilusão sobre o que é real, contornando a necessidade de se processar mentalmente os vínculos e as transformações nas quais se baseia uma relação positiva entre o mundo mental interno e a realidade externa. Vale dizer, quanto ao eixo representação ↔ percepção, que numa sociedade na qual a realidade virtual é tão prevalente, o parâmetro fica localizado muito mais na percepção do que na representação: o que impõe à percepção do espectador uma quantidade muito maior de representações pré-digeridas, cuja relação com o mundo real é sutilmente defasada, em maior ou menor grau, de modo que o ponto de fuga aí implicado torna-se ainda mais atraente no caso de a realidade percebida ser muito dolorosa.

A realidade virtual favorece uma estratégia de pensamento altamente específica – e um mestre estrategista mantém todos os sentimentos sob rédea curta. O tipo de comunicação proposto pela realidade virtual tem mais a ver com a catexia de conhecimentos e *performances* do que com as emoções e o desenvolvimento do pensamento que resultam disso. Do ponto de vista do mundo mental interno, as imagens pré-digeridas da realidade virtual são pseudo-representações de pseudo-objetos; sua relação com os objetos internos do indivíduo é obscura e, ao final de tudo, de pouca importância. Como resultado, torna-se desnecessário se desenvolver qualquer comunicação interna, porquanto o papel do discurso interno na exploração da relação com os objetos internos fica igualmente diminuído.

O destino do vínculo entre simbolização – uma relação tripartite (Segal, 1957) – e a inteligência artificial da realidade virtual

– uma relação de dois termos –, em nossos pacientes, merece investigação. Isso nos ajudaria, sem dúvida, a identificar como a inveja se apresenta nesses novos desenvolvimentos, no que diz respeito ao senso de identidade e à criatividade na humanidade.

Conclusão: a inveja e a prática da psicanálise no mundo de amanhã

Do ponto de vista dinâmico e econômico, agora que o período de latência quase desapareceu, o modelo das neuroses não está mais no centro da teoria psicanalítica. Existe, em especial, uma estimulação irrestrita da genitalidade infantil, seguindo um padrão de imitação da sexualidade adulta – sendo isso uma expressão direta da negação da diferença entre gerações. As crianças não têm mais nenhuma infância: seus sentimentos depressivos são evacuados como excitações que tendem a gerar esgotamento ou um colapso suicida.

Do ponto de vista topográfico e estrutural, os elementos edipianos não estão mais estruturados em um complexo de Édipo, assim como os aspectos que têm a ver com a castração não estão mais propriamente organizados em um complexo de castração. Consequentemente, nenhuma organização mental genital adulta está desenvolvida no final da adolescência ou no início da vida sexual adulta. Ela é substituída pelo prolongamento dos valores fálicos e de grupo: numa busca pela exploração de uma coisa ou outra, a partir de uma organização mental voyeurista/exibicionista.

Com o desaparecimento do período de latência, os primeiros componentes da mente – e, mais especificamente, a inveja – tendem a permanecer ativos e não transformados pela repressão secundária. Minha sugestão é a de que isso tem consequências generalizadas para os jovens adultos de hoje e de amanhã, especialmente em termos do impacto da falta de integração do sadismo primário e da chamada aceitação pós-edipiana da diferença de gênero e gerações. Enquanto psicanalistas, teremos que levar em consideração o impacto da inveja não transformada e não reprimida sobre as relações objetais e identificações das gerações vindouras, e, também, considerar as modificações à identidade de gênero derivadas dessas novas configurações da bissexualidade psíquica.

É certo que com seu conceito de inveja, Klein nos deu muito mais do que uma melhor compreensão da psicopatologia das relações iniciais. "Inveja e gratidão" é a pedra angular dos muitos estudos que ela fez sobre o papel fundamental desempenhado pela vinculação das pulsões no sadismo primário (Guignard, 2002b).

Quanto às gerações presentes e futuras, esse trabalho estabelece uma clara distinção entre a integração real das pulsões em oposição ao que seria apenas mimetismos, e entre o desenvolvimento psíquico real na direção de um estado mental genital em oposição ao uso da sexualidade adulta a serviço do poder e da satisfação narcisista.

8. Ele se sente lesado:[1] a personalidade patologicamente invejosa

Ronald Britton

Tradução de Antonio Marcos Aleixo

"Inveja e gratidão" foi escrito na última década da vida de Melanie Klein. Trata-se de um texto fundamentalmente pautado na análise de adultos, no entanto, tem como pano de fundo seu trabalho analítico anterior com crianças, em especial com Erna, a menina de 6 anos de que trata seu artigo de 1924, em que ela diz: "Há alguma coisa a respeito da vida da qual eu não gosto" (p. 35); Klein escreveu esse artigo quando estava em análise com Abraham, por quem também vinha sendo supervisionada. Quarenta anos depois, ao debruçar-se sobre o assunto da inveja, Klein reconheceu ter sido

---

[1] O título do artigo é uma referência expressa ao trecho de *Paraíso perdido*, de Milton, que aparece mais adiante no texto e que relata a experiência de Lúcifer pouco antes de saber que o novo messias seria Cristo e não ele próprio, como imaginava. A tradução de Milton que usamos no capítulo traz o trecho em referência como "achou-se leso", termo pelo qual não optamos como título do artigo por uma questão estética e semântica, já que nossa opção enfatiza a ideia de que há alguém que lesa, o que nos parece aproximar da experiência de inveja. Por isso optamos pela forma "Ele se sente lesado", indicando que, no original, a escolha do autor foi por reproduzir no título do artigo as exatas palavras de Milton sobre Lúcifer ("He thought himself impaired"). O título original do artigo é "He thinks himself impaired: the pathologically envious personality" [N.T.].

inspirada pelo trabalho de Abraham; entretanto, não menciona a discussão das dificuldades surgidas nas análises de indivíduos com distúrbios narcísicos, feita por Abraham em um artigo de 1919, que, por sua vez, foi uma clara influência para Rosenfeld. Abraham descrevia como tais pacientes

> abandonam a posição de paciente e perdem de vista o propósito da análise. Eles desejam, especialmente, suplantar o seu médico, depreciando suas realizações e talentos psicanalíticos... A presença de um elemento de inveja em tudo isso é inconfundível. (Abraham, 1919, pp. 306-307)

Em "Inveja e gratidão", Klein combinou sua análise do fenômeno clínico da inveja, e de como ela constitui uma obstrução da gratidão, com suas próprias teorias do que a inveja representa no desenvolvimento infantil. Ela situou a inveja nos estágios iniciais da posição esquizoparanoide, quando, acreditava Klein, a inveja dificulta o estabelecimento de um objeto bom e a necessária cisão primária da experiência em boa e má. Nos debates contenciosos que se seguiram, a intensidade da discordância sobre o desenvolvimento infantil foi tal que a fenomenologia clínica da inveja não pôde ser adequadamente abordada. Junto com a pulsão de morte/ pulsão destrutiva [*death/destructive instinct*], a inveja se converteu numa questão de partidarismos. A ênfase freudiana numa destrutividade inata (que para alguns de seus seguidores era inaceitável) foi acolhida na teorização de Klein, e, de forma parecida, a importância que Abraham dava à inveja enquanto elemento central do narcisismo destrutivo foi atribuída a Klein e a seus seguidores. A inveja tornava-se, então, anátema para uns e talismã para outros.

James Gammill, supervisionado por Melanie Klein à época, relata que, para ela, essas duas reações eram desconcertantes. Klein reclamava que várias pessoas lhe traziam material em que interpretavam a inveja quando não havia evidências para tanto. Dizia ela:

> Você sabe como é, eu já não sei se o meu trabalho será destruído por meus seguidores mais fervorosos ou por meus piores inimigos! Tem sido assim toda vez que eu escrevo um artigo importante, introduzindo conceitos novos. Alguns rompem comigo por causa dos novos conceitos; outros querem acreditar que o conceito novo será capaz de abarcar e explicar tudo. (Gammill, 1989)

Por tais razões, ainda que o conceito tenha sido usado por Rosenfeld e Bion, a teoria do desenvolvimento da inveja não foi expandida e suas origens não foram exploradas, sendo aceita por uns (kleinianos) e refutada por outros (antikleinianos). A clara reiteração da formulação de Klein, feita por Hanna Segal, foi tomada como ortodoxia kleiniana; nela, Segal contrastava a inveja com a voracidade, que ela entendia ser de natureza libidinal (Segal, 1964).

O que queremos dizer por inveja?

Em inglês, a palavra "inveja" ("*envy*") tem duas raízes, uma no francês arcaico *envie*, significando "desejo", no sentido de admiração, e outra na expressão *invidia*, do latim, significando "maldade", "má intenção" (*Oxford English Dictionary*). É no primeiro sentido que, às vezes, se utiliza o termo em conversas casuais, podendo-se encontrá-lo, por exemplo, em romances do século XIX, como os de

Jane Austen e Anthony Trollope, nos quais as personagens discorrem, ligeiramente, sobre sua inveja, como uma forma de expressar admiração por outrem; aqui, está claro, a inveja é a marca de um reconhecimento e não o prelúdio de um ataque. Porém, mais frequentemente, da literatura clássica à literatura inglesa antiga, passando pela Renascença até os escritos modernos, inveja quer dizer: um desgosto e uma má intenção incitados pelo sucesso alheio.

Um sentimento de inveja pode ser o preço que pagamos pelo reconhecimento das qualidades ou habilidades alheias que não possuímos, mas às quais aspiramos. A inveja é aquela pontada de dor no meio de um acesso de admiração. Assim como o amor, a ansiedade, a perda e a culpa, a inveja – e o medo da inveja – é ubíqua, está por toda parte. Portanto, é de se esperar que, assim como tais afetos, a inveja ocasionalmente apareça nas sessões diárias de análise, em meio a um relato, uma lembrança ou uma expressão de alívio; e é exatamente isso que a inveja faz. Porém, para uma minoria, a inveja domina tanto a cena analítica quanto a vida mental. É isso que eu quero dizer por inveja patológica e o distúrbio de personalidade do qual a inveja é parte.

Teólogos de várias religiões (judaísmo, cristianismo e islamismo) atribuem um papel muito mais central à inveja, enquanto fonte de destrutividade, do que o fazem muitos analistas; de fato, a definição da inveja, em um catecismo católico para seminaristas, fornece-nos uma excelente descrição clínica:

> A inveja é um sentimento de tristeza, inquietação ou mal-estar diante da superioridade ou do sucesso alheios – tanto no plano espiritual quanto temporal – por imaginarmos que tais superioridade e sucesso diminuem nossos próprios méritos.

A inveja não apenas é contrária à caridade, como também induz a julgamentos precipitados, calúnia, desvalorização, ódio e regozijo diante da má sorte alheia. (Hart, 1916, pp. 364-365)

A inveja está incluída entre os sete pecados capitais, "assim nomeados por serem as fontes a partir das quais tantos outros pecados se originam" (Hart, 1916, p. 364). Tais pecados são as "paixões", sobre as quais se diz que "todo homem... traz dentro de si uma paixão particular mais forte do que as demais – uma 'paixão dominante'", cuja modificação ou contenção é "a tarefa principal da vida espiritual" (p. 364).

Isso toca em um ponto que os analistas devem ter em mente: a pessoa afligida por uma natureza invejosa não é apenas um agressor em potencial, ela também é vítima de suas predisposições. Um olhar empático desse tipo permeia as descrições que Melanie Klein faz de todos os seus pacientes invejosos, quer eles sejam como Erna, a criança de que trata seu artigo de 1924, quer se assemelhem aos pacientes adultos, descritos em seu trabalho de 1957.

Em "Inveja e gratidão", Klein cita a *Sabedoria de Salomão* (provavelmente escrito em grego, por um judeu helenístico no Egito, no século I; incluído na versão em grego do Antigo Testamento, nos escritos apócrifos da Bíblia Protestante e nos escritos deuterocanônicos da Igreja Católica). Klein se vale dessa referência para apontar que, por meio da inveja, o mal entrou no mundo, na forma do Diabo:

Sim, Deus criou o homem para ser incorruptível e o fez à imagem da Sua própria natureza. (Sabedoria, 2:23)

> *Mas, pela inveja do diabo, entrou no mundo a morte, que é experimentada por aqueles que pertencem a ele.*
>
> *(Sabedoria, 2:23)*[2]

Podemos inverter essa lógica e dizer que foi por meio da consciência da morte, da natureza finita das coisas e das limitações do *self*, que a inveja entrou no mundo. Nos estados de onipotência narcísica, tais limitações e qualidades finitas são negadas. Assim, a inveja é evitada; porém, tal evitação só pode ser sustentada pela aniquilação da experiência, resultando numa psicose individual ou coletiva ou no encarceramento da crença na imortalidade e na imunidade a causas naturais numa espécie de sistema religioso. Quando o desenvolvimento expõe e a experiência penetra na imunidade "sobrenatural" do narcisismo inviolado do *self*, tais qualidades podem ser atribuídas a um outro, que passará, então, a ser objeto de um ódio invejoso. Dentro desse complexo, a pessoa inquestionavelmente privilegiada e invejada, criada em partes pela identificação projetiva, é sentida como detendo atributos que o sujeito invejoso acredita que devam ser dele por direito: assim, *ele se sente lesado*.

Essa é a origem da inveja que, na descrição de Milton em *Paraíso perdido*, provocou a queda de Lúcifer, criando o inferno, introduzindo o mal no mundo e resultando na subsequente queda da humanidade:

> *Satã, seu nome agora, que o de outrora,*
>
> *Já não se ouve no Céu, se não primeiro*
>
> *Entre arcanjos primeiros, não menor*
>
> *Em favor e eminência; este em cólera,*

---

2 *Bíblia Sagrada: edição pastoral* (p. 840). (1990). São Paulo: Paulus.

*De Deus odiando o Filho, nesse dia
Honrado pelo Pai, e proclamado
Rei Messias ungido, não conteve
Na altivez tal visão, e achou-se leso.*[3]
(Milton, Paraíso perdido, Livro V, v. 658-665)

Antes de discutir que tipo de luz isso pode lançar sobre as origens da inveja patológica em termos psicanalíticos, eu gostaria de ilustrar suas manifestações e suas conexões com o orgulho e com o desespero, por meio de um soberbo exemplo literário. (Usar aqui um caso clínico comparável seria uma grande violação de confiança, ainda que eu tenha deparado com casos similares na minha prática clínica e, mais frequentemente ainda, em supervisões.) A personagem fictícia em questão é o reverendo sr. Crawley, de Trollope: um retrato brilhantemente desenhado, ligando a tríade formada por orgulho, desespero e inveja (de novo, na minha prática, encontrei casos similares).

O reverendo sr. Crawley faz sua primeira aparição como uma personagem cativante num enredo secundário de *Framley Parsonage* (1861), tornando-se o centro do conflito dramático de um romance posterior, *The Last Chronicle of Barset* (1866). Quando o encontramos, pela primeira vez, em *Framley Parsonage*, Trollope nos conta que:

---

3 "*Satan, so call him now, his former name / Is heard no more in heav'n; he of the first, / If not the first Archangels great in power, / In favour and pre-eminence, yet fraught / With envy against the Son of God, that day / Honoured by his great Father, and proclaimed / Messiah king anointed, could not bear / Through pride that sight, and thought himself / Impaired*." (A tradução que aparece nesta página é de: Milton, J. (2016). *Paraíso perdido: edição bilíngue* (p. 385) (2. ed, D. Jonas, trad.). São Paulo: Editora 34.)

> O sr. Crawley era um homem rígido – um homem rígido, austero e desagradável; temente a Deus e à sua própria consciência... ele contava agora mais ou menos quarenta anos de idade. *(Trollope, 1861, p. 139)*

O sr. Crawley havia sido vigário da pobre paróquia de Hogglestock durante cinco anos; anteriormente, havia passado, junto com sua esposa, dez miseráveis e empobrecidos anos como vice-pároco em North Cornwall. Ambos vinham de um meio cultivado e ele se destacava como acadêmico notável. A pobreza pesava fisicamente sobre os dois e sobre seus filhos, mas pesava ainda mais na mente do sr. Crawley. A descrição da personagem nesses episódios evoca pensamentos de Jó – parece-me ser essa a intenção – assim como o quadro clínico da melancolia, para qualquer um que esteja familiarizado com ele:

> *Ele ficava prostrado – prostrado em sua alma e em seu espírito. Então, começava a se queixar, com voz amargurada, que o mundo era duro demais com ele, que suas costas estavam quebradas com o peso de seu fardo, que seu Deus o havia abandonado... Ficava sentado, sem tomar banho, o rosto não barbeado apoiado numa das mãos, um velho roupão descuidadamente atirado sobre o corpo, mal comendo, raramente falando, esforçando-se por rezar, mas frequentemente esforçando-se em vão. (Trollope, 1861, p. 141)*

A pobreza havia inflado sua inveja para além do ponto de tolerância, levando-o a odiar qualquer pessoa que ele considerasse superior e a detestar a si mesmo por conta de suas autoacusações de inferioridade. A penúria dos Crawley não era uma escolha, mas agravava-se com o fato de ele gabar-se, orgulhosamente, de não pedir ajuda a homem algum. Sua relutância nessa questão constituía um obstáculo a qualquer assistência pecuniária que, de fato, estivesse a caminho; o sr. Crawley tinha um amigo dos tempos de juventude que, embora não fosse rico, poderia fornecer o suficiente para fazer a diferença em sua vida.

Esse amigo era o dr. Arabin, de quem toda ajuda, aos olhos do sr. Crawley, tornava-se menos aceitável, conforme a boa sorte do dr. Arabin aumentava. Quando o dr. Arabin foi promovido dentro da Igreja, e um casamento lhe trouxe dinheiro, sua aceitação como amigo foi diminuindo, até que o sr. Crawley já não suportava vê-lo. Mesmo assim, foi o dr. Arabin quem arquitetou um resgate para os Crawley, resgate esse que os colocou numa situação, ainda que relativamente pobre, crucialmente melhor na paróquia de Hogglestock, além de suas dívidas terem sido sub-repticiamente quitadas.

Para se entender essa história, é fundamental saber que o sr. Crawley se considerava intelectual e moralmente superior a seu melhor amigo, e isso desde seu tempo de estudante. Assim, experimentava a boa sorte do dr. Arabin como uma injustiça; porém, o que realmente lhe exasperava era a generosidade de seu amigo e da esposa de seu amigo.

Considerando o que já sabemos a respeito de seu orgulho ferido pela pobreza e de sua retidão inflexível no primeiro livro, seu destino em *The Last Chronicle of Barset* parece ser o pior possível. No segundo romance, o sr. Crawley se torna o centro de um mistério e um escândalo ao usar um cheque alheio para pagar uma conta vencida a um negociante. Não se lembrando de como adquiriu tal cheque, o Sr. Crawley é acusado de roubo, passando a ser atormentado pela incerteza:

Sim, ele disse, sim, é aí que está o problema. De onde é que veio?... É porque não faço ideia de onde veio que eu deveria ou ser internado em Bedlam, como um louco, ou ser encarcerado na penitenciária local, como um ladrão.

Aqueles que o tinham em conta, não suspeitavam de sua honestidade, mas se preocupavam por sua sanidade; aqueles que não gostavam dele, condenavam-no como ladrão. As autoacusações do sr. Crawley se posicionavam entre essas duas tendências (Trollope, 1866).

Com o desenrolar dos acontecimentos, a realidade psíquica do sr. Crawley fica mais exposta. Nos momentos em que escapa de seu cárcere de autoaprisionamento em pensamentos persecutórios e sentimentos invejosos, o sr. Crawley nos dá a ver, no máximo esplendor, tudo de que o seu orgulho presunçoso é capaz. Uma pequena amostra já havia sido apresentada em *Framley Parsonage*, quando, ainda na condição de clérigo rigorosamente austero, o sr. Crawley é conclamado por Lady Luton a passar um corretivo espiritual em seu agradável, simpático e descontraído pároco, que ela receava estar se tornando sociável demais. Nesse contexto, o sr. Crawley não demonstra acanhamento, consideração ou qualquer sinal de inveja: primeiro lista os erros do pároco infame, agora penitente antecipado, e, em seguida, lhe estende sua mão salvadora, com generosidade empertigada. Trollope não adiciona qualquer comentário, mas nos permite degustar a atitude e o comportamento dessa personagem como se lá estivéssemos. *Ficamos, contudo, com o conhecimento de que esse homem só se sente bem quando se sente superior.*

Isso pode ser observado, com lentes de aumento, na história do cheque. Agindo sob a pressão de sua beata esposa, o bispo, superior do sr. Crawley, suspende suas atribuições paroquiais antes que sua culpa tenha sido formalmente provada, o que, tecnicamente, é uma interpretação equivocada das Leis da Igreja. Certo de que foi injustiçado, o sr. Crawley se enche de força e energia para a confrontação. O bispo Proudie[4] – sob as ordens da sra. Proudie (o verdadeiro poder por trás do trono eclesiástico) – abusara de sua autoridade, tentando destituir o sr. Crawley de seus deveres clericais antes de seu julgamento, o que somente uma Comissão da Igreja, oficialmente constituída, poderia ter feito. O sr. Crawley enfrenta o casal, falando, de início, apenas ao bispo, com deferência formal e humildade oficial, enquanto ignora completamente a sra. Proudie; no final, dirige-se a ela, sugerindo que fique em seu lugar inferior de esposa e que permaneça calada. O sr. Crawley é o único homem de Barsetshire que, blindado pela armadura de sua retidão moral, finalmente esmagou a sra. Proudie, expondo, com orgulho, as presunções dela e os erros do bispo.

Em contraste com esse ato de bravura, o sr. Crawley fica desarmado quando é injustamente acusado do roubo do cheque. Ele não consegue se lembrar de como o adquiriu, não consegue se reassegurar de sua própria inocência e, se dependesse dele, não moveria uma palha para se defender ou proteger sua família. Ele finalmente se salva quando seus amigos, o dr. e a sra. Arabin, retornando do exterior, conseguem explicar sua posse do cheque. A sra. Arabin havia anexado um cheque extra de vinte libras a um envelope já contendo cinquenta libras, que o dr. Arabin estava por entregar a um relutante, porém desesperado, sr. Crawley. Era essa a tal transação de que o sr. Crawley não se recordava; por meio dela, ele havia recebido, com grande mortificação, cinquenta libras em espécie, além de um presente ainda menos aceitável, dado por uma mulher,

---

4 Note-se aqui o hábito, bem ao gosto de um certo tipo de romance inglês, de nomear personagens com a evocação de seu traço de caráter primordial: Crawley (de *crawly*; rastejante) e Proudie (de *proud*: orgulhoso) [N.T.].

a sra. Arabin – uma soma em dinheiro que, aliás, havia pagado pela comida de sua família. Mais tarde, Trollope escreveu: "Nem eu consigo acreditar que um homem como o sr. Crawley poderia esquecer como conseguiu esse dinheiro..." (Trollope, 1883, p. 274).

Acredito que nesse ponto a psicanálise possa oferecer uma ajuda póstuma ao autor. Embora fosse pré-freudiano, Trollope não temia a palavra "inconsciente", utilizando-a, frequentemente, para caracterizar atitudes, percepções, motivações e reações emocionais; porém, não a associou à amnésia do sr. Crawley. Penso ser possível atribuir ao sr. Crawley um sentimento inconsciente de culpa, o que o enquadraria num tipo descrito por Freud como criminoso a partir de um sentimento inconsciente de culpa: trata-se daqueles sujeitos que buscam ser punidos por uma dada infração, de modo a lidar com outra, da qual não têm consciência. O que estou sugerindo é que a amnésia que leva o sr. Crawley a se expor a uma inevitável acusação é produto de uma mente culpada. A verdadeira fonte de seus sentimentos de culpa permanece tão inconsciente para ele quanto as evidências de sua efetiva inocência. O fato de usar o cheque como alívio material – ao mesmo tempo que, de forma ressentida, negava-se a reconhecer o presente e sua fonte – era uma forma de roubo.

O presente do amigo, que aliviara o aperto financeiro, era experienciado como um lembrete humilhante da diferença entre a sorte dos dois e, dessa forma, tornava-se uma fonte de agravo e exacerbação de seu ódio. O sr. Crawley se sentia no direito de ser tão ou mais rico do que seu velho amigo, cujo caráter bondoso ele atacava com um rancor contínuo e ruminante. Isso, por sua vez, gerava culpa, expondo-o à ferocidade de seu próprio julgamento moral. Como uma forma de expiar seu pecado, o sr. Crawley está disposto a sofrer as injustiças. A alternativa a essa punição autoinfligida seria encarar o reconhecimento da profundidade de sua ingratidão invejosa, o que, ele acreditava, o enlouqueceria.

Há outras características invejáveis no dr. Arabin que enlouqueciam o sr. Crawley: uma é sua tolerância, a outra, a sua relativa falta de inveja. Alegremente, o sr. Arabin reconhece no sr. Crawley um acadêmico melhor. Esse reconhecimento do amigo, que Trollope, discretamente, nos leva a inferir, é algo totalmente inconcebível para o sr. Crawley. Assim, ele maltrata seu amigo, destroçando sua imagem, quando o imagina gozando de um triunfo autoindulgente; porém, sente-se culpado quando faz reparação a essa imagem, por meio do reconhecimento da modéstia e da generosidade do amigo. O sr. Crawley tem um superego imperdoável, de modo que, ao admitir ter maltratado o amigo, ele é atacado por autoacusações de pecado, sem possibilidade de redenção. Essa situação aumenta ainda mais seu sentimento de desvalorização, abrindo caminho para novos ataques invejosos àqueles percebidos como mais virtuosos do que o sr. Crawley.

Esse tipo de ciclo é comum nas análises de alguns pacientes depressivos. Ele também é atribuído a Satã no "Livro IV" do *Paraíso perdido*, de Milton. No início do "Livro IV", Satã planeja sua vingança contra Deus, atiçando o casal primevo a trair seu criador; alimentado pela própria ira e isolado, em sua indignação, de qualquer sentimento de dúvida, medo ou piedade, ele está determinado a obter vingança: mais do que bravo, ele está enfurecido. Entretanto, no momento de dar à luz ao projeto de vingança de seus sentimentos efervescentes, Satã é passageiramente tomado por remorsos:

Revolto, e qual canhão ruim respinga

No próprio dono. Turbam-no horror, dúvida,

> *Nos seus encapelados pensamentos,*
> *E embaixo o inferno nele, que nele o inferno*
> *Ele traz, bule, e em redor, pois que do inferno*
> *Nem um passo a mais dá que não dê dele*
> *Próprio...*[5]
>
> (Milton, Paraíso perdido, *Livro IV, v. 17-22*)

Satã respinga sobre si [*Satan recoils upon himself*]; traduzindo em nosso jargão, ele para de projetar quando se dá conta de que o inferno não é uma prisão que lhe foi imposta, mas algo que existe dentro de si. Assim como sua personagem Satã, Milton respingou sobre si, no sentido de que também olhou para dentro de sua própria natureza humana para explicar a contínua destrutividade de Satã. Ele faz isso nas vicissitudes e complexidades de uma posição depressiva agravada pelo desespero e por uma inveja insuportável. Ele faz de Satã um humano e, nessa breve passagem, deixa claro por que esse humano, em particular, é incapaz de elaborar a posição depressiva, ficando com a escolha entre a melancolia e o narcisismo destrutivo.

Satã não consegue suportar a ideia de que, se por ventura vier a arrepender-se e ser perdoado, mais uma vez sentir-se-á provocado pela inveja a um ataque de rebeldia. Ele não consegue se imaginar capaz de conter e integrar seus sentimentos a uma admissão de admiração e de gratidão, pois

---

5 "... *like a devilish engine back recoils / Upon himself; horror and doubt distract / His troubled thoughts, and from the bottom stir / The hell within him, for within him hell / He brings, and round about him, nor from hell / One step no more than from himself can fly / By change of place...*" (A tradução que aparece nesta página é de: Milton, J. *Op. cit.* p. 253.)

... *Desperta já nele a consciência
A aflição em torpor, memória amarga
Do que foi, do que é, do que deve ser
Pior; de piores ações pior sofrer se segue.*[6]
(Milton, Paraíso perdido, Livro IV, v. 23-26)

As origens da inveja patológica

Com a finalidade de explorar mais a conexão entre narcisismo e inveja, eu gostaria de olhar o relato de Milton mais de perto e de usá-lo para sugerir que uma possível relação entre o superego, o ideal do ego e o ego ideal dá origem à inveja. Assim como Lacan (1977, p. 257), distingo o ego ideal do ideal do ego – nos termos dele, o primeiro, o ego ideal, provém do "registro imaginário", o segundo, o ideal do ego, do "registro simbólico", que "já está lá" (Vanier, 2000). Charles Hanly (1984) sugere que seria útil reter o termo ego ideal e diferenciá-lo do ideal do ego. Este último, diz, é uma aspiração, um "devir", enquanto aquele é uma ilusão, um *self* perfeito. Tendo a concordar com isso e acredito que o ideal do ego, enquanto uma aspiração, sucede a criança ideal que um dia existiu na mente dos pais.

Satã (ego ideal) se sente deposto quando Deus (superego) proclama que seu filho (Cristo) é o messias (ideal do ego) e não ele, como havia suposto. Mais do que sentir ciúme, ele "sentiu-se lesado" e, por conseguinte, ficou "repleto de inveja" [*fraught with envy*]. Para tanto, é crucial a revelação divina, segundo a doutrina

---

6 "... *now conscience wakes despair / That slumbered, wakes the bitter memory / Of what he was, what is, and what must be / Worse; of worse deeds worse sufferings must ensue.*" (Idem, ibidem, p. 253.)

da Trindade, de que o Filho era da mesma substância que o Pai e que, portanto, nunca havia sido criado, ou seja, diferente dos anjos, Ele não era uma criatura, mas, assim como Deus Pai, sempre havia existido.

> *Satã...*
>
> *... este em cólera*
> *De Deus odiando o Filho, nesse dia*
> *Honrado pelo Pai, e proclamado*
> *Rei Messias ungido, não conteve*
> *Na altivez tal visão, e achou-se leso.*[7]
> *(Milton, Paraíso perdido, Livro V, v. 658-665)*

Revela-se que o Cristo é feito da mesma substância que Deus, ou seja, que, na qualidade de *um pensamento eternamente preexistente na mente de Deus, Ele Próprio é divino*, é "a Palavra", "foi concebido e não fabricado", diferente dos anjos, incluindo Satã, que, *em algum ponto no tempo*, foram criados por Deus.

Assim, a afirmação rebelde de Satã contra o pronunciamento divino tem por objetivo negar a revelação e reassegurá-lo de que ele e os outros anjos nunca foram criados, não sendo, portanto, nem contingentes e nem dependentes. Diz Satã:

> *Não sei de ser em tempos quem não sou,*
> *Nem de alguém a mim prévio, autogênitos*

---

7 "Satan, .../ ... fraught / With envy against the Son of God, that day / Honoured by his great Father, and proclaimed / Messiah king anointed, could not bear / Through pride that sight, and thought himself Impaired." (Idem, ibidem, p. 385.)

Do nosso próprio viço...[8]

(Milton, Paraíso perdido, Livro V, v. 859-861)

Nesse ponto crucial da revelação, Satã descobre que seu ego ideal, o seu *self* narcisista, não coincide com o ideal do ego divino, com o ideal filial de Deus.

O momento que dá à luz a inveja e o orgulho ferido é a revelação do hiato entre o ego ideal – quer dizer, o *self* idealizado – e o ideal do ego, enquanto ideia preexistente de perfeição. Uma preconcepção, em termos bionianos, ou uma parte da ordem simbólica, na terminologia lacaniana, aquilo que "já está lá" estaria, nas palavras de Lacan, no "estádio do espelho", quando há uma possibilidade de compreender que o ego ideal do registro imaginário não é o ideal do ego da ordem simbólica (Lacan, 1977). Em termos kleinianos, poderíamos falar da posição depressiva, quando emerge a existência separada do *self* e do objeto e começa a diferenciação entre a relação imaginária e a relação experiencial.

É quando se dá a revelação de que a fonte da vida se encontra do lado de fora, é anterior à existência do *self*, não é da mesma substância que ele e constitui uma parte essencial de uma relação assimétrica: a figura parental ideal pode ser adorada, mas não adora em retribuição. É a descoberta de que o filho ideal projetado pelos pais não nasceu da experiência de um *self* idealizado, mas de uma preconcepção antecipada na mente dos pais.

Como escrevi em outro lugar, considero a inveja não um átomo, mas sim uma molécula: não um elemento da personalidade, mas sim um composto (Britton, 2003). Ela surge, acredito, a partir da conjunção de um número de fatores: o reconhecimento

---

[8] "We know no time when we were not as now; / Know none before us, self-begot, self-raised / By our own quick'ning power." (*Idem, ibidem*, p. 397.)

da separatividade entre o *self* e o objeto; o desejo desapontado de possuir a mesma natureza que o objeto amado e de que a adoração seja recíproca – em outras palavras, a desilusão que acompanha a compreensão de que idealizar o *self* não faz de ninguém o ideal do ego. Acredito que a inveja surge lá onde persiste a crença de que *alguém* possui essa identidade perdida, de que *um outro* pode ser o ideal do ego em adoração mútua com o superego. Isso pode, para algumas crianças – por exemplo, no caso de Erna (Klein, 1924, p. 46) – vir a ser encarado como a relação parental. Uma das histórias dramatizadas de Erna (6 anos de idade) não difere muito de *Paraíso perdido*:

> *um professor e uma mulher... estavam dando às crianças lições de boas maneiras... aí subitamente elas atacavam o professor e a mulher, pisoteavam-nos e os matavam e assavam. Haviam agora se tornado diabos e compraziam-se com os tormentos de suas vítimas. Mas, de repente, o professor e a mulher estavam no céu e os diabos de antes eram agora anjos, os quais... não sabiam nada a respeito de um dia terem sido diabos... Deus pai, o professor de antes, começou a beijar e a abraçar a mulher de forma apaixonada, os anjos os adoravam e estava tudo bem novamente. (Klein, 1997[1924], p. 56)*[9]

Nesse sentido, a inveja surge como uma relação entre três pessoas, assim como todas as relações de objeto na posição depressiva. Melanie Klein considerava que a inveja é diádica, e Hanna Segal a

---

9 Klein, M. (1997). Uma neurose obsessiva em uma menina de seis anos de idade. In Klein, M., *A psicanálise de crianças* (L. P. Chaves, trad.). Rio de Janeiro: Imago.

encarava como uma manifestação da "pulsão de morte" na posição esquizoparanoide. Sugiro que a inveja é um composto que pode ser formado no ponto de entrada da posição depressiva. Se, além dos elementos que a compõem, como mencionado, for adicionada uma quota poderosa de hostilidade inata, cria-se um complexo invejoso potencialmente patológico. É este elemento, a pulsão destrutiva, que opera na posição esquizoparanoide, complicando a relação com o objeto primário, o que, se levado adiante, para dentro da posição depressiva, pode dar uma dimensão diabólica à experiência invejosa.

Se a inveja é um composto, então ela pode surgir em qualquer estágio, quando seus elementos se combinam, e desaparecer, quando eles se dissolvem. Acredito ser esse o caso na vida da maioria das pessoas, e o que acontece na maior parte das análises. Porém, em alguns casos, um complexo invejoso perdura, como um composto insolúvel no âmago da personalidade, colorindo todas as eventualidades e circunstâncias psíquicas. Acredito que se trate da presença, em quantidades significativas, daquilo a que Hanna Segal chamaria de "pulsão de morte" e que eu prefiro chamar de pulsão destrutiva, inicialmente dirigido para fora. Fui ainda mais longe com minha descrição, falando de um impulso "xenocida" [*xenocidal impulse*], "uma propensão libido-fóbica e antiobjeto inata, que busca obliterar aquilo que é introduzido no *self* e que não é o *self*" (Britton, 2003, p. 126). Como Bion sugeriu em seu artigo "Ataques ao elo de ligação" ("Attacks on Linking"), esse impulso destrutivo também pode ser dirigido contra a ligação interna ao objeto e até mesmo contra o aparato perceptual que liga o *self* ao objeto (Bion, 1959).

Um sonho de uma jovem cuja análise supervisionei pode ilustrar esse ponto.

A paciente sofria de um distúrbio narcísico severo, de um tipo predominantemente destrutivo. Ela achava a situação analítica difícil de suportar e a tornava ainda mais insuportável para seu analista. Usualmente, queria que seu analista apenas a escutasse e que não dissesse nada, enfurecia-se com o trajeto até a análise e com o horário (representantes de uma submissão humilhante) e rebaixava o analista, tanto profissional quanto pessoalmente. Ao mesmo tempo, era muito exigente e constantemente pressionava para ser vista em horários de sua própria escolha. Quando ela começou a achar que a análise a estava ajudando, sentiu-se mortificada e, a seu tempo, passou a invejar o analista, até que, dolorosamente, invejou outros pacientes imaginários, que talvez achassem a experiência prazerosa. Tudo isso provocou fantasias homicidas e enactments selvagens, que afetaram o bem-estar do analista consideravelmente. O sonho que estou citando ocorreu no período intermediário da análise.

Sonho

A paciente L está alimentando um bebê com uma colher – a mãe dela está no cômodo – L não sabe ao certo de quem é o bebê. Conforme ela o alimenta, a colher se transforma em garfo, e o garfo arranca a pele dos lábios do bebê, que então a ingere. Ela pede ajuda a sua mãe. Sua mãe diz, é assim que você deve fazer: ela arranca pedaços maiores da boca do bebê com o garfo e diz que é isto que o bebê come.

A paciente diz que deve haver outro jeito, de modo que o bebê não tenha que comer a si mesmo. Os lábios do bebê estão muito vermelhos e firmemente cerrados e se parecem com genitais. Então ela se dá conta de que não é sua mãe, de que é X, uma ex-namorada, e de que elas não estão alimentando um bebê, mas fazendo sexo.

"Na vida real", disse a paciente, "eu tive uma relação sexual homossexual com M; M tinha o corpo ideal – eu o adorava – o que eu quero dizer por ideal é que ela tinha justamente o corpo que eu imaginava que meu pai gostaria que uma mulher tivesse."

Esse material complexo ilustra vividamente que a alternativa narcisista a alimentar-se de um objeto é aqui representada na forma de autocanibalismo infantil e em sua transformação em uma relação sexual narcisista. Nessa última, a paciente reivindica o ego ideal (a namorada com o corpo ideal) como sendo o mesmo que o ideal do ego (justamente o corpo que meu pai gostaria que uma mulher tivesse).

Essa paciente, assim como outros afligidos por um tal núcleo invejoso em suas personalidades, de fato, sentiu-se lesada por cada sucesso daqueles que a rodeavam, alegrando-se apenas com seus infortúnios.

9. Compulsão à repetição, inveja e pulsão de morte

John Steiner

Tradução de Maria Julia Arantes

A postura de Freud diante da compulsão à repetição mudou com o passar dos anos. No início, frustrou-se ao constatar que os pacientes repetiam em vez de lembrarem de suas histórias, porém – e o que sempre considerei marca de sua genialidade – percebeu que a repetição era precisamente o que possibilitava a mudança terapêutica. Devido à compulsão à repetição, os pacientes eram capazes – deveras compelidos – de reviverem suas experiências na transferência e era isso o que proporcionava uma nova oportunidade para a compreensão e a mudança.

Como ele disse,

> *admitimo-la [a compulsão à repetição] à transferência... [E nesse sentido] alcançamos normalmente sucesso em fornecer a todos os sintomas da doença um novo significado transferencial e em substituir sua (do paciente) neurose comum por uma 'neurose de transferência', da qual pode ser curado pelo trabalho terapêutico. (1914g, p. 154)*

Entretanto, Freud gradualmente percebeu que a compulsão à repetição era também uma expressão de resistência à mudança e considerou que a análise da resistência era uma tarefa central para o analista. Posteriormente, ele convenceu-se de que a resistência à mudança era particularmente inabalável em certos pacientes que pareciam persistir invariavelmente na busca por resultados que geravam somente tristeza e sofrimento. Ele observou, nessas situações, que os pacientes não podiam aprender a partir da experiência e, em vez disso, comportavam-se como se "perseguidos por um destino maligno ou possuídos por alguma força demoníaca" (Freud, 1920g, p. 21).

Freud era pessimista em relação à possibilidade de mudança nos pacientes com compulsão à repetição, mas acredito que entendimentos adicionais aos fatores envolvidos nos permitem considerar que, assim como com outras repetições, o seu aparecimento na transferência concede ao analista a oportunidade de compreendê-la e de "transformá-la em uma repetição da transferência que pode ser curada pelo trabalho terapêutico". É claro que o central nesse argumento é a questão sobre a nossa possibilidade de compreendê-la e, ao situar a compulsão à repetição "além do princípio do prazer", acredito que Freud tinha em mente que isso não poderia ser compreendido de uma maneira simples. Argumentaria que, inicialmente, Freud fez um pouco mais do que destinar a essa área da experiência humana, a qual estava além da compreensão, um "lugar e um nome", sob o termo "pulsão de morte", a fim de delinear algo que, naquele momento, não podia ser compreendido. Todavia, até mesmo em seu artigo original (1920g), Freud demonstrou um grande interesse pela natureza dessa força misteriosa, incluindo a ideia de que ela era destruidora do significado e da estrutura que os organismos vivos criam.

"Eu cheguei à conclusão", ele escreveu, "de que além do instinto de preservar a substância viva e uni-las em unidades cada vez maiores, haverá um outro, um instinto contrário que busca dissolver tais unidades e trazê-las de volta ao seu estado primitivo e inorgânico" (Freud, 1930a, p. 118).

Acredito que isso seja possível para esclarecer o papel da pulsão de morte na compulsão à repetição se pensarmos nela primeiramente como um instinto antivida [*anti-life instinct*] que representa ódio e intolerância a todos os aspectos que apontam para a vida e, particularmente, para a criatividade (Feldman, 2000). O propósito de tal pulsão permanece de difícil entendimento, mas é impossível ignorar a realidade de suas manifestações. Quando formulada como um instinto antivida, a sua relação com a inveja torna-se mais clara e as duas podem, de fato, ser consideradas aspectos diferentes da mesma situação.

Neste capítulo, considero a compulsão à repetição um tipo particular inabalável de resistência que surge do ódio e da intolerância do paciente diante de qualquer aspecto novo e, particularmente, criativo do qual ele se beneficia. Relaciono essa intolerância à operação da inveja, assim como à manifestação da pulsão de morte. São conceitos complexos e, inicialmente, o próprio Freud estava desconfortável com a ideia de pulsão de morte, notando o quão indigesta ela era também para muitos de seus colegas. Entretanto, a pulsão de morte manteve uma importância central para Freud, assim como para Klein, que a associou à operação da inveja.

Da mesma forma que muitos analistas veem problemas em aceitar a noção de pulsão de morte, eles também apresentam dificuldade no entendimento e aceitação da inveja e, embora estejamos agora há cinquenta anos da publicação de "Inveja e gratidão", ainda não assimilamos completamente as ideias desse livro nem nos apropriamos de todos os seus achados. Klein percebeu os bons aspectos do seio como um representante do protótipo da bondade materna, paciência, generosidade e criatividade. Ela argumentou que uma boa relação com o seio era fundamental para que o bebê pudesse estabelecer um bom objeto interno que serviria de alicerce para o seu desenvolvimento no futuro (Klein, 1991[1957]). Na sua visão, a inveja ameaça destruir essa bondade e torna-se um dos principais obstáculos no desenvolvimento de uma personalidade e de relacionamentos saudáveis.

A bondade, todavia, não pode existir isoladamente e acredito que está evidente que o seio bom, protótipo de bondade, é considerado como parte de uma relação de objeto, mais especificamente, aquela entre a mãe e o bebê. Bion (1959) reconheceu isso quando propôs que esse vínculo entre objetos é o mais difícil de se tolerar, pois é justamente esse vínculo que provoca tal inveja. O paciente com compulsão à repetição não pode tolerar ser o receptor da bondade, a qual ele experiencia como humilhação e repetidamente muda para a posição de possuir a bondade por meio da identificação, colocando-se em uma posição de *dar* em vez de *receber*.

Freud considera uma vez mais a compulsão à repetição em "Análise terminável e interminável", artigo no qual descreve pacientes que se mantêm apegados às suas doenças dando a impressão de que nunca irão mudar por conta de "uma força que se está defendendo por todos os meios possíveis contra o restabelecimento e que está absolutamente decidida a apegar-se à doença e ao sofrimento" (Freud, 1937c, p. 259).

Está claro que ele atribui essa força à pulsão de morte e que está novamente descrevendo um fenômeno similar ao que retratou previamente como uma demoníaca compulsão à repetição. Agora, entretanto, ele adiciona uma nova observação surpreendente e altamente significativa. Ele atribui à resistência ao que ele chama de "repúdio da feminilidade" e, à primeira vista, não fica claro o que uma intolerância à feminilidade tem a ver com a resistência ou com a pulsão de morte. Para a mulher, ele argumenta que um descontentamento com a sua feminilidade a leva a desejar atributos masculinos, expressado pelo desejo do pênis. Para o homem, a adoção de uma atitude feminina o faz sentir-se inferior e leva-o a um protesto masculino. Freud descreve como:

> A coisa decisiva permanece sendo que a resistência impede a ocorrência de qualquer mudança – tudo fica como era. Freqüentemente temos a impressão de que o desejo de um pênis e o protesto masculino penetraram através de todos os estratos psicológicos e alcançaram o fundo, e que, assim, nossas atividades encontram um fim. (Freud, 1937c, p. 270)

Acredito que ao que Freud se refere como um "repúdio da feminilidade" é mais apropriadamente pensado como uma intolerância a uma dependência receptiva aos bons objetos, o que parece apresentar problemas similares tanto para homens quanto para mulheres, e é, de fato, a posição que os bebês de ambos os sexos têm de adotar nos seus primeiros relacionamentos com a mãe e o seu seio. Isso não é necessariamente visto como feminino, mas também como infantil, e a relação com o bom objeto pode não gerar prazer, crescimento, desenvolvimento e gratidão, mas constrangimento e humilhação (Steiner, 2006). A preferência por *dar* em vez de *receber* é o que aparenta estar subjacente à inveja do pênis e ao protesto masculino, o que Freud identificou corretamente como uma fonte importante de resistência à mudança.

Atualmente, parece ser mais adequado sugerir que o que tais pacientes repudiam é uma ligação criativa na qual *dar* e *receber* são complementares. A resistência à mudança na compulsão à repetição pode, então, emergir devido ao ódio e à intolerância da ligação criada na análise, entre o analista e o paciente. Penso que Betty Joseph apontou para algo similar quando sugere em um artigo anterior (Joseph, 1959) que a compulsão à repetição é estabelecida para lidar com as ansiedades da dependência. Ela argumenta que a própria dependência implica a possibilidade de amar e valorizar, e que isso incita o ódio e a destrutividade visto que ela reativa a inveja, na qual o objeto primário – o seio – é invejado, odiado e atacado. A tolerância de um relacionamento receptivo e dependente é um passo em direção às experiências da posição depressiva, e a defesa maníaca contra tais passos representa parte da reação defensiva que ataca as ligações criativas e impede a mudança.

Bion (1959) descreve esse tipo de ataque como decorrente de um superego ego-destrutivo que tanto funciona internamente no paciente como um objeto invejoso atacando as ligações no mundo externo quanto, mais frequentemente, é excindido e projetado quando é sentido como um ataque a qualquer ligação criativa que o paciente considera estar potencialmente aberta a ele. Isso leva a um medo de ser invejado que opera como uma grande força inibidora que impede o desenvolvimento e a mudança (Britton, 2003).

Nesse contexto, a inveja do pênis é mais propriamente pensada como um desejo por um falo onipotente, o que diz mais respeito ao exercício do poder do que à criação de ligações. Birksted-Breen (1996) clareou essa ideia fazendo a distinção entre o falo onipotente e o pênis enquanto uma ligação, que, tal como o seio enquanto ligação, deve envolver tanto um doador quanto um receptor a fim de que a ligação seja criativa. Uma característica essencial da ligação criativa é que ela envolve uma relação entre um par cujos membros são complementares, mutuamente dependentes e diferentes. Entre pais e crianças, isso envolve diferença de gerações; em um casal sexual, uma diferença de gênero. Esse tipo de diferença prontamente suscita sentimentos de superioridade e inferioridade e se eles são extremos, a vergonha e a humilhação passam a exercer um papel importante na intolerância das ligações criativas. Soluções onipotentes nas quais a inveja é negada por meio de uma organização narcísica leva à fantasia de um falo idealizado. O problema de adotar uma posição receptiva na relação com os bons objetos é muito mais difícil se isso requer a renúncia de uma superioridade narcísica.

As defesas básicas que são usadas para dominar as ansiedades de uma dependência receptiva envolvem uma combinação de cisão, identificação projetiva e introjeção (Joseph, 1959), as quais são frequentemente associadas para criarem organizações narcísicas complexas (Rosenfeld, 1964, 1971). Tais organizações ajudam o paciente a negar a separatividade, a diferença e consequentemente evitar a inveja. Uma vez que a bondade do objeto é idealizada e possuída, não há nada a ser invejado porque toda a bondade é sentida pelo paciente como algo que ele possui e controla. Tenho argumentado que tais organizações narcísicas fornecem um tipo de lugar escondido ou refúgio psíquico (Steiner, 1993) em que o *self* e o objeto estão tão fusionados, frequentemente um dentro do outro, que não há separatividade suficiente para que cada um seja propriamente reconhecido. Isso serve de defesa contra a realidade das relações de objeto porque essa realidade envolve objetos separados, cada um com suas próprias características individuais. Se as organizações narcísicas entram em colapso, a separatividade é vivenciada em algo que é sentido como uma expulsão repentina e brusca da zona de conforto. Entretanto, se o paciente progride e voluntariamente começa a emergir do refúgio psíquico, a separatividade resultante é menos repentina e brusca, mas pode ainda ser difícil de se tolerar. Em ambos os casos, o objeto pode ser observado mais claramente e, se fica evidenciada a dependência na sua bondade, isso pode acarretar mais uma vez no surgimento da inveja.

Estou sugerindo que alguns dos problemas criados tanto para o paciente quanto para o analista emergem a partir da percepção da bondade que provoca amor e desejo e que, inevitavelmente, fornece consciência da diferença. A discrepância entre *self* e objeto fomenta a inveja do membro mais rico do par, enquanto o mais pobre deles não pode fazer uso da bondade disponível porque está consciente de uma falta que gera sentimentos de humilhação. Tenho percebido que para o paciente se sentir contido e compreendido, o analista deve reconhecer a propensão dele a se sentir humilhado quando se percebe faltante de aspectos bons, e a se sentir invejado se ele fosse adquiri-los. A capacidade do analista em compreender esses obstáculos em seus pacientes será mais fácil se ele puder reconhecer que tais dificuldades similares podem impedi-lo de enxergar aspectos bons em seu paciente.

Às vezes ocorre que o paciente enfatiza os elementos maus e mantém as boas qualidades escondidas. A capacidade do analista em aceitar a natureza perturbadora do que lhe é projetado, de compreendê-la e de tolerar as emoções que são produzidas, podem permitir que bons elementos sejam revelados. Se as projeções são tão perturbadoras, e se a própria inveja do analista é provocada pelos desenvolvimentos no paciente, pode ser que o analista ataque a ligação e impeça o paciente de chegar até ele.

Material clínico: sr. Y

Acredito que as ideias de Freud sobre a pulsão de morte e a descrição de Klein acerca da inveja ajudam a orientar os nossos pensamentos nessa área. Usarei tais considerações para explorar a resistência à mudança observada em um paciente que possuía uma expressiva compulsão à repetição. Apesar do fato de que o sr. Y vigorosamente perseguia o que via como alvos de desejo, esses regularmente e de modo previsível terminavam em desapontamento e em humilhação. Por exemplo, logo após um fracasso ele me contou, "isso já aconteceu milhões de vezes no passado e acontecerá um milhão de vezes mais". Pareceu-me um aviso de que eu não seria capaz de interromper a repetição e de que não haveria nenhuma possibilidade de mudança. Ele mesmo relacionou isso ao seu único objetivo de avançar em sua carreira. Argumentava que, obtendo êxito no trabalho, tudo mais que ele quisesse ocorreria.

Uma característica marcante em nossa interação foi a sua falta de resposta a qualquer interpretação de transferência. Ele parecia negar a presença de qualquer ligação significativa entre nós e calmamente explicava que meus comentários não significavam nada para ele. Sr. Y não conseguia entender o que eu dizia e, mesmo quando conseguia, não tinha nenhuma reação. Uma vez, quando interpretei a sua curiosidade sobre o meu final de semana, ele disse: "se eu sei o que você vai fazer no final de semana? Não! Me importo? Não!". A necessidade imediata e importante parecia ser evitar que eu tivesse qualquer significado para ele.

Um sonho recorrente

Após ter perdido quatro sessões por conta de uma viagem ao exterior, ele relatou um sonho, um exemplo de um sonho recorrente que tinha tido desde a época da universidade. Nesse sonho, *ele estava impedido de realizar o seu exame final por estar completamente despreparado em razão de ter se ausentado a maior parte do ano*. Na ocasião, sr. Y estava mais incomodado com o fato de ter percebido que estava separado de seus amigos. Relatou que isso era muito perturbador. Naquele ano, ele nem sequer frequentou o bar, ficando solitário e isolado. No sonho, *alguém lhe pede que arrecade dinheiro para uma instituição de caridade e ele teve que dizer simplesmente que não poderia fazê-lo. Em vez disso, implorou para que a sua esposa não o deixasse e caiu em lágrimas quando ela disse que o amava e não o deixaria.*

Havia escutado a primeira parte dos seus sonhos recorrentes muitas vezes anteriormente, mas notei que nessa ocasião ele não estava tão preocupado com a reprovação no exame tanto quanto estava com a perda de seus amigos. Pensei que essa mudança de ênfase no sonho relacionava-se ao medo que ele tinha de ter me alienado e perdido a minha amizade por ter faltado em quatro sessões de análise, por conta da sua prioridade em seu trabalho. Entretanto, ocorreu-me também que pudesse haver ali algum tipo de alívio no sentido de que, como com a sua esposa no sonho, eu era capaz de estar com ele e disposto a continuar o trabalho. Todas as minhas tentativas de explorar o sonho eram recebidas com descrença e geravam o seu costumeiro desprezo. Ele não via nenhuma conexão entre o seu sonho e as sessões perdidas. Negou ter tido algum tipo de medo em me perder e nem alívio em continuar o nosso trabalho. A natureza repetitiva do sonho me pareceu um exemplo de compulsão à repetição, mas por ter sido trazido particularmente sob a forma de um sonho, pensei que este fato possibilitaria trabalharmos juntos nisso. A rejeição total a qualquer significado da minha visão sobre o que havia ocorrido foi, entretanto, também uma indicação da força e fixação da repetição. Quando sugeri que a sua ligação a mim tinha sentido e importância, refleti que ele me via exigindo um reconhecimento dele e, tal como na arrecadação de dinheiro para caridade em seu sonho, ele não estava interessado nisso. Parecia reconhecer que tinha poucos recursos para ser caridoso e foi isso que o fez se sentir tão dependente de mim e de sua esposa no sonho.

Apesar das repetições aparentemente inabaláveis, elas pareciam-me indicações ocasionais de que ele estava mais capaz de reconhecer um interesse e curiosidade sobre ele mesmo, algo que fora fomentado pela análise. Depois de ter ido a Cracóvia para uma reunião de negócios, ele mencionou que havia algum sangue judeu em sua família e que seus pais pareciam relutantes em discutir sobre isso. Um motorista de táxi na Cracóvia mencionou que Auschwitz estava a uma curta distância dali, e logo depois ele descobriu que dois de seus colegas iriam visitar Auschwitz após a reunião. Ele havia planejado voltar para casa rapidamente e sentiu algum tipo de arrependimento pelo fato de não ter podido se juntar aos amigos, ainda que achasse que seria muito perturbador caso tivesse ido. Aparentava haver um pequeno *insight* no reconhecimento de sua necessidade de partir da cena tão rapidamente e, assim, evitar qualquer tipo de contato com as ligações pessoais perturbadoras com o campo de concentração. Havia também alguma curiosidade dele sobre as ligações com o meu passado e a minha própria capacidade de enfrentar a crueldade e o horror.

Primeira sessão

Pouco antes do recesso de Páscoa, anunciou que seu filho e sua nora teriam um bebê. Seus filhos, sua esposa e sua família estavam encantados e animados, mas os seus sentimentos eram mais misturados. Ele teve que acompanhar o entusiasmo familiar, o que o fazia se sentir terrível. Parecia consciente de que o seu fracasso em corresponder a isso, representava algo sinistro e assustador em relação à chegada de um novo bebê.

Iniciou a última sessão, antes do intervalo de duas semanas, informando que havia aparecido uma irritação de pele em sua nora. Ele não havia pensado nada sobre isso, porém ao comentar com a sua esposa, ela se mostrou preocupada com o fato de que poderia ser rubéola e nesse caso seria muito sério.

Sr. Y achou isso radical: "Você não pode estar só um pouquinho grávida. Ou ela tem rubéola e isso é um desastre, ou não". Sugeri que isso também era o que ele sentia sobre si: ou tudo é maravilhoso ou, se sou capaz de alcançar algo pequeno e vulnerável dentro dele, então é um desastre. Quando ele disse "você não pode estar 'um pouco' grávida", expressou seu medo em permitir que se algo bom crescesse dentro de si, isso seria irreversível e provaria ser muito difícil para nós protegê-lo daquilo que ele via como forças assassinas. No entanto, ao mesmo tempo, pensei que ele havia trazido essa situação na última sessão, antes do recesso, e sugeri que ele de fato *queria* usar a sessão para entender qual era o perigo real para o bebê e também para ele, assim como nos dar uma chance de lidar com isso enquanto eu ainda estivesse ali.

Disse-me que não soube lidar com a ansiedade de sua esposa, já que ela deixava implícito que ele não percebia nada e não se importava. Interpretei que ele não tinha certeza sobre se ele se importava muito pouco ou demais. Ou a irritação na pele de sua nora era insignificante, ou era um desastre. Pensei que, diante do recesso, ele estava preocupado em saber se eu me importava ou não. Sobre isso, respondeu que não conseguia enxergar porque é que eu deveria me importar. Sr. Y sabe o que acontecerá depois da sessão. Sua nora já terá ido ao médico para se informar sobre a irritação de pele e ele está certo de que tudo ficará bem. Ele poderá, então, ligar para a sua esposa e tranquilizá-la.

Apontei que ele estava se portando como uma pessoa que se manteve calma e sensata, assumindo que provavelmente no final tudo ficará bem. Esse comentário foi descartado como desnecessário, principalmente quando sugeri que ele sentia a necessidade de que eu o apoiasse e temia que eu não pudesse fazê-lo durante o recesso. O paciente afirmou que não poderia se dar ao luxo de ficar muito envolvido, já que ele tinha que lidar com as duas próximas semanas, quando eu estaria ausente. Sugeri que ele se justificou sendo insensível para proteger-se de sentir demais, o que lhe parecia ser muito perigoso se, como as irritações na pele, algo pudesse atravessar a sua armadura.

Ao mesmo tempo estava claro que ter um neto era terrivelmente importante para ele. Temia ser muito compromisso e estava, também, assustado com o fato de que esse amor e carinho fossem gozados e ridicularizados. Ao admitir-se preocupado, a ideia da rubéola e a possibilidade de um aborto seriam aterrorizantes.

Mais tarde naquele dia, sr. Y deixou uma mensagem na minha secretária eletrônica informando que o médico confirmou que a irritação na pele não era grave. Ocorreu-me que ele ficou preocupado com o fato de que, assim como a sua esposa, eu havia considerado a irritação como algo sério e ele queria aliviar a minha ansiedade. Ao analisar o significado da irritação na pele tive a impressão de ter algo a ver com a sua visita potencial a Auschwitz, ele estava aterrorizado com os extremos sentimentos envolvidos e precisava se manter distante.

Segunda sessão

Após duas semanas, o paciente retornou do recesso aparentando estar muito infeliz, relatou que as coisas deram errado, exatamente como ele havia previsto. Tudo ocorreu muito bem por dois dias, depois a sua esposa ficou preocupada e culpou-o por todos os seus problemas, antecipando que ele não seria um pai e um avô cuidadoso. Lamentou que pelo restante do feriado teve que fazer compras e cozinhar as refeições. Sua raiva aflorou ao descrever que teve laringite e sentiu que ninguém dispôs de nenhuma consideração ou cuidado com ele. Ironicamente, acrescentou que o único ponto positivo foi quando a sua esposa saiu e gastou muito dinheiro na compra de um sofá novo que para ele era desnecessário. Em seguida, me disse que esperava que eu tivesse tido um feriado calmo e agradável. Sr. Y supõe que eu relacionaria isso à sua fantasia, mas isso é o que ele acredita.

Interpretei que ele pensava que eu consegui me afastar daquela situação difícil na qual ele se encontrava e ele reagiu dizendo: "Sim, e bom para você. Se eu pudesse também sairia dessa situação". Porém, quando sugeri que agora que estava de volta ele queria que eu aceitasse a responsabilidade pelo estado no qual o deixei, ele discordou e rejeitou todas as conexões transferenciais que eu apontava, argumentando que os acontecimentos durante o recesso não eram de minha responsabilidade e nem deveriam ser. Disse que estava ansioso e desconfortável com todos, particularmente quando conversavam sobre a chegada do bebê.

A sessão manteve-se muito repetitiva, cada tentativa minha de conectar a experiência dele com o meu trabalho foi sendo descartada como não razoável. Quando interpretei que o meu divã era como o sofá caro que a sua esposa comprara, que apesar de sentir que não precisava, dava a ele também algum alívio, ele discordou. Afirmou que apreciava muito a análise que o ajudou a lidar com o estresse de sua esposa, o que não teria conseguido sozinho.

Apontei-lhe que nada do que eu havia dito parecia tocá-lo, ainda que ele reconhecesse que estava preso a uma situação repetitiva a qual havia previsto, mas que a análise não fazia nada para alterar. Explicou que não esperava que a análise o ajudasse dessa maneira. "Por que deveria?" Ele não viu nenhuma relevância em descrever os detalhes do que tinha acontecido, era tão repetitivo e entediante.

Interpretei que ele obteve alguma satisfação com a situação na qual a sua esposa poderia ser vista como alguém que estava preocupada, semelhante à sessão em que ele se manteve calmo e impassível, sem reagir a nada que eu dissesse. Era a sua expectativa me ver ansioso e frustrado quando fui colocado nessa posição de repetitiva impotência, e que ele obteve com isso alguma satisfação, ao ter sido capaz de lidar comigo enquanto eu estava naquele estado.

Sr. Y não respondeu a esse comentário, porém explicou um pouco mais sobre as discussões que haviam eclodido durante o intervalo na análise. Comentou que a sua esposa havia insistido sobre o fato de que ele sempre a insultava e a olhava com desprezo, no entanto, para ele era a família dela que o desprezava.

Sugeri que ele sentia que nunca seria aceito pela família de sua esposa ou por mim, visto que nós desprezávamos ele e a sua carreira. Desse modo, ele poderia mostrar o seu ódio e desprezo, incitando-nos a tentar manter nossa superioridade humilhando-o. Quando tentei fazer contato na sessão de hoje, ele enxergou isso apenas como minha condescendência, algo que não podia aceitar. Disse que concordava que tudo aquilo era sobre humilhação.

A minha interpretação foi que o sr. Y não acreditava que eu pudesse reconhecer o seu desespero e que, em vez disso, eu me tornara para ele superior. Seu interesse era me provocar, mostrando-me como é se sentir humilhado.

Discussão

Meu interesse pela compulsão à repetição surgiu inicialmente por conta do problema clínico com que somos frequentemente confrontados quando pacientes se mostram presos e incapazes de mudanças. Também porque observei na compulsão à repetição a possível convergência de várias linhas de pesquisa que pareciam ser de meu interesse. Em primeiro lugar, havia a própria descrição de Freud (1920g) sobre a compulsão à repetição, que ele acreditava não ser explicada em termos de um impulso libidinal como um desejo por comida ou sexo, no qual havia baseado grande parte de sua psicologia. Algo diferente era necessário e levou-o a um novo princípio baseado na pulsão de morte para explicar uma força destrutiva malévola que trabalha contra a vida e a criatividade.

Posteriormente, veio o reconhecimento de que se considerarmos a pulsão de morte primordialmente como um instinto antivida, estaremos lidando com uma área muito similar àquela que Klein chamou a nossa atenção em suas descrições sobre a inveja. Certos atributos do objeto provocam inveja e conduzem o invejoso a tentar eliminar essa experiência dolorosa por meio de ataques ao aspecto invejado, com o objetivo de aniquilá-lo e, portanto, abolir a experiência invejosa. Esse desejo de aniquilar os bons objetos é parte da intolerância à inveja e leva a uma série de manobras defensivas, conforme descrito por Klein e elaborado, em detalhes, por Rosenfeld e outros autores. Quando o objeto invejado está vinculado a uma organização narcísica, a destrutividade torna-se menos abertamente violenta e mais crônica. O paciente mostra-se então capaz de parar logo antes da aniquilação total do objeto invejado e se contenta em remover a sua vitalidade e destituí-la de significado e criatividade (Feldman, 2000; Joseph, 1982; Rosenfeld, 1964, 1971; Steiner, 1993).

Uma outra concordância parece emergir se considerarmos mais precisamente sobre o que é que provoca a inveja. Klein (1991 [1957]) postulou que a inveja era provocada pelos aspectos bons do seio, o que ela via como "o protótipo da bondade materna, paciência inesgotável, generosidade e criatividade" (p. 180). Entretanto, penso que está evidente que essa abordagem contempla o seio em uma relação; Bion (1959) reconheceu isso quando propôs que era justamente a ligação entre objetos a mais invejada. A inveja de uma criança pequena ao observar a sua mãe com um novo bebê é fácil de perceber, porém parece-me ainda mais relevante compreender que a inveja é muitas vezes provocada quando o outro é o próprio paciente, às vezes representado por algo novo que se desenvolve no seu interior. Bion sugere que essas ligações são estimuladas pela ligação verbal entre o analista e o paciente, o que pode provocar inveja, assim como pela ligação por meio da identificação projetiva do paciente ao analista, a qual pode ser difícil para o analista aceitar e compreender.

Tenho a impressão de que foi a adoção de uma relação receptiva à bondade do seio que provou ser tão difícil para o sr. Y e foi, precisamente, essa relação a atacada pela inveja. Às vezes parecia ser claramente a inveja do paciente que entrava no caminho da receptividade, mas em outros momentos era o medo de um ataque poderoso do objeto invejoso que estava sendo evitado, ao manter a postura receptiva escondida ou bloqueada. Caso nenhum desenvolvimento novo fosse permitido, não haveria nada que provocasse o ataque.

As descrições detalhadas dadas por Klein (1991[1957]) sobre o mecanismo da inveja, as defesas contra ela e os fatos que a originam, permitem ao analista reconhecê-la como uma resposta universal às ligações criativas e ajudam-no a aceitar a inveja como algo que deve ser tolerado e vivido, apesar de sua natureza insuportável. A própria tendência do analista de excindir e projetar a inveja é por vezes precisamente o que o paciente experimenta como uma superioridade, que de forma defensiva impõe vergonha e humilhação aos outros, ao mesmo tempo que mantém ele próprio impenetrável e imune. Penso que foi com esse tipo de figura que o meu paciente se identificou, enquanto resistia a uma possibilidade crescente de permitir-se aceitar uma postura receptiva em relação aos meus pensamentos, ideias e sentimentos. Suponho ser essa receptividade que o meu paciente tomou como algo feminino e inferior e era, para ele, a experiência mais difícil de se tolerar.

Foi possível reconhecer que sr. Y sentia-se incapaz de permitir uma experiência boa ser introduzida e desenvolver algo bom dentro de si. A sua ansiedade parecia emergir em relação à ideia de ter um neto e ao seu reconhecimento de que "não se pode estar um pouco grávida". Tive a impressão de que ele também sabia que "não se podia fazer parte de um aborto", de modo que deixar algo crescer era perigoso caso desencadeasse em tamanha violência. Organizou-se, então, de modo que não ficasse preocupado com a irritação de pele de sua nora e não fosse a Auschwitz. Apesar dessas questões terem sido trazidas, penso na sua expectativa de que eu fosse capaz de permitir a entrada de pensamentos tão assustadores em minha mente, sem que eles me perturbassem tanto. Possivelmente, era esse um exemplo do que teria que ser comunicado pela identificação projetiva e precisaria ter sido aceita por mim.

A maneira arrogante com que sr. Y reagiu às minhas interpretações foram associadas a uma espécie de indiferença, em que ele permanecia calmo enquanto eu lutava para que ele enxergasse e, especialmente, sentisse algo. Havia uma superioridade em sua indiferença que aparentava ser eu quem precisava dele e implorava a sua permissão para que uma interpretação tivesse sentido. Senti-me compelido a tolerar e a aceitar o modo provocativo com que ele me dispensava, porém pude reconhecer que isso estava gradualmente gerando raiva em mim e, às vezes, provocando-me a criticá-lo e a atacá-lo.

Seu orgulho narcisista exagerado levou-o a desprezar os outros, mas também a si mesmo ao descrever suas próprias falhas. Havia uma forte qualidade sadomasoquista na expressão de seus pontos de vista e ele divertia-se ao encontrar uma linguagem colorida – muitas vezes divertida, porém geralmente muito cruel – para expor as falhas das pessoas com as quais ele tinha que lidar. Ocorreu-me que ele estava se relacionando com um superego ego-destrutivo invejoso e obtendo gratificação tanto em ser atacado e envergonhado quanto envergonhando os outros. Foi essa qualidade sadomasoquista que contribuía para a compulsão à repetição e o auxiliava a se animar e se sustentar. Foi essencial para ele pausar um pouco antes de um colapso total e de uma destruição de seus objetos, uma vez que ele precisava de um objeto com o qual atuaria nos repetidos ciclos de excitação e colapso, assim como de superioridade e humilhação. Apesar das repetidas crises, o paciente foi capaz de preservar o seu casamento; os seus negócios eram de modo recorrente quase destruídos completamente, mas ficavam com recursos apenas suficientes para que ele pudesse continuar e começar a construí-los novamente. A combinação das tentativas de destruir com as de proteger suas realizações, parece resultar em uma crueldade prolongada em vez da total destruição e produz o que Joseph (1959) chamou de "equilíbrio particular entre destrutividade e amor", o que sustenta a compulsão à repetição.

Uma sensibilidade à vergonha e à humilhação expressava o constante sentimento de desprezo em meu paciente, levando-o a reverter a humilhação ao satirizar e ridicularizar os seus bons objetos, justamente quando tinha a chance de ser compreendido e aceito. Isso significava que emergir de um refúgio psíquico era particularmente difícil dado que isso o expunha a ver e ser visto, a invejar e ser invejado. A separatividade representava para ele poder enxergar seus objetos mais nitidamente e ser confrontado com a realidade deles – tanto os elementos bons que eram invejados quanto os ruins que eram temidos. Ao mesmo tempo isso permitia a ele ser visto, de modo mais claro e realístico, novamente com as suas qualidades boas e ruins expostas. A sua inveja era tão rapidamente excindida e negada que ele constantemente esperava e, muitas vezes, provocava um ataque destrutivo em suas boas qualidades.

Um melhor entendimento da natureza da inveja e das defesas construídas contra o reconhecimento dela, assim como a sua integração na personalidade podem nos ajudar a tolerar, compreender e conter tais compulsões à repetição quando elas aparecem em nossos pacientes. Ao observar os pacientes dessa maneira, a compulsão à repetição pode ser reconhecida como similar a toda resistência à mudança e vista como parte da dificuldade comum em se fazer análise. Devemos uma grande parte da nossa compreensão às descrições detalhadas de Klein, que colocou a inveja no mapa (Klein, 1991[1957]) e ampliou o entendimento da pulsão de morte e das defesas que são tipicamente construídas contra o surgimento da inveja.

10. Perversão romântica: o papel da inveja na criação de um universo atemporal

Heinz Weiß

Tradução de Beatriz Godoy e Carlos Godoy

Neste capítulo, descrevo algumas ideias de Melanie Klein sobre inveja, cisão e identificação projetiva patológica, ilustradas pelo caso de uma paciente de 57 anos que criou um universo romântico imutável para servir como defesa a experiências de inveja e separação. Nesse universo vivido na transferência, tudo parecia ser atemporal, idealizado e erotizado. Desejo mostrar como isso deu meios para um *refúgio psíquico* (Steiner, 1993) embasado em falsas concepções [*misconceptions*], particularmente quanto à realidade do tempo, e como um sistema poderoso de crença foi mobilizado para manter um estado de *irrealidade psíquica* (Britton, 1998). Essa situação frequentemente me fez sentir desamparado e paralisado, apresentando à análise consideráveis dificuldades técnicas.

As ideias de Klein e Rosenfeld sobre inveja, cisão patológica e identificação projetiva

Em "Inveja e gratidão", Klein define inveja como uma expressão de impulsos destrutivos que operam desde o começo da vida e representam o "fator muito poderoso no solapamento das raízes dos sentimentos de amor e gratidão" (Klein, 1991[1957], p. 207). Ela sublinha o papel da inveja na cisão patológica e na identificação projetiva e diferencia a cisão normal da patológica, esta última conduz à ideia de um objeto idealizado e um "extremamente mau". Klein escreve:

> Uma divisão tão profunda e nítida revela que os impulsos destrutivos, inveja e ansiedade persecutória, são muito intensos e que a idealização serve principalmente como defesa contra essas emoções. (1991[1957], p. 224)

Ela claramente liga a necessidade por idealização com o poder dos impulsos destrutivos e descreve como "o objeto idealizado é muito menos integrado no ego que o bom objeto" (p. 224). Quando a predominância da inveja impede a identificação com um objeto bom e total, a "identificação projetiva excessiva, pela qual as partes excindidas do *self* são projetadas para dentro do objeto", pode levar a uma "grande confusão entre *self* e objeto" (p. 224).

Mais tarde, em seu trabalho, descreve múltiplas defesas contra a inveja e examina suas manifestações na situação de transferência. Dentre essas defesas, menciona a retração e estados confusionais, assim como *a internalização voraz do objeto idealizado*, quando sua existência, independente e separada, não pode ser tolerada. Nesse caso, "possessividades poderosas e violentas" não só contrabalanceiam a inveja e a gratidão, mas podem rapidamente transformar o objeto invejado em um perseguidor destruído (p. 250).

Seguindo as ideias de Klein, Rosenfeld (1964) mostrou como a identificação projetiva intrusiva é frequentemente motivada pela inveja e pela intolerância à separatividade: enquanto o paciente pode ver a mente do analista como extensão do seu próprio *self* grandioso, ele não tem que enfrentar os problemas de inveja, ódio e dependência que surgem do reconhecimento de sua existência separada.

Rosenfeld também aponta que, por meio de mecanismos narcísicos e perversos, a destrutividade subjacente pode ser camuflada como um anseio por harmonia, por atemporalidade e paz infinita. Ele descreve este fenômeno como "fusões patológicas" entre as pulsões de vida e de morte (Rosenfeld, 1971) e mostrou como elas podem se ligar (fundir) para construir organizações patológicas da personalidade. Tais estados podem ser idealizados e erotizados com uma destrutividade silenciosa sendo direcionada tanto à percepção do objeto como à percepção do próprio *self* (Segal, 1993).

A *perversão romântica* e as falsas concepções da realidade psíquica

Tais falsas representações [*misrepresentations*] da realidade psíquica podem ser consideradas, elas mesmas, expressões da inveja patológica. Nesse sentido, Bion descreveu –K como uma atividade que está direcionada contra a aceitação da realidade e dominada por um "ódio a qualquer novo desenvolvimento da personalidade" (1962a, p. 98). De um modo semelhante, Money-Kyrle (1968) falou sobre as falsas concepções. Ele as entendia como uma operação contra o reconhecimento de "três fatos básicos da vida" que considerava predeterminados por fatores inatos: (1) o reconhecimento "do seio como um objeto bom supremo" do qual o bebê depende;

(2) reconhecimento "do intercurso parental como um ato criativo supremo" do qual o bebê é excluído; e, finalmente, (3) o reconhecimento "da inevitabilidade do tempo e da morte" (Money-Kyrle, 1971, p. 443).

Se esses "fatos da vida" não podem ser reconhecidos plenamente, argumentos perversos podem ser colocados em jogo para distorcê-los. Esse processo pode dar origem a falsas representações perversas, na qual a realidade é meio reconhecida e meio recusada. De acordo com Money-Kyrle, o terceiro fato básico da vida, o reconhecimento da inevitabilidade do tempo e, finalmente, da morte, diz respeito à inevitabilidade das limitações e das perdas que têm que ser encaradas. Se esse aspecto fundamental da realidade é apenas parcialmente aceito, isso pode dar origem a um mundo encantado de idealizações, no qual o mal é recusado, as boas coisas continuam para sempre e as frustrações não existem realmente. À vista disso, além da perversão narcísica e sexual, contendo falsas representações dos primeiro e segundo "fatos básicos da vida" de Money-Kyrle, Steiner (1993) fala de um terceiro grupo como sendo "as perversões românticas da realidade do tempo".

Impasses e problemas técnicos

Neste capítulo, ilustro como um sistema romântico quase delirante manifesta-se na transferência e, especialmente, como as interpretações do analista são silenciosamente transformadas e incorporadas no universo idealizado do paciente. No caso de minha paciente, que chamarei de sra. R., isso foi expresso por um forte anseio de amor, singularidade e infinito. Enquanto ela reconhecia conscientemente as limitações da análise, outra parte dela parecia minar esse conhecimento.

Em vez de enfrentar a realidade, essa paciente se valia emocionalmente de aspectos significantes do nosso encontro para formar um universo fantasioso caracterizado pela atemporalidade e por ausência de separação e conflito. Nesse mundo, não existia nem luto, nem culpa. Representava uma ilha romântica onde as diferenças entre o bom e o mau, anseio e dor, vida e morte, pareciam estar suspensas – como na fantasia da morte romanceada. Como Klein descreve, a obliteração dessas diferenças é frequentemente uma expressão de inveja maciça, mas também pode ser "usada defensivamente" (1991[1957], p. 216) a fim de mascarar as experiências invejosas. Em minha paciente, a destrutividade subjacente parecia óbvia no sentido de a realidade emocional ser negada, a crueldade era projetada e excindida, e uma pressão exercida sobre as outras pessoas para que correspondessem à exata imagem que a paciente tinha criado delas.

Quando essa pressão falhava, o mundo idealizado entrava em colapso e o objeto desejado se transformava num objeto cruel. Ela, então, se submetia a esse objeto cruel com o mesmo sofrimento viciante, assim como outrora havia se agarrado a uma ilusão romântica. Esses dois estados de mente partilhavam o mesmo modo pelo qual a separatividade era negada e como tanto o sofrimento quanto a gratificação se perpetuariam infinitamente. Em ambos os casos, inveja e destrutividade não eram mostradas abertamente, mas disfarçadas por uma ilusão de imortalidade, um anseio eterno ou um tormento sem fim. (Feldman, 2000). Ou, para dizer como Hegel (1812): elas se manifestavam em um "*schlechter Unendlichkeit*" [mau infinito].

O anseio da paciente por amor frequentemente me fazia sentir paralisado. Tal como o vírus de computador que tinha sido espalhado sob o nome "*I love you*", a voracidade, propriedade intrusiva desse "amor", parecia ser expressa de modo a prejudicar minha rede interna, obstruindo minha liberdade e minha capacidade de pensamento. Muitas vezes, eu me sentia preso a uma situação que parecia desesperançosa e desenhada para ser reencenada de tempos em tempos. Em outras ocasiões, contudo, pequenos movimentos podiam ser percebidos, a paciente permitia um maior contato com sentimentos de raiva, tristeza e desapontamento, antes de se refugiar em uma reação terapêutica negativa mais uma vez. Nas sessões seguintes, quero dar um parecer em relação a alguns movimentos e impasses que enfrentamos num estágio mais anterior de sua análise.

Material clínico: Sra. R

Sra. R, uma assistente social, tinha procurado psicoterapia após uma crise depressiva por volta dos seus 50 anos. Ela não podia lidar com a ideia de que seu marido que a havia deixado, e que agora vivia com uma nova parceira, tinha planos de se divorciar dela. Logo ficou claro que por muitos anos ela havia sofrido humilhações em seu casamento sem reclamar e havia guardado uma esperança de que um dia ele voltaria. Contudo, ao lado da versão de seu marido como um homem cruel que a humilhava, coexistia uma versão romântica do relacionamento, na qual certas lembranças e qualidades, como o som da voz dele, tinham grande importância. Foi assim que, cuidando de sua filha de 17 anos e respondendo às demandas da vida cotidiana, internamente ela retirou-se para um universo fantasioso caracterizado por sofrimento e anseios nunca satisfeitos.

O material biográfico revelou que sua situação refletia, em parte, o relacionamento com seu pai, um homem engajado em muitas atividades altruístas e com interesses estéticos, que demandava obediência e que costumava punir as crianças cruelmente com um chicote. A paciente era a caçula de cinco irmãos e falava dele com um misto de admiração e medo. Comparada a seu pai, sua mãe, por quem se sentia rejeitada, permanecia no cenário uma figura distante, ainda que dependente. Algumas de suas mais vívidas lembranças diziam respeito a um colégio interno religioso onde ela tinha que reprimir sua saudade de casa e era frequentemente humilhada na presença de outras crianças.

Todos esses detalhes davam a impressão de que a sra. R era governada por uma organização interna cruel que a forçava a idealizar o seu sofrimento para não se sentir abandonada. Isso também se refletia em outra lembrança de sua infância: ela se lembrava de um esconderijo na fazenda de seus pais, para onde costumava escapar quando temia uma punição ou rejeição. Lá, ela podia morder os seus braços e desejosamente lamber as suas feridas. Mais tarde percebemos que a situação analítica refletia exatamente um *refúgio psíquico* semelhante, em que ela poderia infligir a dor sobre si mesma e se deliciar em anseios nunca satisfeitos.

Evolução da análise

Quando a sra. R começou a terapia, ela tentou estabelecer uma organização defensiva, criando uma atmosfera romântica na qual eu era incorporado em sua vida fantasiosa. Vir às sessões implicava dirigir um longo percurso e ela costumava negar as dificuldades desse trajeto, em vez disso, descrevia as belezas da paisagem e as cores da estação. Ela se via com uma aparência muito mais jovem e falava com uma voz melódica, uma voz de menina, o que às vezes transformava-se em uma espécie de choro atormentado.

Contanto que eu aceitasse a imagem romântica que ela havia criado da minha pessoa, a terapia parecia representar um afortunado "enclave" (O'Shaughnessy, 1992), caracterizado pela ausência de desapontamento, raiva e conflito. Ela experienciava minha fala como uma "revelação da verdade" e, às vezes, até falava de "sessões açucaradas".

Se, de qualquer modo, sentisse que minhas interpretações minavam a imagem que ela tinha de mim, ela fazia com que eu sentisse ter feito alguma coisa imprópria, como se eu estivesse tentando zombar e me livrar dela. Então a atmosfera mudava, e ela se submetia a um objeto que a tratava de uma forma cruel. Nessas situações, ela evocava em mim um sentimento de culpa de ser sadicamente cruel com ela, à medida que considerava minha interpretação com um silvo sibilante e doloroso que parecia estar conectado com os espancamentos do pai. A maioria das vezes, no entanto, a atmosfera das sessões era romântica e atemporal, e para essa fantasia ser mantida, a natureza finita da análise tinha que ser negada. A paciente expressou, em várias ocasiões, o desejo de um dia morrer pacificamente no divã.

O problema da atemporalidade era o foco principal, e por longo período, pareceu ser o único tema do trabalho terapêutico. Frequentemente, senti que minhas interpretações eram ignoradas e realmente não a afetavam. Um dos mecanismos pelo qual ela fazia isso foi o isolamento de um elemento sensual – por exemplo, o som da minha voz – do conteúdo que eu dizia. Então, tudo o que eu dizia soava "como música".

No entanto, se ela escutasse o conteúdo que eu realmente dizia, a atmosfera mudava, e eu iria de novo ser ouvido "como essa terrível voz de um promotor", cheio de censura e acusações. Então nos encontrávamos em uma situação em que existia ou *amor sem palavras* ou *palavras sem amor,* com apenas um pequeno espaço para pensar e fazer um trabalho terapêutico construtivo. Havia certos indicadores que, no primeiro caso (amor sem palavras), a paciente estava relacionando-se com uma figura materna interna idealizada e, no segundo caso (palavras sem amor), ela estava se submetendo à cruel autoridade do pai, sem permitir que houvesse um relacionamento entre seus pais internos.

Esses problemas tornaram-se especialmente urgentes quando a paciente se sentiu confrontada com a realidade do tempo e da perda. Uma vez, antes de uma interrupção, ela me deu um livro interessante, ilustrando o naufrágio do *Titanic*. Pareceu como se ela estivesse experienciando a realidade da perda, como a colisão com um *iceberg*. No entanto, definitivamente não ficou muito claro se o Titanic representava alguma ideia de perda, porque a sra. R também parecia estar envolvida romanticamente em uma fantasia de morte compartilhada com Leonardo DiCaprio, o ator do filme.

Essas fantasias vinham à superfície quando a paciente se sentia confrontada com a cruel realidade, que frequentemente achava difícil de aguentar. Quando experienciava a separação – seja por meio de seus próprios pensamentos, uma interpretação ou o fim da sessão –, se retirava para uma imagem masoquista e romântica de morte no divã, sem separação ou perda. Retornando dessas sessões, ela ia, às vezes, ver o pôr do sol ou ouvir árias de Schubert ou Mozart, desfrutando de uma atmosfera de paz sem fim em que morrer era experienciado como um alívio e morte aparecia como um estado ansiosamente esperado.

Uma situação como essa se desenrolou quando nós nos aproximamos de outra interrupção, no segundo ano de sua análise. Mais uma vez, a paciente mencionou o quanto gostava das sessões, mas percebeu uma dobra na cobertura do divã e reagiu com ciúmes à ideia de que o divã não pertencia somente a ela. Ela, então, relatou em detalhes que sua filha achava difícil expressar seus sentimentos por um colega de escola. Para tentar ajudá-la, criou uma situação em que ambas simularam os movimentos com os quais a filha poderia tocar e acariciar o menino. Quando conectei isso ao seu medo da iminente interrupção, à sua relutância em mudar e à sua vontade de se apegar a um relacionamento comigo desejado e "simulado", ela começou a chorar, expressando seu medo de que eu iria descartá-la e interromper a análise precocemente.

Material de uma sessão

Na sessão seguinte, a penúltima antes de uma interrupção, a paciente menciona como se sentiu mal após a sessão do dia anterior: como um ganso que está sendo "entuchado" [*stuffed*]. Descreveu, então, detalhadamente, algumas lembranças da infância na fazenda de seus pais: como os gansos eram forçados a engolir comida enquanto mantinham suas bocas abertas, e quão terrivelmente eles gritavam. Enquanto a paciente dizia isso, começou a chorar.

Eu disse que ela parecia ter sentido que eu havia sido absolutamente cruel na última sessão.

Ela respondeu: "Sim, por recordar-me da interrupção, a relação com minha filha, e a relação que eu desejo manter com você... senti você zombando de mim". Passou a descrever como a sua filha havia voltado da escola sentindo-se bastante impotente com relação ao seu amor pelo colega de classe e terminou mencionando as aulas de violino de sua filha.

Interpretei que pensava que depois da sessão, ela tinha transformado sua ansiedade e dor relacionadas à interrupção em uma forma de relação em que o ódio e a crueldade foram experienciados como vindos de mim, pensando que eu a estava "entuchando" e zombando dela.

Ela não respondeu a isso, mas continuou a falar sobre uma reunião do grupo da Anistia Internacional que ela havia assistido no dia anterior, quando eles discutiam a tortura dos prisioneiros políticos da Líbia. Ainda que ela geralmente apoie o trabalho da Anistia Internacional, não gostou da maneira como alguns de seus amigos de esquerda haviam zombado do antigo chanceler alemão, Herr Kohl...

Ela então se desviou para outro tema ainda mais distante, dizendo que gostaria de me pedir conselhos, "embora saiba que você não gosta de me dar conselhos". Ela não conseguia decidir se mantinha e consertava o seu carro velho e danificado ou se comprava um mais novo, mais seguro, seguindo os conselhos de vários amigos. Ao trazer o tema do carro, ela estava aludindo a um acidente recente ocorrido no caminho de volta da sessão para casa em que outro motorista tinha danificado seu carro.

Eu tentei conectar isso com o material prévio, sugerindo que o tema da crueldade e culpa está implícito no protesto da Anistia Internacional contra a Tortura. Talvez, referindo-se a isso, ela queria pedir-me para dar-lhe uma anistia e não atormentá-la novamente mencionando a interrupção. Acrescentei que o carro devia ter algo a ver com o seu desejo de conseguir alguma distância dos aspectos difíceis do nosso relacionamento e seu desejo por segurança, como oposto à aceitação do dano (o carro velho) e à culpa. Ela continuou se queixando: "Eu sei, você me força a me tornar mais independente! Por que você não poderia me ajudar com cuidados e nunca mencionar a separação e a dor novamente?".

Respondi que, olhando os problemas desse modo, ela podia manter uma postura passiva e, consequentemente, experimentar o desejo por independência e lidar com os aspectos difíceis da realidade como algo que eu forçava nela.

Estávamos chegando ao final da sessão quando ela retornou ao problema com sua filha que tocava violino na orquestra da escola. A paciente mencionou uma visita a um fabricante de violino, o sr. S, pois queria comprar uma corda para o violino de sua filha. Ela disse que sabia que o sr. S era um homem desagradável e esperava que ele a rejeitasse. Mas então ele lhe perguntara: "Você tem algo contra mim? Você olhou para mim da última vez de um modo estranho!". Ela respondeu: "Não, absolutamente". E então, inesperadamente, ele mostrou-lhe o instrumento em que estava trabalhando. Ela acompanhou as suas explanações e percebeu o fundo macio de madeira de pinho do violino. Parecia veludo. Ela sentiu, que se não tivesse precisado sair, poderia ter escutado as suas explanações interminavelmente.

Eu disse que considerava haver novamente uma mudança de um relacionamento cruel, rejeitado para uma superfície macia e aveludada que prosseguisse interminavelmente – talvez uma expressão de seu desejo de que ao término da sessão, lhe fosse oferecido, por mim, como pelo sr. S, um relacionamento suave sem fim, em vez de uma realidade dura.

Esse foi o fim da sessão. A paciente levantou-se do divã respirando profundamente. Ela parecia mais pensativa quando deixou a sessão. Na sessão seguinte, última sessão antes da interrupção, ela estava mais capaz de permitir um maior contato com os sentimentos de luto e frustração quando falou de um modo menos autoacusatório: "Agora eu vejo quão difícil isso é. Eu sei, sou um obstáculo para mim mesma".

Discussão

Um aspecto característico dessa sessão era a repetida mudança entre uma atmosfera atemporal idealizada e um estado de mente caracterizado por passividade e sofrimento. Ambos os estados de mente pareciam ignorar qualquer experiência de separação puxando-me para um mundo de fantasia onde a paciente experimentava minhas interpretações como carícias, como o relacionamento "simulado" com sua filha ou como punições, como o "entuchamento" dos gansos na fazenda dos pais. Consequentemente, o que quer que eu dissesse, significaria ou ternura ou crueldade, pelas quais eu era responsável.

Porque a paciente não me permitia existir separadamente, meus comentários não podiam realmente alcançá-la. Esse problema parecia ser expresso mais claramente em seu desejo de aconselhamento sobre seu carro danificado, embora ela tenha dito que *já* sabia que eu não daria uma opinião direta. Se assim tivesse feito, isso significaria um presente muito aguardado. Se, entretanto, eu recusasse como ela esperava, significaria uma nova prova da minha crueldade e confirmação de suas expectativas de ter sido deixada sozinha com os seus problemas.

Quando tentei agir diferente dessas duas maneiras, interpretando a sua demanda simbolicamente, isso foi experienciado como uma pressão para ela se tornar mais independente de mim. Por isso, ela não podia realmente me ver como alguém que pudesse ajudá-la a lidar com a interrupção iminente. Em vez de considerar seu sentimento de estar sozinha e esvaziada, sentia meus pensamentos como "enchimento" contínuo atormentando-a: uma falsa representação que substituía sua necessidade por uma fantasia de ser invadida cruelmente por mim. Se, como era mais provável, experimentava essa iminente interrupção como um tipo de tortura, uma parte dela me odiava por isso, mas outra parte parecia também estar tentando proteger-me do seu ódio como tinha tentado proteger o ex-chanceler alemão. Ela esperava escapar de todos esses conflitos retirando-se para dentro de um relacionamento irreal, simulado, no qual ela não podia ser ela mesma nem eu podia funcionar como seu analista.

Mesmo assim, a paciente também me ajudou a compreender as dificuldades em nosso relacionamento quando mencionou sua visita ao fabricante de violino. De novo houve uma rápida mudança entre idealização e o sentimento de rejeição. Contudo, esse homem também tinha lhe perguntado: "Você tem alguma coisa contra mim?". Ao mencionar a pergunta dele, a paciente pareceu reconhecer que havia um grau de raiva e desapontamento dentro dela, sentimento que, em outra circunstância, ela repudiaria e projetaria isso para dentro de mim. Ela, então, terminou a sessão de um modo mais pensativo. Na sessão seguinte, observou tristemente quão difícil foi e que sentia que, algumas vezes, ela era um obstáculo para si mesma.

Ilustrarei algumas dessas dificuldades usando o material das primeiras sessões após a interrupção.

Material da primeira sessão após a interrupção

A paciente veio para a sessão dizendo que estava com medo disso. Em um tom um pouco amargo, mencionou que vinha tendo dias tristes, mas esperava que eu tivesse tido bons dias com a minha família. Acrescentou que tinha imaginado ser minha filha: "Em minha fantasia, invadi sua família, enquanto estava triste e cheia de ódio do meu pai".

Depois de uma breve pausa, a sra. R mencionou um sonho da noite anterior, acrescentando que esperava que eu não me aborrecesse com ele. O sonho foi o seguinte:

Ela era uma criança defecando interminavelmente e ficou ansiosa para cagar tudo o que havia dentro dela. Então viu o enorme pedaço de merda e enquanto olhava aquilo, viu que ele se transformava primeiro em um pênis, depois numa víbora e ficou com medo daquilo...

Depois que a sra. R relatou seu sonho, a atmosfera da sessão mudou. Havia um sentimento de ansiedade e excitação e me senti capturado pelo imaginário do sonho, meus próprios sentimentos alternando entre o interesse e a repugnância. Ela não fez muitas associações a esse sonho a não ser o medo da minha aversão.

Sugeri que a defecação no sonho devia representar uma tentativa de se livrar do seu sentimento de ódio e esvaziamento durante a interrupção, quando ela se sentiu como uma criança. Mas esses sentimentos primeiramente se transformaram em algo excitante e depois ameaçador e ela esperava que eu ficasse ou aborrecido ou excitado. Desse modo, os sentimentos tristes foram transformados em aborrecimento, tal como um pênis excitado ou uma víbora perigosa a atacá-la...

Quando terminei, ela suspirou e disse que era o dia do seu aniversário...

Inicialmente, senti raiva e interpretei que estivesse querendo que eu fizesse algo com seu sonho-excremento, ficando ou enojado ou excitado, ela podia tratar o sonho como um problema meu exatamente como tinha tentado fazer com o problema do carro antes da interrupção.

Quanto a isso, ela não disse nada. Senti ter ido longe demais e terminado por reprová-la e atacá-la. Depois de um longo e opressivo silêncio, que me fez sentir culpado, ela disse que agora podia sentir "uma parede de separação entre nós", ao passo que esperava conseguir falar "infinitamente" nesta primeira sessão.

Quando me recuperei um pouco, tentei lembrá-la de que, no sonho, a defecação continuava infinitamente.

Ela disse que tinha ficado em dúvida se devia ou não contar o sonho porque sabia que eu iria dar uma palestra à tarde. Imaginou que eu poderia ficar tão aborrecido que não seria capaz de fazê-lo.

Assinalei quão concretamente ela parecia equacionar o relato com a defecação no sonho e seu medo com o modo como eu poderia reagir.

O fim da sessão estava próximo. Com um humor mais triste, mencionou o desapontamento da sua filha quando finalmente conheceu seu colega de classe. A filha encontrou-o falando a respeito dos colegas dele de uma maneira muito desagradável e disse: "Eu estou cheia desses sentimentos, e estou muito desapontada com ele!".

Discussão

No começo da sessão, a paciente pareceu estar em contato com os seus sentimentos de tristeza e desapontamento durante a interrupção, permitindo que recordasse os seus ressentimentos em relação a seu pai e sua fantasia de intrusão em minha família. Penso que isso também inclui o sentimento de aceitação da inveja, o qual não era apenas destinado a roubar a bondade do objeto, mas também direcionado contra as minhas relações com minha família. Com o relato do sonho, contudo, a atmosfera da sessão mudou, e, como se fosse um anúncio de um *enactment* retardado, a paciente falou de seu medo de que eu pudesse ficar enojado (Feldman, 1998; Segal, 1991, p. 64 ff; Weiβ, 2002). No sonho, os sentimentos dolorosos durante a interrupção pareceram ter se transformado em fezes, destinados a serem evacuados e a produzir uma reação tanto de repugnância como de excitação.

Isso foi reeditado em minha subsequente interpretação. Quando a paciente respondeu com um suspiro mencionando que era seu aniversário, ela mostrou que minha interpretação tinha sido um terrível presente. Eu senti raiva e me confrontei com ela, como se eu precisasse me manter afastado, empurrando a responsabilidade pelo sentido do sonho de volta para dentro dela. Talvez, em um nível concreto, ela tenha experimentado isto como a transformação de um pênis excitado em um ataque de víbora.

No silêncio seguinte, senti que havia ido longe demais. Quando a paciente falou num tom de reprovação sobre a "parede que nos separava", ela parecia confirmar meus sentimentos de culpa, mas talvez também realizasse um sentimento de separatividade. Então mencionou sua esperança de poder falar indefinidamente na primeira sessão depois da interrupção. Isso me ajudou a ver o *enactment* subliminar e a interpretar a equação entre a fala e a defecação no sonho. Isso se tornou óbvio quando ela falou do seu medo de que eu não seria capaz de dar a minha palestra naquela tarde, o que parecia incluir a ideia de invejosamente me atacar e de me envenenar. Ao final da sessão, ela parecia se olhar um pouco mais separada quando mencionou o desapontamento de sua filha com o colega de classe. A filha culpou-o pelo mau comportamento, pelo modo como havia falado sobre seus colegas de classe de modo desagradável.

Evolução da análise

Apesar do impasse criado, nas sessões seguintes a paciente parecia mais capaz de reconhecer sentimentos ambivalentes e de tolerar um sentimento de separatividade. Isso foi ilustrado por uma série de sonhos que dizia respeito às minhas relações com outras pessoas e ao relacionamento entre os pais dela. A emergência dessas imagens permitiu-lhe reconhecer o relacionamento entre seus pais, acompanhado por intensos sentimentos de inveja, ciúmes e culpa. Nesses momentos, parecia haver mais espaço para interpretações que não eram experimentadas nem como carícias, nem como crueldade. Foram esses momentos de pensamento simbólico que me fizeram ter esperança de que a paciente pudesse, pelo menos temporariamente, emergir de seu universo atemporal para encarar a realidade e permitir que pequenos passos de desenvolvimento ocorressem.

Outras vezes, entretanto, especialmente quando sentimentos dolorosos de inveja e de culpa pareciam insuportáveis, ela regredia, outra vez, para dentro de seu universo romântico atemporal. Minhas interpretações eram então vistas ou como doces desejados, que não pudessem ser abandonados ou, alternativamente, experienciadas como punições as quais se submetia com sofrimento apaixonado. Doçura e amargura, no entanto, não eram diferentes: nas duas experiências a paciente parecia evitar a separatividade.

A pressão para reencenar essas situações de maneiras diferentes provou ser um desafio recorrente nessa análise. Eu sentia culpa ou porque tinha sido cruel ou porque me permitia ser seduzido pela música de sua idealização romântica. O problema foi como me libertar e resistir a ser puxado para muito longe, em qualquer uma dessas duas direções. Às vezes sentia como se não houvesse saída e o que quer que eu dissesse, acabaríamos em uma situação de impasse na qual a crueldade era óbvia.

Numa ocasião, ela mencionou um livro sobre Prometeu, descrevendo detalhadamente o cruel castigo que sofreu com a águia divina. Nesse momento, ela experimentou minhas interpretações como atormentando-a e destruindo-a em pedaços. Também apontou que no final, Prometeu – que triunfou sobre Zeus por sua imortalidade e infinitude de seu sofrimento – foi fundido à rocha na qual estava acorrentado. Isso refletiu uma versão masoquista de sua atemporalidade quando comparada à situação anterior, na qual a imaginação romântica proveu ilusões intermináveis, singulares e infinitas. Ambas as versões eram na realidade muito destrutivas e pareciam conter experiências invejosas que eram ambas, excindidas ou projetadas. Enquanto na ilusão romântica a separação é negada e a inveja é tratada com idealização, no cenário masoquista, os impulsos sádicos e culpa, conectados à inveja, são projetados em um objeto vingativo. Às vezes, como no mito de

Prometeu, isso pode tomar a forma de instigar inveja nos outros (Klein, 1991[1957], p. 258).

Conclusão

O mito de Prometeu ilustra como a fantasia de uma "introjeção destrutiva" (Klein, 1991[1957], p. 212) voraz pode levar a um medo de um objeto retaliador. Prometeu foi punido por enganar Zeus e por roubá-lo – primeiro a boa comida, e, depois, o fogo. No imáginário de sua punição vitalícia, crueldade e culpa são projetadas, e uma perversa gratificação é alcançada pelo sofrimento sem fim. Com as revelações do aprofundamento da análise, minha paciente foi capaz de reconciliar esse cenário masoquista com sua versão romântica de atemporalidade, argumentando que se ela sofresse por muito tempo, *iria* um dia, ser redimida pelo amor de seu analista.

Esse argumento parecia fazer parte de um sistema de crença complexo, no qual a realidade havia sido suspensa e uma perversa esperança fora agarrada a fim de obstruir o desenvolvimento psíquico. Por causa da sua impregnação com a inveja, essa forma de "amor" pode ser entendida como uma organização patológica que opera com base em –L (Bion, 1962a).

À medida que a atmosfera da sessão era dominada por um anseio de unicidade e de infinitude, minhas interpretações não conseguiam realmente alcançar a paciente. Ela podia evitar isso isolando os elementos estéticos e sensuais das minhas palavras, do conteúdo do que eu dizia. Devido a essa transformação romântica, elementos centrais de sua experiência subjetiva eram continuamente sequestrados em uma esfera sem fim, com isso produzindo uma *"irrealidade psíquica"*. Nesse estado de mente, a realidade era apenas parcialmente aceita e a inveja era eliminada ao criar a "*perversão romântica da realidade do tempo*".

Toda vez que a paciente era confrontada com a realidade da perda, via-se como a vítima de uma situação cruel pela qual eu era o responsável. O infinito romântico iria, então, se transformar no sofrimento sem fim, o qual também a protegia da consciência da separatividade. Ambos os cenários eram erotizados, estáticos e atemporais. Ligados em diferentes formas e baseados em falsas concepções da realidade do tempo, permitiam somente um desejo interminável ou um sofrimento eterno. No primeiro caso, a paciente experienciou minhas interpretações *como amor sem palavras* e, no segundo, *como palavras sem amor*, sem permitir que emoções e significados se unissem.

Nos breves momentos em que foi possível a ela abrir mão da sua cisão e reconhecer a realidade da situação edípica, ela se sentiu exposta a sentimentos dolorosos de ódio, luto e culpa. Entretanto, quando esses sentimentos se tornavam insuportáveis, ela regredia uma vez mais, para uma das duas variáveis de sua organização defensiva, para a qual eu era então recrutado.

Somente quando esses movimentos poderiam gradualmente ser identificados que minha paciente sentia maior possibilidade de emergir de seu *refúgio psíquico*. Quando permitia o contato com os difíceis aspectos da realidade, isso a encorajava a resistir e a sentir menos viciada em uma organização patológica que era baseada ou em uma romântica, ou em uma masoquista falsa representação da realidade do tempo.

11. A inveja e a reação terapêutica negativa

Michael Feldman

Tradução de Antonio Marcos Aleixo

Numa passagem bem conhecida, Freud escreve:

> Há certas pessoas que se comportam de maneira muito peculiar durante o trabalho de análise. Quando se lhes fala esperançosamente ou se expressa satisfação pelo progresso do tratamento, elas mostram sinais de descontentamento e seu estado invariavelmente se torna pior. Começamos por encarar isso como um desafio e uma tentativa de provar a sua superioridade ao médico, mas, posteriormente, assumimos um ponto de vista mais profundo e mais justo... Exibem o que é conhecido como "reação terapêutica negativa". (Freud, 1923b, pp. 49-50; Freud, 1996, p. 62)[1]

---

1 Freud, S. O Ego e o Id. (1996). In Freud, S. *O Ego e o Id e outros trabalhos (1923-1925)*. Rio de Janeiro: Imago.

Freud defendia que, nesses casos, estávamos lidando com um sentimento de culpa inconsciente, "que está encontrando sua satisfação na doença e se recusa a abandonar a punição do sofrimento" (p. 50).[2]

Na continuação, em uma passagem interessante, Freud se refere à situação na qual o sentimento de culpa é o produto de uma identificação com alguém que em algum momento foi o objeto de uma catexia erótica. "Um sentimento de culpa que foi dessa maneira adotado frequentemente constitui o único traço remanescente da relação amorosa abandonada e de modo algum é fácil reconhecer como tal"[3] (Freud, 1923b, p. 50). (A semelhança entre esse processo e o que acontece na melancolia é inequívoca.) Freud se refere nesse ponto àquilo que hoje chamaríamos de culpa em relação a um objeto interno danificado.

Enquanto, na terminologia freudiana, é o *sentimento de culpa inconsciente* "que está encontrando sua satisfação na doença e se recusa a abandonar a punição do sofrimento", no material clínico que forneço neste capítulo, pode-se ver, até que ponto, é o *paciente* que está "encontrando satisfação na doença" e se agarrando a uma relação de objeto que implica na *punição pela via do sofrimento*. O que estou sugerindo é que, no paciente que descrevo, a dor evocada pela experiência (inconsciente) da inveja suscita uma relação espoliativa e atormentadora com seu objeto, o que se manifesta como uma forma de reação terapêutica negativa.

Joan Riviere, em seu ensaio de 1936, elabora o que Freud chama de "a visão mais profunda e mais justa", segundo a qual é preciso entender a reação terapêutica negativa do paciente como o sofrer por um sentimento de culpa inconsciente. "A suposição comum é que mesmo quando o analista entendeu e interpretou

---

2 *Idem, ibidem*, p. 62.
3 *Idem, ibidem*, p. 63, nota de rodapé.

completamente o material, o superego de certos pacientes é forte o suficiente para derrotar os efeitos da análise" (Riviere, 1936, p. 305). Ela sugere que "O superego do... neurótico... sempre foi aplacado pelos sofrimentos decorrentes do sentimento de culpa, e por seus sintomas, que são uma verdadeira causa de inferioridade e humilhação para ele...". Entretanto, naquilo que ela chama de "casos de perturbação de caráter", o superego nunca poderia ser aplacado desse jeito (Riviere, 1936, p. 305).

Ela sugere que, nesses casos, o paciente tem de se defender da realidade psíquica, em que todos os seus objetos amados e odiados – agora experienciados dentro dele – são sentidos como catastroficamente danificados.

> *Todo o dano que ele causou a eles, em pensamento ou ação, surgiu de seu "egoísmo", de sua excessiva voracidade e inveja deles, de sua insuficiente generosidade e disposição para permitir que eles tivessem acesso ao que tinham... de não tê-los de fato amado o suficiente.*
> *(Riviere, 1936, p. 315)*

Ela salienta que, inconscientemente, o objetivo primordial do paciente é reparar o dano pelo qual ele se sente responsável.

> *Nossa oferta de análise para fazer... [o paciente] ficar bem e feliz é, no inconsciente, uma sedução direta, ... uma traição; significa, para ele, uma oferta para ajudá-lo a abandonar a tarefa de curar primeiro as outras pessoas antes de tudo, conspirar com ele de modo a priorizá-lo outra vez, tratar seus objetos amados como inimigos, negligenciando-os, ou até mesmo derrotan-*

> *do-os ou destruindo-os, em vez de ajudá-los. (Riviere, 1936, p. 316)*

Entretanto, como Riviere aponta, o desejo do paciente de tornar seus objetos melhores, e assim ficar, ele próprio, bem e bom, é impossível, tanto interna quanto externamente, "pois seu sadismo ainda está fora de controle". Em seu mundo interno, as pessoas amadas a quem ele inconscientemente almeja fazer ficar bem e feliz "são também... os objetos de todo o seu ódio, revanchismo e impulsos assassinos!" (Riviere, 1936, p. 318).

Confrontado com o desespero concernente a tal situação interna e com as dúvidas a respeito de suas capacidades reparadoras (especialmente em vista da força de seu sadismo), o paciente convoca um sistema organizado de defesa que lhe é característico. Nesse sistema defensivo, que é a reação maníaca que Klein e Deutsch também descreveram, o traço fundamental é a onipotência e a *recusa onipotente da realidade psíquica*.

> *A* recusa *está associada especialmente às relações objetais do ego e sua dependência de seus objetos; em consequência disso, o* desprezo *e a* depreciação do valor *dos seus objetos são características marcantes, junto com tentativas desordenadas e tirânicas de* controle e domínio *de seus objetos. (Riviere, 1936, p. 308)*

A inacessibilidade dos pacientes

> *é uma forma de* recusa; *implicitamente, eles negam o valor de tudo o que dizemos. Eles literalmente não permitem que façamos qualquer coisa com eles e, no*

sentido de cooperar, não fazem nada conosco. Eles controlam a análise, quer o façam abertamente ou não... Tais pacientes frequentemente conseguem exercer uma grande medida de controle real sobre o analista; podem chegar a fazê-lo mesmo quando estamos perfeitamente cientes disso. (p. 309)

Assim, embora Riviere pareça enfatizar o aspecto defensivo de tal organização, ela nos fornece uma vívida descrição de uma relação de objeto continuamente caracterizada por inveja, recusa da dependência, desprezo e controle tirânico.

O importante artigo de Karen Horney, publicado no mesmo ano (1936) que o de Riviere, enfoca mais diretamente "as afrontas [do paciente] e... suas tentativas de provar sua superioridade ao médico", ou seja, enfoca os elementos hostis, invejosos e competitivos, na sua explicação das reações terapêuticas negativas. Ela fornece um exemplo clínico: um advogado com inibições sutis e abrangentes, em quase todas as situações da vida, "não chegava a sonhar com metas ambiciosas", nem a dar qualquer passo na direção de atingir objetivos proporcionais a suas habilidades. Quando a analista aventou a possibilidade de que na verdade ele fosse intensamente ambicioso, "ele recordou *flashes* de fantasias nas quais ele reformava o sistema jurídico do mundo inteiro". Horney escreve: "Ele deve ter sentido alívio por um breve instante, mas logo engatou a marcha à ré, dizendo para si mesmo 'Não pense que você se sente melhor depois disso!' Então, passou a apresentar um aumento generalizado de seus sintomas" (Horney, 1936, p. 28). O que é impressionante – e incomum – nesse material é a maneira como Horney enfoca a reação terapêutica negativa, *conforme ela ocorre dentro da sessão.*

Horney argumentava que o movimento na direção da recuperação e do sucesso evocava desesperança e desespero porque, para o paciente, "o sucesso equivale a esmagar os outros e a triunfar, maliciosamente, sobre os adversários esmagados, um tipo de atitude que necessariamente leva a um medo de retaliação composto de dois elementos: medo do sucesso e medo do fracasso". O mecanismo utilizado para afastar esse perigo pode ser formulado assim: "É melhor que eu fique imperceptível num canto, ou continue doente e inibido" (Horney, 1936, p. 37).

Horney observou que Freud também acreditava que o medo do sucesso era a fonte primordial da reação terapêutica negativa. Não obstante, enquanto ele enfatizava o sentimento de culpa inconsciente, o foco de Horney era a angústia, especialmente a angústia resultante dos ataques de rivalidade e inveja do paciente a seu objeto. Ela reconhecia que essa angústia e a culpa inconsciente são estreitamente relacionadas, embora predomine, às vezes uma, às vezes a outra.

Horney era menos pessimista do que Freud no que se refere às possibilidades terapêuticas com pacientes que apresentam uma reação terapêutica negativa, e levanta alguns pontos interessantes e importantes, ainda atuais, no que tange à técnica com tais pacientes. Ela aponta que

> *Para lidar, adequadamente, com a reação terapêutica negativa, primeiro é necessário reconhecê-la como tal. Isso não é difícil nos casos em que ela se manifesta sob formas bastante dramáticas, como as descritas por Freud...*

mas

um analista inexperiente pode ficar inseguro e desencorajado, quando não reconhece de forma diferenciada que é exatamente esse o efeito que o paciente tenciona produzir nele. As mesmas forças, na mesma combinação, podem, contudo, operar de maneira insidiosa, habilmente disfarçadas de pseudocooperação, ou por detrás do reconhecimento e da admiração pelo analista, incluindo aí chamar a atenção para algum progresso superficial alcançado. (Horney, 1936, p. 43)

Os princípios técnicos que ela recomenda implicam, em primeiro lugar, na observação e na revelação cuidadosa das reações emocionais do paciente ao analista – e, como podemos hoje acrescentar, do analista ao paciente. Ela segue duas regras ao analisar pacientes que demonstram uma reação terapêutica negativa: em primeiro lugar, escolhe trabalhar diretamente somente com aquelas partes do material do paciente que se relacionam com a reação ao analista; em segundo lugar, ela se abstém de fazer quaisquer construções do passado. Ela argumenta que as atitudes de um paciente adulto não são baseadas diretamente em acontecimentos da infância – acontecimentos passados são modificados e mediados pelos eventos que ocorreram entre o passado e o presente.

Assim, como aponta Spillius (2007a), em sua valiosa discussão do artigo de Horney: "sua visão geral é... que a reação terapêutica negativa implica um ataque hostil à análise e ao analista" (p. 65), e ela concorda com a visão inicial de Freud, qual seja: que a reação terapêutica negativa ocorre por causa das "afrontas [do paciente] e... suas tentativas de provar sua superioridade ao médico".

Enquanto Riviere e Horney mencionam a inveja do paciente como mais um fator na reação terapêutica negativa, Klein (1991[1957]) empreendeu uma exploração muito mais profunda e intensa do papel central da inveja, e das defesas contra ela, em relação à reação terapêutica negativa. A inveja interfere no desenvolvimento de um senso claro do que é bom e do que é mau.

Da asserção de que a inveja estraga o objeto bom primário e dá ímpeto adicional

> *aos ataques sádicos ao seio, surgem outras conclusões. O seio assim atacado perde seu valor, torna-se mau por ter sido mordido e envenenado... A inveja excessiva aumenta a intensidade desses ataques e a sua duração, tornando assim mais difícil ao bebê a recuperação do objeto bom perdido. (Klein, 1991[1957], p. 218)*

Eis como ela ilustra o argumento:

> *o analista acabou de dar uma interpretação que trouxe alívio ao paciente e que produziu uma mudança no estado de ânimo, de desespero para esperança e confiança. Com certos pacientes, ou com o mesmo paciente em outros momentos, essa interpretação proveitosa pode logo tornar-se alvo de uma crítica destrutiva. Ela, então, não é mais sentida como algo bom que ele tenha recebido e vivenciado como enriquecimento... O paciente invejoso reluta em atribuir sucesso ao trabalho do analista. (Klein, 1991[1957], p. 215)*

Em seguida, Klein afirma que, se a ajuda do analista tiver sido estragada e desvalorizada em consequência de crítica invejosa, o paciente não conseguirá aceitar, nem assimilar, as interpretações do analista com convicção, porque é característico *da inveja despojar o objeto daquilo que este possui, e estragá-lo. (Klein, 1991[1957], p. 218, grifo meu)*

A inveja excessiva, uma expressão dos impulsos destrutivos, interfere na cisão fundamental entre o seio bom e o seio mau, e a estruturação de um objeto bom não pode ser suficientemente alcançada. (Klein, 1991 [1957], p. 223)

Posteriormente, Klein escreve,

Só depois de um trabalho longo e laborioso é que se torna possível capacitar o paciente a fazer face à inveja primária e ao ódio ... suas [da inveja] implicações mais profundas e arcaicas, vivenciadas na situação transferencial, são extremamente dolorosas e, por isso, difíceis de serem aceitas pelo paciente. (Klein, 1924, pp. 253-254)

Sugiro que a inveja não é a *expressão* de impulsos destrutivos, mas sim que a inveja *evoca* impulsos destrutivos. Acredito que, nesse ponto, Klein está misturando dois assuntos: ela descreve vivamente a dolorosa e indesejada experiência consciente e inconsciente da inveja, assim como aquilo que a origina. Entretanto, não é a *inveja em si* que "implica" no estragar e despojar. Em vez disso, parece-me que uma das consequências do despertar da inveja é a *mobilização* de impulsos sádicos, de uma necessidade de despojar, de envenenar, e de estragar e triunfar, com a gratificação e a excitação associadas a isso.

Acredito que são tais respostas evocadas pela inveja que constituem uma "manifestação da pulsão de morte". Ao tentar formular a conexão observada clinicamente, Klein sugere que "o espoliar e o desvalorizar são inerentes à inveja"[4] (p. 217). Eu argumentaria que, embora o prazer e a gratificação presentes nessas reações destrutivas e danosas, assim como a desvalorização e o enfraquecimento da bondade do objeto, certamente, em parte ou na totalidade, defendam contra a experiência da inveja, eles não são *em si* a expressão da inveja, nem são "inerentes" à inveja.

Em seguida, Klein descreve o que ela acredita ser a projeção da inveja da criança e sua reintrojeção na forma daquilo que ela chama de "superego invejoso", interferindo em tentativas de reparação. Se o indivíduo sente que seus impulsos invejosos e destrutivos estragaram o objeto bom, isso leva não apenas a sentimentos de perseguição, mas também a sentimentos de culpa e à necessidade de punição, "que encontra satisfação pelo incremento da desvalorização do eu",[5] de modo que se instaura um círculo vicioso (p. 231). "Quanto mais intensamente os impulsos invejosos e destrutivos forem expelidos, mais perigosos o paciente os sente ser, quando deles se torna consciente".[6] Klein sugere que o analista deveria auxiliar o paciente a caminhar gradualmente na direção de uma dolorosa conscientização de suas cisões internas.

as partes destrutivas são repetidamente expelidas e recuperadas, até dar-se uma integração maior. Em resultado, o sentimento de responsabilidade se torna mais forte e a culpa e a depressão são mais plenamente experimentadas. Quando isto acontece, o ego se fortalece, a onipotência dos impulsos destrutivos é diminuída, jun-

---

4 *Idem, ibidem,* p. 102.
5 Klein, M. *op. cit.,* p. 128.
6 *Idem, ibidem,* p. 117.

tamente com a inveja, e a capacidade de amor e gratidão, ... é liberada. Dessa maneira, os aspectos expelidos gradualmente se tornam mais aceitáveis e o paciente fica cada vez mais capacitado a reprimir os impulsos destrutivos em relação aos objetos amados, ao invés de dividir o eu. Isto implica que a projeção no analista, que o transforma numa figura perigosa e retaliante, também diminui, e que o analista, por sua vez, acha mais fácil ajudar o paciente, no sentido de uma maior integração, o que equivale a dizer que a reação terapêutica negativa perde a força. (Klein, 1991[1957], p. 257)

Como Spillius (2007a) apontou, Rosenfeld acreditava que a reação terapêutica negativa, essencialmente, estava associada a uma disputa entre o analista e uma parte louca e narcisista do paciente pela aliança e a lealdade da parte infantil e dependente do paciente. É após uma sessão na qual houve um contato emocional bem-sucedido entre o analista e a parte dependente do paciente que a ocorrência da reação terapêutica negativa é mais provável:

> *Essa reação terapêutica negativa é devida a um contra-ataque poderoso da parte onipotente narcisista, e frequentemente megalomaníaca, do paciente, que havia se sentido desalojada pelo progresso da análise e que agora reafirma seu poder, atacando e subjugando a parte infantil dependente, de modo a reestabelecer o status quo e a recuperar o controle do ego. (Rosenfeld, 1975, p. 223)*

Na sua própria discussão de "Tipos de experiência invejosa" ["Varieties of Envious Experience"], Spillius (1993) fornece uma apreciação cuidadosa da questão relativa à dimensão em que a inveja pode ser parte da experiência consciente do paciente. Ela sublinha que, enquanto Klein, de modo geral, estava preocupada com reações invejosas inconscientes, outros autores – incluindo a própria Spillius – descrevem variedades mais ou menos conscientes das experiências de inveja.

Na próxima seção do presente capítulo, proponho-me a rastrear reações terapêuticas negativas conforme elas ocorrem no diálogo analítico. O material clínico com o qual fui confrontado me levou à hipótese de trabalho (que acredito ser consistente com o uso que Klein faz do conceito) de que eu estava lidando com as consequências da experiência *inconsciente* da inveja.

Utilizo material recolhido em uma sessão com um jovem para ilustrar os problemas teóricos aos quais me referi até aqui. Acredito que esse material permite inferir conexões entre a dor associada à inveja do paciente, as defesas excitadas e triunfantes que foram mobilizadas, e suas consequências destrutivas para a relação dele como seus objetos, incluindo com o analista. Também foi possível acompanhar a preocupação do paciente com objetos que considerava frágeis e danificados, a culpa consciente e inconsciente evocada por essa situação, e sua consequente identificação com tais objetos danificados, enquanto uma defesa contra essa culpa. Sugiro que essas interações podem ser observadas no processo de uma sessão singular, e que elas constituem a dinâmica central da reação terapêutica negativa tal como eu a observo nesse paciente.

O paciente está em análise há dezoito meses. Recentemente, ele se graduou numa instituição prestigiosa, onde era tido como alguém que possuía bastante talento, mas, repetidamente, desapontava e frustrava seus professores, e somente se virava para não ser reprovado no curso.

O histórico do paciente

O pai do sr. O, um homem inteligente e capacitado, que, no entanto, nunca alcançou realização pessoal na carreira ou no casamento, havia desenvolvido uma doença neurológica progressiva, alguns anos antes da análise, e morrera depois de um intervalo relativamente curto. O sr. O descrevia sua mãe como "boa" com crianças muito pequenas, mas fora isso uma pessoa inadequada. Tem um irmão e uma irmã bem mais velhos, e até a época de começar a ir para a escola, sua mãe e ele haviam sido muito próximos. Ao longo de seus estudos universitários, o sr. O teve de encarar uma série de perdas e desapontamentos, tornando-se manifestamente deprimido, incapaz de trabalhar, sentindo-se desesperançado e gravemente suicida.

Ele tem pavor de ser reconduzido a cuidar de sua mãe, que apresenta sobrepeso e falta de iniciativa. Ele se incomoda com quaisquer sinais, como seu peso ou sua falta de conquistas, que o associem a sua mãe. Outras vezes, o sr. O se dá conta de estar abraçando a atitude crítica e desdenhosa de seu pai (especialmente em relação a sua mãe), o que lhe causa desconforto. Ele se vê imaturo e dependente dos outros, apesar de poder ser aquela pessoa que "anima a festa". Seus amigos e professores, encantados e impressionados com ele, tentam ajudá-lo, mas invariavelmente acabam frustrados e perplexos com o fracasso de seus esforços.

Repetidamente, o sr. O se atrasa às sessões, especialmente quando a anterior lhe foi útil. Fornece uma variedade de explicações, frequentemente elaboradas e "analíticas", de um jeito desconcertante, o que evoca em mim uma mistura complexa de interesse, solidariedade e frustração. A sessão relatada abaixo ocorreu logo após os exames finais do sr. O. Insistentemente, ele me disse que, apesar de todo o trabalho que havia feito na última hora, e da ajuda que recebera de seus professores, iria ser reprovado. De fato, durante alguns dias, ele repetiu, com uma voz triunfante, que *tinha sido* reprovado. No final das contas, ele tinha *acabado* recebendo permissão para passar, desde que completasse seu projeto nos meses seguintes.

Material clínico

O sr. O chega para a sessão numa sexta-feira com dez minutos de atraso, pela terceira vez consecutiva.

"Estranho; eu estava pensando, enquanto passava pela porta, que, por um lado, eu não estou conseguindo entrar no ritmo disso aqui, e, por outro, eu estou entrando bem até demais. Sair do apartamento na quarta-feira um pouco atrasado, chegar aqui atrasado, sair na quinta em cima da hora, e ainda assim chegar aqui atrasado, e hoje, sair na hora certa, e mesmo assim chegar atrasado. Ou seja, vou ter de ajustar o que entendo por 'na hora certa'."

(Silêncio.)

O sr. O observa seus atrasos recorrentes em um tom de brincadeira contagiante, que sutilmente visa a certificar que seu comportamento não seja levado a sério por nenhum de nós dois: pelo contrário, ele até admira a própria capacidade de dar um jeito de entrar no ritmo e chegar com exatos dez minutos de atraso. De maneira quase perspicaz, ele fala, com referências implícitas a interpretações que fiz anteriormente, sobre o controle frustrante que ele costuma exercer. Supõe que eu tenho a esperança de que minhas interpretações venham a afetar o modo como chega para as sessões, mas sutilmente assume uma posição analítica superior, demonstrando para mim que há pouco que eu possa fazer a respeito dessa situação.

Em seguida, o paciente me fala de uma entrevista para um emprego promissor, arranjada por um amigo, para a semana seguinte. "Não preparei bem os meus bagulhos para a entrevista. Desde que me falaram a respeito, fiz tudo, menos me preparar – até que, ontem à noite, tive sorte, corrigi meu rumo e comecei a fazer alguma coisa. Mas os mesmos padrões antigos de comportamento ainda estão aqui. Lá, naquele quarto rodeado de tantos bagulhos – com as melhores intenções – tanta coisa lá que eu planejei vender no Ebay. Dá para encher metade do quarto. Tanto bagulho que eu deveria estar usando para terminar meu projeto – nunca termino – igualzinho ao meu pai com o seu galpão, e a sua garagem, e os bagulhos *dele* com os quais planejava fazer coisas – e nunca fez" (suspira).

Pode-se entender esse material em termos de um sentimento de culpa inconsciente do sr. O. Ele se identifica com uma figura que foi atacada e reduzida à fraqueza e ineficácia, que o paralisa parcialmente, induzindo-o a repetir os "mesmos padrões antigos de comportamento". Pode-se ver isso não apenas em relação a um pai incapacitado – acredito ser possível acompanhar a evolução desse processo no curso da sessão. Tendo descrito como adia seu trabalho, assim como adia sair para as sessões na hora certa, ele observa que, "com sorte", corrigiu seu rumo. Como de costume, isso é seguido pelo "mas ainda assim – os mesmos padrões antigos de comportamento", e pela descrição de se sentir rodeado de "bagulhos", que ele não consegue nem usar criativamente, nem descartar. Ele repetidamente oferece ao analista – assim como ao pai em suas fantasias – uma perspectiva mais esperançosa, associada a suas "melhores intenções", convidando-o a acreditar que seu trabalho pode levar a algum lugar. Entretanto, as capacidades e funções do analista são invadidas e assumidas pelo paciente, e todo o progresso é prejudicado. Tal processo torna o analista fraco e indefeso, e seu trabalho ineficiente, empilhando-o no galpão ou na garagem da mente do paciente. É com o objeto interno reconstruído dessa forma, continuamente, que se identifica, e é por esse objeto que ele é aprisionado; e tal identificação introjetiva prejudica seu desenvolvimento.

O sr. O então menciona que estava procurando um lugar para viver bem mais perto do meu consultório, mas acrescenta que o emprego para o qual está se candidatando fica do outro lado da cidade.

Depois de uma pausa, continua: "Uma última coisa – na verdade, não é a última coisa, não deve ser a última coisa – minha mãe passou por uma operação na sexta-feira. Seu coração estava sendo eletricamente estimulado [*jump-started*] para corrigir sua arritmia cardíaca. Disseram que seria muito difícil corrigir seu problema, caso ela já o tivesse há algum tempo. Tentaram o procedimento três vezes, não funcionou, e ela continua como estava antes. Por muitos anos, nós achamos que ela não tinha energia por causa do sobrepeso, e pelo fato de suas pernas estarem cedendo e não conseguirem mais sustentá-la. Foi um alívio para todo mundo, especialmente para ela, descobrir que, na verdade, havia um problema médico por trás de sua falta de energia – o problema não era só *ela*; o coração dela também não estava lhe enviando corrente sanguínea suficiente. É como eu vir aqui e começar a me dar conta de que tem algo subjacente ao fato de eu não terminar as coisas. Foi um alívio para ela se dar conta de que não estava simplesmente sendo preguiçosa – na verdade, ela tinha um problema médico não resolvido".

Por um momento, o sr. O fica inquieto com a ideia de que eu talvez ache que o modo como ele faz da condição de sua mãe a "última coisa" indica que há algo errado na sua relação com a mãe. Acredito que ele também esteja se referindo a um aspecto dele mesmo, ativo na sessão, mas, naquele momento, localizado em sua mãe. Ele parece reconhecer o quão difícil é, para mim, reverter a condição presente nele "há algum tempo", e embora eu possa ter a esperança de que as minhas intervenções possam servir para "estimular"[7] algo dentro dele, sou confrontado com um problema subjacente que está se mostrando intratável. Sou convidado a tornar-me ou impaciente ou crítico (como seu pai), tentando, repetida e malsucedidamente, conduzi-lo a funcionar de modo mais eficaz. Ele se retrata como prisioneiro de um processo que interfere na sua capacidade de seguir adiante, chegar na hora, conquistar o que quer que seja, ou permitir que os outros conquistem com ele. Reconhece que há, como ele mesmo coloca, "bagulhos subjacentes" ao fato de não terminar as coisas: não é que esteja sendo simplesmente preguiçoso; há algo de errado. Acredito que temos aqui um indício de sua conscientização de manifestações da reação terapêutica negativa.

Em seguida, o sr. O pergunta, hesitantemente, quais alternativas de horário para suas sessões haveria, caso ele conseguisse o novo trabalho. Ele me conta que David disse que, se fosse trabalhar lá, eles seriam bastante tranquilos e flexíveis em relação a seus horários. "A razão por que David mencionou isso é que ele estava pensando onde é que eu encaixaria a minha análise."

Além das questões reais envolvidas na pergunta, acredito que o sr. O indica angústia e incerteza a respeito de minha disposição em persistir nos meus esforços face a frustrações e dificuldades. Ele

---

7 Aqui, o autor usa novamente o verbo *jump-start*, fazendo referência ao procedimento clínico cardíaco que a mãe do paciente estava passando [N.T.].

consegue fazer seu amigo David pensar no problema e adotar uma visão positiva e construtiva das possibilidades, de modo que eu acredite que a análise sobreviverá se *eu* fizer o esforço de acomodar as suas necessidades. Ele se apresenta de um modo conciliatório, até mesmo sedutor, com a intenção de me fazer ter esperanças e tentar. Entretanto, ele, então, dá um passo característico no sentido de desbancar minhas esperanças.

"Eu acho que David está exagerando um pouco, porque ele é um funcionário por contrato lá na empresa, enquanto eu trabalharia o período completo. Assim, eu não acredito que pudesse negociar um intervalo no meio da manhã para poder vir aqui, ainda mais sem explicar o que estou fazendo, o que é uma coisa que eu não quero ter de fazer. É incrível como é difícil para mim simplesmente chegar até você e perguntar. Agora estou notando que voltei a fazer o que eu costumava fazer – rir ou sorrir quando não tenho nada do que rir. É interessante notar que eu tinha mais ou menos me livrado disso nos últimos, seja lá quantos forem, meses – agora voltou."

A parte do paciente (representada por David), que *é* capaz de pensar e se preocupar com sua análise e com a perspectiva de que o trabalho aqui seja adequadamente sustentado, é imediatamente atacada e enfraquecida. Penso que é realmente difícil para o paciente lidar com situações em que ele necessita algo de mim, e que se torna angustiado por acreditar que me provocou e que diminuiu minha boa vontade. Em vez de permanecer nessa situação, na qual ele se sente angustiado, vulnerável e dependente, ele entra em um estado maníaco e triunfante, com sua gargalhada trocista e suas observações: "É incrível...", "Agora estou notando...", "É interessante notar que...", sutilmente minando e reduzindo o meu papel.

Em vez de tratar dessa questão diretamente, faço um comentário sobre as dificuldades que ele está enfrentando e sua necessidade ansiosa de que eu o reassegure de minha disposição em me adaptar as suas necessidades. Penso que ele também quer que eu acredite que ele poderia se esforçar para preservar a análise, o que implicaria admitir a significância de sua vinda à análise, admitir não apenas para seus colegas de trabalho, mas, ainda mais importante, admitir para ele mesmo.

(Silêncio.)

"É."

Em seguida, o sr. O diz que está dando uma olhada no trabalho que ele andou fazendo na noite anterior. Ele sempre achou difícil falar de seu próprio trabalho, de explicá-lo, de esclarecê-lo em sua cabeça. E, no entanto, as outras pessoas acreditam que ele é bastante decidido. Elas levam em conta as suas opiniões – a respeito de pensamentos abstratos ou de situações envolvendo outras pessoas – desde que ninguém dependa *dele* para colocar qualquer coisa em prática. Se fosse solicitado a comentar o trabalho de David, ele ofereceria sugestões de como melhorá-lo, e, para ser franco, provavelmente estaria certo. Entretanto, nota que não sabe como pensar sobre seu próprio trabalho e sente que não tem capacidade de julgar. Ontem à noite, ficou sentado diante do trabalho, sentindo-se completamente inútil.

Em resposta à minha intervenção, o sr. O parece entrar mais em contato com suas dificuldades de esclarecer as coisas em sua cabeça e de pensar sobre sua própria "situação" de uma maneira proveitosa. Ele parece capaz de admitir o quanto depende do analista, bem como de seu amigo David, para funcionar corretamente. Em resposta a tais sentimentos de inadequação, e à sua inveja das capacidades dos outros, ele tende a assumir a função de crítico do trabalho do analista, na qual ele sente que seus julgamentos estão provavelmente corretos...

Faço um comentário sobre em que medida – a despeito de sentir-se capaz de fazer poderosos e perspicazes julgamentos do trabalho dos outros – ele sente que o *seu* pensamento e o seu trabalho foram minados por alguma coisa dentro dele.

O sr. O responde com um palavreado complexo, em um tom condescendente. Ele se refere ao que eu disse sobre minar e afirma que "o que está embaixo é obviamente mais complexo, mas é o que temos". Ele não está seguro se acredita mesmo que isso é verdade – *ele* acha que talvez esteja sendo fraco e que não esteja avançando com as coisas, que não as esteja resolvendo. Ele tem de se forçar a tentar olhar para isso, a aceitar que talvez seja essa a situação. Não confia em si mesmo para assumir a responsabilidade. Isso faz vir a sua mente que seu pai não confiava, e que sua mãe ainda não confia, que ele pudesse assumir responsabilidades.

Em seguida, ele diz que é interessante que, no fim de semana, seu irmão tenha comentado que sua mãe tratava o sr. O como uma criança de três anos, "com todas as implicações amistosas e hostis que isso tem". Ele disse que parecia irônico que tivesse acabado em uma profissão que implica que ele assuma muitas responsabilidades. Se ele não queria responsabilidades, poderia ter sido um artista ou coisa parecida. "Mas, de qualquer jeito, o que é estranho aqui é que eu tenho a impressão de que você ainda não sabe de verdade – e eu espero que seja um ainda – você ainda não sabe, não conseguiu captar o que pode ser esse bloqueio dentro de mim.

Eu sei que *eu* certamente não acho que sei. A coisa estranha aqui é que, de alguma maneira, a minha mente tem de trabalhar em torno desse grande monólito negro no meio da minha cabeça. Fazemos o mesmo aqui – temos caminhado em círculos, percorrendo as beiradas do monólito, há séculos."

Digo que o que eu indiquei – e achava que ele havia entendido – era que há alguma coisa ativa acontecendo dentro dele. Achava que era difícil para ele tolerar as minhas intervenções e fazer uso delas, especialmente quando se sentia diminuído e incapaz de ver e entender tudo. Ele então se sentiu compelido a tornar-se o adulto, o profissional em posse da visão mais ampla, assumindo a responsabilidade. Ficou então bastante satisfeito e orgulhoso de suas próprias construções, de suas figuras de linguagem, como um grande e impenetrável monólito negro. Em contrapartida, pareceu sentir prazer em enfatizar o que eu não sei ou ainda não captei, e não teve certeza de que eu possa vir a saber. Em vez disso, estamos condenados a caminhar em círculos, "percorrendo as beiradas".

(Nesse ponto, o sr. O boceja.)

Digo que eu acredito que ele está dando indícios do quão difícil é para ele ouvir e fazer uso do que eu lhe ofereço, a saber, de algo que não construiu para si, que já é sabido por ele. Essa dificuldade ameaça qualquer perspectiva de mudança ou desenvolvimento.

"É. O que você está dizendo sobre a ideia do monólito – concordo que não está certo. Eu estava pensando enquanto você... (boceja) concluía sua fala – sobre a questão de eu ser um ou ser outro, de que jeito a coisa deveria funcionar, se é que funciona. É isso que eu desejaria ter podido definir claramente, e dar uma olhada, saber o que é que eu... é isso que me assusta. Ok. Mesmo sem a ideia do monólito, a gente vem circundando esse assunto há meses e ainda não passou do canto do meu olho. Eu sei que existe alguma coisa imediatamente fora do meu campo de visão que me segura, ou que me impede de seguir adiante, ou que me empurra para o lado, ou que fica na minha frente, ou sei lá o quê."

O sr. O continua a falar de uma forma crescentemente elaborada e excitada, debatendo se acredita ou não na existência de uma força das trevas que o controla, uma força que não é de sua responsabilidade, ou se ele partilha da opinião de seus familiares, segundo a qual, é responsabilidade dele tomar o controle do que quer que exista na sua cabeça. Ou então que não se trata realmente de uma força exterior, nem de uma força interior, mas apenas de uma parte dele mesmo que o está estorvando, e que ele bem que poderia sacudir-se e tratar de resolver isso logo.

Finalmente, diz que tais ideias estão girando em torno umas das outras e que ele está começando a ficar confuso com o que está dizendo. "Eu só gostaria que alguém – suponho que aqui seja você – pudesse dizer aqui está, eis o problema, faça isso, tome dois desses comprimidos, vai dar tudo certo. Mas é claro que isso não é possível, e eu terei de ter alguma forma de progresso, repentinamente conseguindo agarrar o que quer que esteja na minha visão periférica. Eu não tenho a menor ideia de como isso pode acontecer, e isso me apavora. Eu poderia passar aqui o resto da minha vida rodeando o exterior disso, sem nunca ver o que diabos eu estou estragando ou por conta de quê... (suspira). Como você disse antes, toda uma parte de mim se desespera diante disso. Mas então a parte de mim que provavelmente *é* a escuridão, o bloqueio, sei lá o quê, sinto essa parte pensar, bom, você sabe (veja como estou fazendo minha voz brincalhona outra vez), sinto essa parte pensar que isso quer dizer que sou complexo, que sou difícil, e isso, em si e de alguma forma terrivelmente desagradável, já é uma vitória."

Acredito podermos ver nesse material a expressão detalhada da reação terapêutica negativa do paciente. O sr. O registrou ligeiramente a experiência de estar em contato com um analista que conseguiu reconhecer suas dificuldades e levá-las a sério. Entretanto, enquanto eu falava, ele se tornou distraído e incapaz de dar sentido ao que eu dizia. Sua breve mas "apavorada" admissão da quantidade de coisas que estavam no canto do seu olho, imediatamente fora de seu campo de visão (ou de pensamento), foi rapidamente deslocada pelo aumento excitado de seu processo maníaco triunfante, refletido em sua maneira de falar, e brevemente reconhecido em sua referência a tornar-se confuso, suas "ideias girando em torno umas das outras". Sua resposta invejosa à percepção de que, em contraste com ele, eu retivera a capacidade de pensar, de observar e de julgar, consistiu em atacar minha potência analítica. Também eu me tornei alguém que não sabe, que não capta; e nós dois fomos retratados circundando o grande monólito negro erigido em sua cabeça, desesperançosamente conferindo suas bordas.

O mínimo que "alguém" poderia dizer é eis o problema, faça isso, tome dois desses comprimidos, vai dar tudo certo. Assim, minha função analítica é destruída, e, em desespero, eu só posso oferecer-lhe conselhos ou comprimidos. De fato, o modo como o paciente toma minhas interpretações para desmontá-las, distorcer as palavras e as ideias, apossando-se de minhas funções explanatórias, realmente cria um grau de confusão e impotência no analista. O paciente pode chegar a brevemente reconhecer sua satisfação triunfante em ser capaz de me diminuir e me derrotar, e em criar uma atmosfera de desesperança. Entretanto, suspeito que a "capacidade de apavorar" característica de "alguma coisa" situada imediatamente fora de seu campo de visão é também um indício de sua ansiedade paranoide. Ele tem pavor de uma resposta retaliatória da figura parental sentada atrás dele, uma figura repetidamente submetida a seus ataques hostis e desvalorizantes.

Retornando agora à sessão: descrevo a alteração ocorrida na experiência de ser ajudado a ver as coisas de maneira mais clara, que o deixava ansioso e desconfortável. Sua cabeça fora preenchida com um poderoso monólito negro, que só se podia circundar e circundar em admiração, sem, no entanto, produzir qualquer impacto, e isso parecia dar a ele um sentimento de prazer e triunfo. O sr. O responde dizendo que *de forma nenhuma* é isso que ele conscientemente quer e que, se isso de fato for o que ele quer, ele não sabe por quê. Ele *não* quer se sentir vitorioso e nem sente prazer nisso. Em seguida, diz que é a mesma parte dele que queria cometer suicídio no passado – a parte dele que quer provar, pela desistência, que todo mundo está errado – provar para todo mundo o quão ruim tudo isso é – fazer todas as pessoas que ele conhece sentirem falta dele. Se desaparecesse repentinamente, as pessoas notariam o quanto sentiam a falta dele. Acrescenta: "Isso tudo é horrível".

Penso que, na verdade, o paciente ouviu e entendeu o que eu disse a ele e, por um breve instante, pareceu ser capaz de reconhecer, de forma proveitosa, que "cometer suicídio" funcionaria como prova de que eu estou errado, enchendo-me de sentimentos de inadequação e culpa, e fazendo que *eu* desista. Penso que, conforme vai falando, ele ilustra a luta entre um impulso cooperativo, positivo, e uma forte inclinação a desfazer quase todos os pontos que eu teci, com um sorriso triunfante em sua face. Indiretamente, ele parece confirmar que *está* ciente de que obtém prazer no fazer coisas para frustrar e atormentar, privando-me de qualquer prazer ou satisfação na minha compreensão ou no meu trabalho e levando-me a fracassar. Ele está preparado para fazer o possível e o impossível para derrotar seu objeto, chegando até os extremos de fantasiar sua própria destruição.

Discussão

Neste capítulo, tentei explorar os mecanismos que parecem estar ativos na reação terapêutica negativa. Acredito que se podem observar as interações entre a inveja do paciente, seu triunfo maníaco usado como defesa e as consequências de sua identificação introjetiva com objetos danificados e enfraquecidos.

Sugeri ser possível perceber como, às vezes, o paciente conseguia reconhecer e entender uma interpretação e sentir-se momentaneamente aliviado e auxiliado. Entretanto, era difícil sustentar essa resposta positiva, na medida em que ela o expunha à constatação penosa de suas próprias limitações, quer dizer, de coisas que se sentia incapaz de captar ou entender e que, no entanto, sentia que o analista *conseguia*. Em tais momentos, ele era compelido a agarrar-se ao que quer que estivesse, como ele mesmo dizia, em sua visão periférica, mas que continuava a escapar dele. Acredito que o material ilustra o modo como a inveja e o desespero, despertados pela constatação das diferenças entre ele próprio e seu objeto, levavam-no a assumir as qualidades e funções de seu objeto. Isso resultava em uma excitação maníaca e triunfante, acompanhada de zombaria e desprezo discretamente sádicos. Ele era gratificado por sua capacidade de provocar sentimentos de desamparo e desespero. Isso ficou explícito quando ele fez referência a um período anterior em que ele era tomado por pensamentos suicidas, como um meio de triunfar sobre seus objetos, com a gratificação e o prazer correspondentes.

Esse processo triunfante e maníaco produzia fantasias recorrentes em que seus objetos eram roubados ou enfraquecidos: as inadequações físicas, emocionais e intelectuais de sua mãe, as limitações e desapontamentos de seu pai, seguidos de sua morte por um câncer. Isso era inevitavelmente repetido na análise, de modo que também eu era reduzido à inadequação e ao desamparo, e ele retratava nós dois andando em círculos ao redor das beiradas, sem nunca agarrar alguma coisa para valer. Penso que estava claro no material que ele não apenas se sentia culpado e perseguido em relação aos objetos assim invadidos e rebaixados, mas também que sua superioridade maníaca se alternava com uma identificação introjetiva com figuras incapazes de usar suas pernas, mentes ou potência, adequadamente. Assim, no curso da sessão, no curso da análise até esse ponto, na sua própria vida, o sr. O alternava entre estados nos quais demonstrava consideráveis talento e potencial, evocadores de expectativas esperançosas, e um estado de paralisia e incompetência, que confundia e atormentava a ele e àqueles ao seu redor.

12. Reflexões sobre "Inveja e gratidão"

Irma Brenman-Pick

Tradução de Beatriz Godoy e Carlos Godoy

"Inveja e gratidão", de Klein, representou um avanço crucial na compreensão. Enquanto grande interesse e entusiasmo se seguiu à publicação desse trabalho, reações de oposição se fizeram a ele: entre alguns analistas havia uma excessiva atribuição da inveja ao seio, em quase todas as situações, enquanto entre outros havia uma absoluta rejeição a esta mesma ideia. Em ambos os extremos os analistas encontravam posições confortáveis a ocupar: apropriando-se da bondade, o analista rejeitava a ideia de inveja primária – incluindo a rejeição da inveja em si mesmo – ou, massivamente, projetava-a dentro do paciente e focava-se nela apenas lá. Qualquer posição tornava óbvia a necessidade de reflexões mais cuidadosas e poderia ser usada para evitar a consideração das questões do próprio analista. O foco do meu capítulo é o trabalho de luta contra esses problemas e a inveja que isso evoca.

A própria Klein tinha descrito um quadro muito mais intrincado do que aquelas reações calorosas e parciais, e aqui revisito e destaco algumas das complexidades de suas formulações originais. Muito significativamente, Klein escreve sobre "círculos viciosos" nos quais a inveja se une à culpa. Também quero mostrar caminhos nos quais a inveja se une à excitação e crueldade onipotentes; e sugerirei que inveja e ciúme não precisam ser apenas diferenciados um do outro, mas se entrelaçam e se alimentam mutuamente. Além disso, como Klein sugere, a inveja é exacerbada pela privação e, de fato, também alimenta sentimentos de privação por conta do modo pelo qual impede que o sujeito se beneficie daquilo que está disponível. Neste capítulo, ilustro esses temas rapidamente com alguns pensamentos a respeito do *Otelo*, de Shakespeare, e também, mais extensamente, com duas ilustrações clínicas, uma mais rebuscada e a outra mais sutil.

Os círculos viciosos da inveja

As famosas citações de Klein retiradas de *Otelo*:

> *Mas as almas ciumentas não atendem a isso:*
>
> *Elas nem sempre têm causa para o ciúme,*
>
> *Mas ciúme por ciúme; é um monstro*
>
> *Gerado em si mesmo, nascido em si mesmo*
>
> (*Otelo*, III, iii)[1]

Para Klein, essas linhas ilustram a inveja. Ela sugere que Shakespeare nem sempre diferenciou o ciúme da inveja, e que é a pessoa invejosa quem "nunca pode ser satisfeita porque sua inveja brota de dentro, E, portanto, sempre encontra um objeto sobre o

---

[1] "But jealous souls will not be answer'd so: / They are not ever jealous for the cause, / But jealous for they are jealous; 'tis a monster / Begat upon itself, born on itself."

qual focalizar-se" para ostensiva justificação. Ela continua citando outra passagem da peça, a qual sente que transmite exatamente o significado da inveja como ela a descreve.

Oh, meu Senhor, cuidado com o ciúmes:
É o monstro de olhos verdes que zomba
Da carne da qual se alimenta
(Otelo, III, iii)[2]

Shakespeare nos mostra que Otelo está atormentado por Iago; no entanto, apenas no final da peça ele

Exige do meio-diabo (Iago)
Por que ele aprisionou minha alma?
(Otelo, V, ii)[3]

A tragédia é que esta questão vem após o assassinato de Desdêmona, não antes. Ainda assim, Otelo não está se perguntando por que ele é suscetível – apesar de, de fato, ser impotente – à provocação de Iago. Em vez disso, ele pergunta por que Iago tentou aprisioná-lo e destruí-lo. Eu gostaria de considerar, no entanto, o que fez Otelo ser tão suscetível às provocações de Iago.

Em uma discussão sobre Otelo, Harold Bloom (1999) sugere que o *insight* mais brilhante de Iago é que se ele fosse reduzido a nada na preferência de Cassio, então, o quão mais vulnerável Otelo seria sem seu intelecto e suas tramas. Qualquer um seria

---

2 "*Oh beware my Lord of jealousy: / It is the green-eyed monster which doth mock / The meat it feeds on.*"
3 "*... demand that demi-devil (Iago) / Why he hath thus ensnar'd my soul.*"

eliminado, ele diz. De fato, Klein afirma que todos nós nascemos com um potencial para estragar as coisas de maneira invejosa. O que faz com que alguns sejam mais capazes do que outros de sustentar os sentimentos de bondade e gratidão de modo a modificar os sentimentos invejosos? Um fator parece estar ligado à capacidade da mãe de suportar as propensões e projeções do infante, assim como as suas próprias, e trabalhar com as inevitáveis dificuldades que daí surgem. Tais qualidades na mãe, em boas circunstâncias, sustentam o infante para lidar com essas dificuldades, embora elas também despertem considerável inveja.

Deveria Otelo ser entendido como "constitucionalmente" demasiado invejoso ou isso poderia ser agravado pelo problema que o nobre Lorde, em sua "nobreza", não teria aberto espaço para lidar com o seu ódio? Mesmo depois de ter assassinado Desdêmona, ele insiste:

Nada eu fiz por ódio, mas tudo por honra
(Otelo, V, ii)[4]

Pode-se dizer que Otelo apropria-se da bondade absoluta. Aprisionado em seu elevado ideal, ele "enobrece" a si mesmo e projeta seu ódio dentro de Iago. Sobre si mesmo diz que não é facilmente invejoso! Ele é todo "honra", e o "meio-diabo" reside exclusivamente em Iago. Assim, Otelo torna-se particularmente vulnerável à captura de sua alma por um Iago vingativo, que, por sua vez, projeta e introduz dentro de Otelo dúvidas sobre sua própria amabilidade.

Klein sugeriu que é a relativa ausência da inveja nos outros o que é particularmente invejado. Eu sugeriria, além disso, que

---

4 "*For naught did I in hate, but all in honour.*"

aquilo que podemos invejar nos outros talvez tenha menos relação com a ausência da inveja neles, e mais com a força e a capacidade deles para realizar o trabalho psíquico, na luta para incluir e ficar com essas propensões difíceis, possibilitando que sejam trabalhadas internamente.

Por exemplo, uma jovem paciente ostensivamente adora e conscientemente inveja os "gênios". Ela mostra-se desesperada para ser um gênio e, às vezes, maniacamente vê a si própria como tal. Em certas ocasiões ela fala sobre mim como se eu também fosse um gênio, e como se ela me invejasse por isso. Desse modo, pode-se dizer que ela me "enobrece" e, assim, podemos nos apaixonar uma pelo "gênio" da outra. Nessa posição superior, eu poderia, certamente, ficar livre da inveja. Nesse estado de mente, ela me vê como alguém que se senta na cadeira e, simplesmente, "tudo chega a mim como se caísse do céu". A cada interpretação feita por mim, eu então sou reconhecida como se me sentasse e me parabenizasse por meu gênio; e ela, portanto, juntava-se a mim neste autoaplauso. Sugiro que ela fale como se eu tivesse conseguido me apropriar do "gênio" e acreditasse estar absolutamente fusionada – poderíamos dizer – em identificação projetiva, com um "seio genial". Sugiro, também, que o ataque invejoso por trás disso não está relacionado ao meu suposto "gênio", mas à minha luta para trabalhar com e a partir dessas questões.

Quando a interpreto, ela diz que sabe que eu a escuto e que deve ser pesado ter que escutar todas as suas porcarias. Parece que minha interpretação produz nela um ricochete da identificação com o "gênio" ao abjeto fornecedor de "porcaria". Desta forma, ou ela é um gênio ou uma porcaria. Presumivelmente isso também se aplica a mim. Aqui, o ataque – de porcaria – é sobre a minha capacidade, e a dela, para trabalhar. Quando ela diz que eu escuto, a realidade é que eu tenho que trabalhar para pensar – e talvez, lutar

– não somente com as suas partes "porcaria", mas também com as minhas próprias. Por exemplo, que verdade ou quanta verdade devia haver neste retrato de mim, como uma analista narcisista, e assim por diante? A veneração da onipotência envolve uma desvalorização invejosa do objeto de trabalho e da luta interna. Sou golpeada pelo modo como o trabalho é difamado por esta paciente e, frequentemente, na cultura de um modo geral.

Retornando a Otelo: a peça de Shakespeare convida ao escrutínio da especial vulnerabilidade do protagonista. Na medida em que a peça começa, Otelo aparece como um "estranho" negro em Veneza. Existem frequentes referências pejorativas a ele como "O Mouro" e, de fato, Iago diz para Brabantio, pai de Desdêmona:

> *Mesmo agora, agora, exatamente agora, um velho carneiro preto*
>
> *está tocando sua ovelha branca*
>
> *(Otelo, I, i)*[5]

E mais a adiante Brabantio para Otelo:

> *Oh, ladrão sujo... Ela (Desdêmona) evitou os amados ricos e enrolados de nossa nação... para correr e proteger-se no peito cheio de fuligem de uma coisa como você (Otelo, I, iii)*[6]

---

5 "*Even now, now, very now, an old black ram / is tupping your white ewe.*"
6 "*Oh thou foul thief... She (Desdemona) shunned the wealthy curled darlings of our nation . . . (to) run for her guardage to the sooty bosom of such a thing as thou. . .*"

Podemos imaginar Otelo lidando com os sentimentos dolorosos possivelmente evocados, ou, em sua "nobreza", ele pode contorná-los? Embora ele efetivamente possa ter nobres qualidades, por outro lado, como sugiro, ele pode ser narcisicamente vulnerável. Enquanto isso, Iago foi preterido numa promoção que, em vez de ser dada a ele, foi dada a Cassio, preferido de Otelo. Cheio de ódio e vingança, Iago é inteligente o suficiente, como afirmou Bloom, para perceber a fraqueza de Otelo e para saber como lidar com seus sentimentos dolorosos (negados), como o de ser um negro estranho, em vez de ter de trabalhar com os seus próprios (Iago) sentimentos dolorosos de exclusão e de rejeição.

Devemos pensar, então, em quem projetou o quê em quem. Até onde Otelo projetou dentro de Iago suas partes rejeitadas, deprimidas e invejosas, projeções estas que retornam para oprimi-lo; e até onde é Otelo, como o negro estranho, o depositário das projeções de Iago? E seria Otelo, mais ainda, uma espécie de depositário a quem, em sua vulnerabilidade narcísica, falta força interior para lidar com essas projeções?

Klein reforça que a privação da mãe boa aumenta a inveja. Não há dúvida de que existem outros fatores ambientais também, inclusive a projeção dos sentimentos invejosos para dentro da criança pelos pais ou irmãos. A criança vulnerável pode ser madura para essas projeções, assim como, socialmente, o Mouro denegrido pode se tornar um alvo particularmente vulnerável para a projeção da inveja.

Tais situações complexas são exemplos dos "círculos viciosos" de Klein e, frequentemente, é impossível estar seguro sobre onde os círculos começam. Ela fala de círculos viciosos da inveja, destrutividade e persecutoriedade, e depois diferencia a inveja do ciúme. A inveja, ela sustenta, implica as relações do sujeito somente com uma pessoa. "A inveja é o sentimento de raiva de que outra pessoa possui e desfruta algo desejável – sendo o impulso invejoso o de tirar este algo ou o de estragá-lo" (1991[1957], p. 212). "Ciúme", por outro lado, "é baseado na inveja, mas envolve uma relação com, pelo menos, duas pessoas; diz respeito principalmente ao amor que o indivíduo sente como lhe sendo devido e que lhe foi tirado... por seu rival" (p. 212).

Klein não destaca as consequências especialmente dolorosas quando ambos – inveja e ciúme – vêm juntos, embora, em maior ou menor extensão, eles estejam imbricados. Otelo pode estar invejoso da bondade de Desdêmona, assim como enciumado do relacionamento dela com Cássio, e de Cássio com ela. Enquanto a inveja pode vir antes do ciúme, como Klein sugere, parece-me que eles são muito íntimos, como companheiros de cama de tão entrelaçados que são, que seria difícil saber onde um começa e o outro acaba.

Além disso, em sua visão, a inveja caracteriza um relacionamento entre duas pessoas. Mesmo assim, é absolutamente este sempre o caso? Enquanto o neonato sabe ou sente o "terceiro", vivenciado por ele como uma questão perturbadora, desde muito cedo o objeto pode ser sentido como tendo uma relação com o pai real ou com um "pênis interno". Em um estado "idílico" da mente, isto deve ser negado; ainda, quando o infante é frustrado, como inevitavelmente ele o será, há aquilo que interfere em sua satisfação. Klein sugere, então, que ele sente que o seio alimenta a si mesmo; mas, ao mesmo tempo, o seio pode ser experimentado como aquele que alimenta um terceiro ou está em um relacionamento com este terceiro. O pai, ou o pai interno, sob qualquer forma, pode então ser experimentado como um obstáculo para a satisfação total e absoluta.

Pelo fato de a inveja ser sentida como uma emoção tão repreensível, o infante vivenciaria o outro como o "não invejoso" preferido, e isso intensificaria o ciúme, assim como a inveja. O sujeito sente-se indigno de ser amado e culpado por ser tão invejoso e ciumento do "outro" que é amado – um estado extraordinariamente doloroso, um verdadeiro "círculo vicioso" no qual ciúme e inveja estimulam um ao outro.

Autoenobrecimento como uma defesa contra a inveja

A literatura psicanalítica muito tem discutido sobre a reação terapêutica negativa. Uma questão interessante é o nível ao qual ela é promovida pela inveja ou pela culpa. Espero que o seguinte material clínico ilustre que não se trata de "isto ou aquilo", mas, provavelmente, de uma combinação de ambos, exacerbada pelo ciúme, como sugeri anteriormente. Isso cria "círculos viciosos" que são extremamente difíceis de quebrar. Mais especificamente, exploro algumas das diversas possibilidades nas quais podemos nos defender da consciência de nossa própria natureza invejosa. Ilustro como o auto"enobrecimento", conforme descrevi em Otelo, pode funcionar como uma defesa contra tal consciência: poderosa e abertamente no Paciente A, e mais sutil e discretamente no Paciente B.

Paciente A

Há poucos anos em análise, uma jovem paciente, recém-casada, a admiradora do "gênio" que mencionei anteriormente, criou um mal-estar, tendo um colapso dramático. Ela havia começado a análise em um estado parecido. Naquela época, recém-chegada da América do Sul, sofria de pânico e insônia. Sua mãe veio vê--la e um psiquiatra também estava cuidando dela. Seu autocentramento e sua onipotência eram tais que, por exemplo, em nosso primeiro encontro em julho, numa mistura de desespero e sedução sobre seus talentos e angústias, ela insistia que eu sacrificasse minhas férias de verão para cuidar dela. Ficou indignada por eu não concordar com isso.

Ela acreditava ter sido deixada desde a tenra infância em uma creche, por longos períodos, para que a sua jovem mãe concluísse seus estudos. Retratava o pai como generoso, mas de temperamento forte e tirânico, e sua mãe implicada, com prazer, em sua vitimização. Desde o início, ela achou que era uma vítima de minhas resoluções tirânicas ou, alternativamente, que eu deveria ser a vítima de sua tirania. Sua identificação com um pai tirânico fortaleceu a crença em seu poder de controle.

Três anos mais tarde, a Paciente A havia feito considerável progresso e agora estava comprometida com seu trabalho de análise e com seu emprego, assim como avançando em seus estudos sobre política internacional. Assim, eu fiquei um tanto impressionada quando, durante as férias de verão, ela colapsou novamente, satisfazendo-se em novos comportamentos excessivamente floreados. Nessa situação, ela criou um tumulto. Sua mãe foi chamada de novo e, dessa vez, a continuidade da análise estava ameaçada. Esse colapso tinha todas as características de uma reação terapêutica negativa.

Durante o tempo que precedeu este segundo colapso, nós tínhamos trabalhado um sonho que ela tinha trazido, no qual *unidades do exército se reuniam para partir em navios. Um dos navios chama-se Moshe Dayan* (general na Guerra dos Seis Dias de Israel, aquele com um olho só, ela explicou); *os soldados eram em sua maioria negros* (explicou que era como no exército britânico e no americano, disse, nos quais negros, por serem pobres, são usados para lutar).

A respeito de Dayan, disse que era um homem corrupto que tinha roubado tesouros arqueológicos; um louco-poderoso. Sua filha era mais gentil; ela era liberal e havia se exposto ao risco de visitar os colonos, que haviam jogado ácido ou água fervendo em seu rosto.

Essencialmente, interpretei seus medos de que eu pudesse ser o caolho Dayan, um superego cruel de vista-estreita/mente-estreita (Brenman, 1985), apropriando-se de toda a bondade, empobrecendo-a e pondo "escuridão" dentro dela (os pobres soldados negros). Eu também havia adotado algumas medidas nas quais ela se apropriava de todas as minhas considerações e tiranicamente fazia disso um direito seu. Nessa empreitada ela estava unida a Dayan, o pai tirânico. Enquanto eu tinha considerado a maneira como ela (invejosamente) atacava uma analista mais admirada (a filha liberal do Dayan), em retrospectiva, seguindo esse segundo colapso, dei-me conta de que eu não tinha avaliado a intensidade e a seriedade com as quais as forças da destrutividade invejosa estavam reunindo-se dentro dela, nem a verdadeira extensão da sua secreta admiração pelos colonos violentos ou pelo caolho Dayan. Pode-se perguntar, com Otelo, por que esses meio-demônios possuíram a sua alma? Como uma mistura particular de privação une-se com apego a uma crueldade onipotentemente vingativa, tornando-se um *modus vivendi*? Em parte, parece-me que, diante da privação real – no presente as minhas férias, no passado a creche –, ela se sente onipotentemente capaz de explorar a situação (usa os soldados pobres) como Dayan, para pegar/roubar mais do que tem direito, e não sentir qualquer necessidade de considerar as necessidades dos outros. Ela admira estas habilidades.

 Alguns anos mais tarde, depois de muito trabalho ter sido realizado, a Paciente A retorna de um feriado, pela primeira vez convencida de que o havia realmente aproveitado. De volta na segunda-feira seguinte, ela falou mais uma vez sobre ter tido um bom final de semana. Ela tinha ido ao teatro com o seu marido, onde uma atriz amiga dele estava se apresentando: foi bom, embora durante a apresentação tenha tido o desejo de criar um pandemônio, apertando seu botão de pânico. O quanto da urgência de um ataque de pânico foi provocado pelo ciúme (a amizade do seu marido com a atriz, a paciente não era o centro das atenções) ou pela inveja, não apenas da contribuição de outros, mas também de sua nova capacidade de aproveitar a vida (juntamente com a culpa por agora ter uma vida muito mais rica do que antes)? Sua culpa a liga ao sentimento de não merecimento. Ela tinha falado de uma amiga que sempre estragava as coisas para si mesma, de um jeito masoquista. É o retorno ao sadomasoquismo uma combinação dos três? Voltarei a essa questão mais adiante. Noto, contudo, uma considerável melhora nela. Ela é capaz de experienciar todo esse acontecimento como um "bom fim de semana", bem como, pelo menos por enquanto, é capaz de conter, ao invés de encenar, o desejo de apertar o botão de pânico, até que possa me contar sobre isso na segunda-feira.

No dia seguinte ela estava ansiosa, ficando insone novamente. Falou de um chefe que a tortura, fazendo-lhe pedidos impossíveis e encontrando falhas o tempo todo. O que a feria, especialmente, era que outro colega sênior, com quem tinha previamente tido um bom relacionamento, havia sido enredado por seu chefe e se aliado a ele. Atribuiu isto a uma poderosa sedução, que, ao final, resulta no estabelecimento de um poder total. Na sessão, sentia-se culpada lembrando-se do modo que costumava tratar seu marido e a mim. Recordava-se o quanto a tinha excitado, e agora dizia que isso a fazia sentir-se realmente mal. Interpretei que o que ela sentia que devia ter sido particularmente doloroso a mim, era o modo pelo qual havia introduzido em tais ataques partes de si mesma, que tinham tido previamente um bom relacionamento comigo e com seu marido. Temia que pudéssemos reunir forças de modo a fazer-lhe pedidos impossíveis para consertar as coisas.

Lembrou-se agora de que a sua pior crise (dois anos antes) ocorrera exatamente quando as coisas estavam indo melhor. Ela tinha então retomado os seus estudos e temia que se ela pensasse em completá-los satisfatoriamente, poderia ser tentada a jogar tudo pelos ares. "É isso que me captura: o poder de ser capaz de fazê-lo. Isto me faz sentir tão especial." Prosseguiu dizendo que tinha lido no jornal a respeito de um motorista imprudente que havia matado um doutor de 26 anos. Disse que sentiu inveja porque essa pessoa (a vítima) já tinha seu doutoramento aos 26. "No jornal, muito se dizia a respeito da terrível angústia da mãe. E a coisa mais horrível é que a crueldade desse assassinato me excita."

O reconhecimento dessa excitação cruel era mais evidente agora do que quando expressada anteriormente. Parece-me que é a destrutividade odienta que faz com que ela se sinta tão poderosa. Sem essa excitação poderosa, sente-se vulnerável frente ao sentimento tão difícil de ser deixada de fora quando o casal se une (o seu marido e a atriz, os dois chefes, eu e meu marido em férias), junto com sua inveja (a contribuição do meu trabalho para o seu desenvolvimento e também das suas próprias realizações – por exemplo, ela deve obter em breve seu doutoramento e a referência que fez aos seus bons sentimentos durante o fim de semana). Isso se associa com sua culpa a respeito da angústia que seus comportamentos destrutivos e autodestrutivos causaram em sua mãe e na "mãe" em mim. E mesmo assim admira essa destrutividade e fica excitada pelos "gênios" que a defendem contra esses sentimentos dolorosos como em sua admiração por Dayan/colonos.

Ela falava sobre ficar excitada, por exemplo, quando lia sobre a morte da filha de um ministro devido ao uso de drogas. "É terrível ficar tão excitada." Percebi não só uma alegria [*Schadenfreude*][7] com aquela situação, mas também uma excitação com relação a

---

7 Palavra em alemão que expressa bem o paradoxo da alegria diante da desgraça [N.T.].

sua própria adição para matar cruelmente seus avanços. Esse avanço é também evidente em sua capacidade ampliada para reconhecer esses sentimentos honesta e abertamente. Ao mesmo tempo, há tanta excitação na particular crueldade comigo (a mãe), ainda mais agora que há melhores oportunidades para desapontamentos e frustrações e, assim, para renovada destruição. Nessa excitação, ela acredita estar envolvida numa relação sexual interminável, identificada com um pai cruel e uma mãe vitimada – uma relação sexual terrível que sacrifica a criança.

Há um vício com relação a uma real crueldade sádica, na qual alguém é atacado não por ser mau, mas por ser bom. Como a excita ver a angústia dos pais diante dessa adição da criança. Ao mesmo tempo, ela acha que essa excitação é, segundo suas próprias palavras, "muito terrível". Mas, agora, ela pode criar uma nova excitação, justamente por considerar repreensível. A excitação assim intensificada torna tudo "tão terrível" que não pode ser pensado mais silenciosamente. Se ela se liberta dessa excitação, é então confrontada com sua dor real, não só porque se sente culpada em relação a mim, mas também porque sua destrutividade está em conflito com a paciente que realmente valoriza o trabalho que fizemos juntas, a paciente que também se sente profundamente amorosa e grata, tanto ao seu marido como a mim.

Enquanto eu apontava a natureza um tanto floreada da excitação dessa paciente com a crueldade, também estava consciente de sua generosidade – demonstrada também no modo corajoso e no trabalho duro com que lutava com essas difíceis questões, seu genuíno gosto por sua análise e também pelo amor por seu marido. Porém, até mesmo esse seu lado mais amoroso está repetidamente "enredado" pela destrutividade invejosa, conjugando inveja, mania e perversão.

Recordo-me aqui das linhas de Oscar Wilde:

> *Cada homem mata aquilo que ama*
> *Cada um deixa que seja escutado*
> *Alguns fazem-no com um olhar amargo*
> *Alguns com palavra lisonjeira*
> *O covarde o faz com um beijo*
> *O homem corajoso com uma espada.*
> (Wilde, The Ballad of Reading Gaol, v. 4)[8]

O exemplo a seguir é o de um paciente bem menos destrutivo, mais integrado, que ataca não com uma espada, mas com um beijo: um *enactment* sutil de uma excitação invejosa secreta.

Paciente B

Um professor cuja especialização é na área da saúde, procura-me na sequência de uma análise anterior: ele está preocupado por trabalhar/tentar trabalhar muito, e começa uma sessão contando-me que teve um sonho.

---
8 "Yet each man kills the thing he loves / By each let this be heard / Some do it with a bitter look / Some with a flattering word / The coward does it with a kiss / The brave man with a sword."

Um analista (meu colega) estava dando uma palestra sobre um paciente com um aneurisma na aorta. Um e-mail que meu paciente havia escrito estava publicado em outdoors – ele estava envergonhado por isso e tentava recusar uma taça de vinho.

Ele associa o sonho a ter escutado uma conversa deste analista e segue dizendo como ele, o paciente, desafiou a sua chefe de departamento que o tinha acusado de não ter se dedicado o suficiente a um projeto em que trabalhavam juntos. Ele disse para ela parar de ser tão intrometida. Depois de todos esses anos, essa era a primeira vez que ele tinha feito isso: falar verdadeiramente o que pensa. Houve uma correspondência por e-mail com ela depois disso, que ele associou com os e-mails publicados nos *outdoors*.

Ele segue dizendo que pensa que essa ideia surgiu da nossa última conversa – quando mostrei claramente o quão preocupado ele ficou com minha crise de tosse, oferecendo-se, por exemplo, para pegar água, e não sendo capaz de dizer que estava furioso porque minha tosse havia "se intrometido" em sua sessão. Ele enfatiza de novo que é um grande alívio ser capaz de falar o que pensa. Segue dizendo que ela (a chefe do departamento) anunciou que irá se aposentar, e ele está preocupado com o que fez para ela.

Eu interpreto que, por um lado, ele está me oferecendo um buquê: toda essa tensão por ser a primeira vez que fala o que pensa; por outro lado, ele está preocupado que eu, da mesma forma que a chefe, estivesse ferida e machucada e que fosse me aposentar/desistir. Penso que ele está ao mesmo tempo dando-me um buquê e realmente tentando – tentando muito? – que eu me recupere, ainda que me pedindo para parar de me intrometer.

"*Oh querida*", diz ele, lembrando-se de uma expressão: "um buquê de arame farpado". De novo, ele é cooperativo, acrescenta uma ilustração colorida de minha interpretação, mas desejaria ele fazê-la melhor do que eu? Desse modo ele é, talvez, mais uma criança que tem boa compreensão, mas também compete com seus pais. Mais adiante, ele associa algo com o aneurisma da aorta. Seu pai está muito doente; ele menciona a idade de seus pais, claramente – inconscientemente – ligando-as à do meu marido e à minha. Diz que sua mãe está sempre se queixando com ele sobre seus sintomas; ele está bastante contente que sua irmã mais nova já é uma médica e pode lidar com a mãe. Quando vai para casa, ele é tão modesto que nunca pensa em si mesmo como um professor; sua secretária, com quem se dá muito bem, diz-lhe que ele não se parece nada com um professor.

Sugiro que ele está se oferecendo para ficar bem comigo e não para dizer que ele é um professor, um doutor, e eu não; com espanto ele diz, "você não é doutora?". Ele rapidamente cai em si: "isto é absurdo, mas eu realmente não pensei em você como não sendo uma doutora". Essa dupla negativa aparece para negar a possibilidade de que ele pudesse até ter pensado, por um momento, em enaltecer-me.

Eu sugiro, ainda, ter sido convidada a interpretar que ele havia se desmerecido – mas na verdade ele está me contando o quanto se relaciona bem com sua secretária, e quão bom ele é por não me desclassificar – mesmo enquanto me põe para baixo. Ele acredita que eu não consigo lidar com minha inveja daquilo que ele tem e eu não. E, no entanto, em seu sonho há esta taça de vinho sendo recusada, o que, a meu ver, representa o seu triunfo envenenado sobre os objetos em direção aos quais ele é conscientemente tão atencioso.

O Paciente B insiste que isso não pode ser assim: "Você é tão bem-sucedida", ele diz, "como eu poderia pensar que, possivelmente, você pudesse estar invejosa de mim?" Aponto que ele me trata como alguém muito frágil e incapaz de lidar com o sentimento de inveja daquilo que ele tem e eu não. Assim, ele detém todas as capacidades e eu tenho que ser acudidas com equivalentes mentais de copos de água ou buquês, mesmo que de arame farpado.

Posteriormente, apontei a idade de seus pais (analíticos) e sua preocupação, ou fantasia, de que eles e nós (meu marido e eu) poderíamos estar invejosos de sua relativa juventude e saúde: nós, com todos os sintomas (tosse) e medo da velhice, e da mesma maneira que sua mãe, dou-lhe esses sintomas para serem tratados, e ele os trata, "gentilmente como se nem os tivesse percebido", ou, quando não podem ser ignorados, oferecendo um copo d'água. Ele diz que seu pai, que é um executivo que se fez sozinho, sempre se envergonhou muito de seu *background*, por não ter tido a mesma educação do paciente. Porém, quando sua irmã se formou, seu pai pôde dizer: "eu estou realmente muito orgulhoso, mas invejo a educação e as oportunidades que você teve". Como Oscar Wilde disse, esse é um homem corajoso que pode admitir a sua inveja.

Interpreto que ele sente que o amor do pai pela irmã, e pelas realizações dela, parecem ser maiores do que sua inveja dela, e isso lhe dá força e coragem para ser honesto. Talvez ele sinta que eu, também, não precise que ele trabalhe/tente trabalhar tanto para ter a possibilidade de negar ou encobrir a minha inveja dele. Em vez disso, eu pensava que o paciente talvez se sentisse (em algum lugar de si) muito mau, até envergonhado, de sua necessidade de encobrir os seus sentimentos de inveja do pai/de mim, assim como de ciúmes do relacionamento de sua irmã com seus pais.

O Paciente B diz que, em sua análise anterior, uma parte dele estava sempre (secretamente) recusando as interpretações de seu analista como se ele "simplesmente estivesse sentindo inveja de mim". Penso que, possivelmente, deve ter sido isso o que ele estava fazendo, não somente em sua análise anterior, como mais cedo nessa sessão, e até mesmo agora. Acredito que ele inveje, em seu pai, não apenas a sua força e a sua capacidade de amar e de sustentar a sua família, mas também a sua habilidade para reconhecer seus sentimentos invejosos; acredito que, quando ele ostensivamente me protege, ele me inferioriza e então teme um ataque invejoso assassino que viesse de mim. Ele diz: "é estranho que você diga isso: minha esposa achou que fosse perigoso para mim vir hoje de metrô à sessão" (era 7 de julho, o aniversário do bombardeio dos metrôs e ônibus em Londres). Entendo isso como uma associação a minha fala sobre o seu medo de minha inveja assassina de suas qualificações e de sua juventude; ele teme minha vingança. Certamente parece que o que existe à volta é algo um tanto mortífero: o buquê de arame farpado esconde bombas (de maneira interessante, Klein destaca a qualidade anal dos ataques invejosos – e podemos notar em ambos os pacientes, neste de agora as bombas, e antes nas referências da Paciente A à minha escuta das "porcarias" que ela falava.)

Como é comum com muitas crianças de mães depressivas, este paciente é capturado em um círculo vicioso. Segundo suas crenças, ele experimenta uma mãe que, em parte, está impossibilitada de cuidar dele. Na sessão, o que vemos é que a analista não só é sentida como incapaz de cuidar dele, mas, também, assim como sua mãe, mostra-lhe os sintomas e então ele se oferece para cuidar dela/de mim (por exemplo, "oferece-me água para minha tosse ou me traz um "buquê"). Nesse processo, ele odeia aquela mãe/analista que está sendo cuidada por ele, precisamente quando ele sente não estar sendo cuidado: que, em vez disso, sua sessão fica "perturbada" pela minha tosse, mas também por minhas interpretações, que falham em cuidar/conluiar com contra suas soluções onipotentes para seus problemas. Assim, não apenas há evidência de uma analista que não dá conta (tossindo), mas, em seguida, ele me detona, reduzindo-me a uma pessoa que não consegue lidar com coisa alguma. Por isso ele se sente inconscientemente responsável e culpado, mas, mesmo assim, como é injusto o fato de que ele tenha que se sentir responsável pela depressão de sua mãe e por minha tosse. Assim ele se sente responsável por mim e ao mesmo tempo me despreza: ele não pode nem desafiar aquela pessoa, tampouco acredita possa ser desafiado por essa mãe depressiva ou por esta analista ostensivamente invejosa.

Conclusões

Os dois casos que usei aqui como ilustração têm certas características em comum com os dilemas encontrados em *Otelo*. Apesar de as circunstâncias e as características serem, certamente, muito diferentes, a Paciente A e o Paciente B compartilham qualidades de autoengrandecimento, secretamente parabenizando-se por sua genialidade em se defender da dor da experiência de inveja e ciúme. De fato, o problema não é tanto a inveja, mas a aparente ausência de inveja. Como se diz no senso comum, o que funciona mesmo não é o pecado original, mas o disfarce! Junto com isso vem uma maior ou menor ameaça da excitação, perigosa explosão – como Klein sugere, explosão "anal" –, em diferentes formas, ameaçando e até criando um pandemônio.

Como todas as outras qualidades, a inveja pode ser pensada como constitucional. Klein enfatiza isso ao mesmo tempo em que também fala do cuidado que pode modificá-la. Não destaquei muito o excesso de inveja inata, mas foquei nos ciclos escalonados em que há uma ausência de sustentação para lidar com essa difícil propensão. Parece haver, nesses casos, espaços reduzidos para o pensamento ou para realizar o necessário trabalho psíquico interno para lidar com a inveja e o ciúme concomitante. Em vez disso, há uma imediata reação assassina. Acredito, ainda, que o que tais pessoas mais invejam é precisamente a capacidade dos seus objetos para lidar com problemas que conjugam perda, inveja, ciúme e a culpa decorrente.

13. Invejando "Inveja e gratidão"

Peter Fonagy

Tradução de Bartholomeu Vieira

A monografia de 91 páginas de Melanie Klein, "Inveja e gratidão", publicada há meio século, era vendida por cerca de 63 centavos de libra. Mas seu preço é o único aspecto anacrônico desse tratado notável, que levou a psicanálise a um domínio em que não tinha, até então, se estabelecido com qualquer grau de conforto. Esse trabalho impressionante explora as vicissitudes da formação do caráter em termos da dominância relativa de dois estados afetivos adversos: inveja e gratidão. A sugestão de que o predomínio da inveja sobre a gratidão nos momentos de gratificação poderia ter consequências perniciosas produziu um impacto profundo na prática clínica e nos desenvolvimentos teóricos, mas também suscitou muita controvérsia, o que talvez seja interpretável como um exemplo de inveja. O conceito de inveja é notável por fornecer uma ponte entre as preocupações clínicas da psicanálise e a ciência da mente, evoluindo, em paralelo, em outras disciplinas com o progresso no pensamento psicanalítico. Neste breve capítulo, considerarei alguns exemplos da aplicação do conceito da sra. Klein nesse domínio psicológico mais amplo.

Defesas contra a inveja

A riqueza do conceito de inveja está enraizada na dinâmica da inveja. A inveja é menos notável em suas manifestações diretas do que na miríade de casos em que observamos as medidas, às vezes extremas, tomadas pelo indivíduo para se proteger contra essa experiência. As defesas narcísicas de idealização e desvalorização podem ser ambas vistas como protetivas contra um ataque aniquilador de inveja sobre o objeto, seja ao colocá-lo fora de alcance ou tornando-o indigno do desejo de posse e controle. A ideia de que, sob uma aparente difamação do objeto pode existir um desejo oculto e muito mais mortal de aniquilação, nascido da admiração, é clinicamente muito útil. Interpretar a difamação como uma defesa contra o desejo na maioria das vezes tem pouco ou nenhum impacto, mas voltar a mente consciente do paciente para se atentar ao seu desejo destrutivo produz uma sensação de "se sentir sentido" (Damasio, 1999, p. 280). Às vezes, os ataques de inveja são prevenidos pela criação de estados confusionais totais ou pela criação de uma fantasia de controle absoluto capaz de interferir profundamente no teste de realidade (Rosenfeld, 1965). A inveja também pode ser projetada, gerando situações sociais em que os outros são manipulados para se sentirem com inveja, enquanto o sujeito experimenta a sensação de uma indignação justa aliada a um enorme alívio. A sra. Klein mostrou com que frequência essas manobras defensivas se transformam em ação e, em muitos casos, é a defesa contra a inveja, em vez da inveja primária que prejudica a possibilidade de desenvolvimento de bons relacionamentos.

Os grupos profissionais não são imunes a tais ações defensivas, frequentemente tratando um progresso significativo feito por outros indivíduos como ameaçador, precisamente porque as ideias mais inspiradoras, por definição, pertencem a outras pessoas. Tais pessoas se sentem como se estivessem sob o controle de outras mentes e, portanto, não podem deixar de sentir inveja. Consequentemente, como a sra. Klein descreveu, o amor é sufocado e a agressão é intensificada para contornar a culpa que a inveja pode despertar. Eu não duvido que o conceito de inveja – convincente, claro e imensamente poderoso como uma construção explicativa – conseguiu despertar a inveja, o que pode explicar a reação depreciativa de alguns críticos e a idealização do conceito por outros. Spillius (1993) chama a atenção para a "tempestade de protestos" que se seguiu à introdução do conceito (ver, por exemplo, Joffe, 1969; Zetzel, 1958). Em contrapartida, o uso extensivo do conceito de inveja poderia ser uma indicação de sua supervalorização defensiva. Em 1970, 48 artigos usaram o conceito; em 1980, foram 82; em 1990, haviam 107; e em 2000, 147 artigos incluídos no arquivo da PEP-web usaram o conceito com crescente aprovação e sofisticação (por exemplo, Etchegoyen, Lopez, & Rabih, 1987; Gabbard, 2000). Será que o número de pacientes que manifestam inveja está aumentando? Ou é a nossa própria atitude em relação ao nosso trabalho que está mudando, e essa mudança reflete o aumento do recurso a essa ideia? Aparentemente, a própria Klein sentiu que o conceito de inveja primária do seio tinha sido "trabalhado até a morte por alguns de seus adeptos" (Grosskurth, 1987). No entanto, existem muitas facetas desse conceito que justificam sua posição no centro da psicanálise moderna.

Inveja e a genética da patologia

Para Klein, o grau de inveja experimentado por um infante é o principal indicador do risco da criança tornar seus fatores constitucionais distúrbios psicológicos. Ela postulou a existência da inveja desde o início da vida, equacionando-a mais ou menos com o sadismo. Sugeriu que seus primeiros escritos sobre os ataques sádicos da criança e a identificação projetiva com a mãe deveriam ser reformulados em termos de inveja. Klein considera a inveja primária como um fator constitucional que pode explicar a patologia na posição paranoide-esquizoide: os ataques invejosos ao objeto bom trazem consigo uma experiência prematura de ansiedade depressiva sobre o possível dano causado ao objeto bom, e isso interfere na diferenciação primária entre bom e mau no objeto e no self. A ruptura da cisão normal abre o caminho para os estados confusionais de psicose e cria uma barreira na elaboração da posição paranoide-esquizoide e no prosseguimento de uma experiência normal para a posição depressiva. A monografia de Klein tentou mapear um aspecto biológico, uma predisposição constitucional à destrutividade, que caracteriza certos indivíduos, cuja experiência subjetiva tem permanecido um mistério para a maioria de nós, mas cuja predisposição constitucional à violência interpessoal continua a chocar e desnortear (Feinberg, Button, Neiderhiser, Reiss, & Hetherington, 2007; Wamboldt & Reiss, 2006).

Naturalmente, a abordagem de Klein à biologia foi em termos de fixação libidinal, mas é o caráter sádico da expressão de preocupações orais e anais que retém a pungência de suas contribuições. O avanço teórico foi oferecido pela compreensão da dinâmica da inveja e como a elaboração desse sentimento até então pouco compreendido é uma condição prévia essencial para a experiência de um relacionamento genuinamente mútuo. O aspecto biológico revela-se crucial. Estudo após estudo sobre gêmeos, alguns criados separadamente, confirma a importância primordial da predisposição biológica (por exemplo, Bolton, Rijsdijk, O'Connor, Perrin, & Eley, 2007; Kim-Cohen, Moffitt, Taylor, Pawlby, & Caspi, 2005; Silberg, Rutter, Tracy, Maes, & Eaves, 2007). Muitas vezes, esses estudos se contrapõem às reivindicações psicanalíticas em relação ao exclusivo caráter formativo da relação mãe-bebê (por exemplo, Fairbairn, 1954; Winnicott, 1965). No entanto, a psicanálise busca tanto a compreensão de como a predisposição biológica se expressa por meio da experiência subjetiva quanto a compreensão da influência do ambiente parental. Como Freud (1905d)[1] observou: "O fator constitucional tem de aguardar experiências que o ponham em vigor; o acidental precisa apoiar-se na constituição para ter efeito" (p. 222). A afirmação de que os genes são a causa do comportamento humano é absurdamente reducionista. O comportamento é invariavelmente o produto da experiência mental (Sandler & Joffe, 1969). Uma compreensão da realidade psíquica da causalidade genética é uma contribuição importante da psicanálise kleiniana. Para Freud, as pulsões não possuíam representação e, portanto, são intrinsecamente incognoscíveis (Freud, 1915e). Seu funcionamento só pode ser inferido por meio dos conteúdos ideacionais conscientes ou inconscientes ou pelos afetos. Em contrapartida, a teoria kleiniana sempre considerou as pulsões sendo cognoscíveis. As suposições de Freud sobre a representação da pulsão, na teoria de Klein, tornaram-se equiparáveis à pulsão enquanto fantasia inata envolvendo objetos ou objetos parciais (Isaacs, 1943). Nesse sentido, a inveja, um conceito presente na teoria psicanalítica da década de 1920 (Joffe, 1969), é sugerida pela sra. Klein não como um derivado da pulsão, mas uma pulsão inata com propriedades fenomenológicas experienciais próprias.

A natureza inata da inveja e da gratidão possui implicações muito além da crítica comum de que emoções complexas, geralmente consideradas como pertencendo a um estágio avançado de desenvolvimento, são precedidas e localizadas na fase mais imatura da vida, isto é, o próprio nascimento (Joffe, 1969; Yorke, 1971; Zetzel, 1958). Essas críticas foram curiosamente feitas por psicanalistas que, por razões teóricas, impediram em grande parte o estudo direto da infância, e não estavam em uma boa posição para discutir sobre as capacidades cognitivas do infante . Como

---

1 Segundo a Edição Standard das obras completas de Sigmund Freud.

esperado, o desdobramento de um rico fluxo de pesquisas psicológicas com infantes proporcionou uma imagem bem estruturada do rápido desenvolvimento das capacidades pré-verbais dos infantes, com muitas "aquisições" surpreendentemente precoces, como a argumentação retrospectiva e a imitação racional (Gergely, Bekkering & Kiraly, 2002; Gergely & Csibra, 2006), inferindo e atribuindo falsas crenças a outros, que representa estados de realidade retrospectiva (Onishi & Baillargeon, 2005; Surian, Caldi, & Sperber, 2007) ou entendendo as pretensões das ações de outros, que representa estados ficcionais da realidade (Onishi, Baillargeon, & Leslie, 2007). Tais achados sugerem que, desde os estados pré-verbais, os infantes possuem todos os pré-requisitos cognitivos básicos para a mentalização. Se esse complexo de afetos for constitucional e operacional com a devida energia efetiva desde o início da vida, então Melanie Klein pode ter estado correta ao sugerir uma modificação nos conceitos freudianos de pulsão, de libido e de instinto de destruição por um conjunto de motivações mentalizadas do infante.

A inveja e a gratidão são inatas e dão vida aos mecanismos do ego de cisão e projeção, que, por sua vez, levam a processos psíquicos complexos e sofisticados. Dentre as construções psicanalíticas, a inveja se destaca como uma das mais úteis na compreensão da predisposição genética e sua influência na mediação psíquica. Por exemplo, a amplamente aceita predisposição constitucional à depressão (por exemplo, Bergen, Gardner, & Kendler, 2007; Kendler, Gatz, Gardner, & Pedersen, 2006; Orstavik, Kendler, Czajkowski, Tambs, & Reichbom-Kjennerud, 2007) pode ser reconciliada com os relatos psicanalíticos pelo pressuposto de que a fenomenologia da depressão se origina em uma figura do superego sobre a qual a inveja foi projetada, que, portanto, passa a ser experimentada como perseguidora e interfere nos processos de pensamento, em toda atividade produtiva e, finalmente, com criatividade (Rosenfeld, 1959).

O narcisismo da inveja *(inveja e o* self*)*

Então, qual é a origem da inveja? A inveja de Melanie Klein está enraizada na fantasia de estragar o objeto bom ao colocar nele, na fantasia, partes más de si mesmo, com a intenção direta de estragar e destruir. Existe um aspecto essencialmente narcisista da destrutividade invejosa, que explica o efeito desorganizador que tem sobre o *self* (Rosenfeld, 1971). Como Segal (1993) sinaliza: "A inveja é necessariamente um sentimento ambivalente, uma vez que foi enraizada ... na dependência e na admiração" (p. 59). Ela é a parte do "meu *self* ", por mais desprezível, nojenta e desfigurante, que eu uso para destruir aquilo que eu gostaria de ter e que não possuo. Assim, a destrutividade do ataque invejoso sempre implica em uma "colonização" do objeto por uma parte estranha e não metabolizada do *self*. Isso faz com que o objeto invejado seja sentido como parte do *self*. Ele continua a ser sentido como pertencente ao *self*, mesmo quando desempenha o papel de veículo para aspectos maus ao destruir o que foi atacado. Os ataques invejosos são, portanto, qualitativamente diferentes de outros tipos de interação agressiva, na medida em que refletem tanto uma familiaridade *"unheimlich"* [estranha][2] quanto uma antipatia muito profunda com o objeto invejado. Essa combinação peculiar produz ataques de inveja, além de outros atos de destruição, pelo menos fenomenologicamente, e demonstra um aspecto desafiador do caráter viciante de certos tipos de violência. Isso explica o estranho orgulho que os indivíduos violentos experimentam em relação aos terríveis atos de destruição que praticam. Caso contrário, por que um criminoso retornaria à cena do crime? Ou, de fato, por que razão aqueles que se envolvem em horríveis assassinatos em massa,

---

2 Cf. Freud, S. *O estranho*. (1919). (Edição Standard das Obras Psicológicas Completas de Sigmund Freud, Vol. XVII). Rio de Janeiro: Imago.

como as limpezas étnicas, relatam um impressionante sentimento de elevação moral associado a suas ações?

O fundamental para entender a importância clínica de reconhecer o caráter invejoso de um ataque reside no *insight* sobre a estranha dualidade de aconchego e ódio. Bion (1962a) descreve vividamente a situação emocional em que um infante sente medo de que está morrendo. O infante cinde e projeta seus sentimentos de medo no seio, junto com a inveja e o ódio do seio tranquilo. Bion aponta que é precisamente por causa do estado de inveja (que inviabiliza uma relação recíproca) que o componente de medo no medo de estar morrendo se torna tão destrutivo. O medo projetado no peito destrói o seio e ele não pode se apresentar para tranquilizar, acalmar ou proteger. O seio é percebido de forma invejosa retirando o elemento bom ou valioso no medo de morrer (o ímpeto por segurança) e forçando o resíduo sem valor de volta para o infante. O infante, que inicialmente sentia um medo de estar morrendo, acaba tendo que conter o sentimento de um terror sem nome. Do meu ponto de vista, Bion, usando as ideias de Klein, descreve claramente como é a fenomenologia da situação para o infante que os teóricos do apego descrevem como a desorganização do sistema de apego (por exemplo, Green & Goldwyn, 2002; Hesse & Main, 2000; Solomon & George, 1999). Os teóricos do apego estão principalmente preocupados com a relação do infante com um objeto que é simultaneamente a origem do terror e da tranquilidade. O conceito de Klein (por meio da elaboração de Bion) vai além, ultrapassa a descrição mecanicista fornecida pela metáfora do computador do modelo de trabalho interno, para então evocar a experiência subjetiva incorporada nessa dinâmica (Fonagy & Target, 2007).

Controle e vida

A inveja, de acordo com a sra. Klein, é uma experiência emocional ilusoriamente simples. Ela não possui as complicações do ciúme, no qual a criança tem que conceber o estado mental de pelo menos uma outra pessoa além do objeto. A inveja não implica uma triangulação (Cavell, 1998; Von Klitzing, Simoni, & Bürgin, 1999) ou mesmo um estado psíquico de intersubjetividade (Trevarthen & Aitken, 2001; Tronick, 2007). Ela é "um sentimento furioso e rancoroso" de não querer que outra pessoa possua ou desfrute de algo que se considera desejável; de preferir estragar o objeto a abrir mão dele; de permitir que ele exista exclusivamente sob o controle próprio ou que não exista de modo algum. Klein percebeu que a inveja e a pulsão de morte têm uma característica comum fundamental: elas atacam a vida e as fontes da vida. Isso implica a possibilidade de ataques invejosos sobre o próprio ser, se os critérios cruciais de posse e controle não forem cumpridos. A sra. Klein aponta que, como seres humanos, podemos preferir a morte em vez da existência se o importantíssimo critério de controle não estiver satisfeito. Um dos sofrimentos que o indivíduo busca evitar pela autoaniquilação e aniquilação de objetos é a dor causada pela consciência da existência de um objeto que é odiado e invejado (Segal, 1993). A aniquilação é tanto uma expressão da pulsão de morte na inveja como uma defesa contra a experiência invejosa por meio da aniquilação do objeto invejado, que é sentido fora do controle do *self* e/ou do *self* que poderia desejar o objeto. Quanto mais intensa for a experiência de estar fora de controle, mais forte será o desejo de pôr um fim à necessidade destruindo-se.

A importância da inveja para as ciências sociais em geral e as questões relativas à distribuição desigual de saúde entre os grupos sociais tornaram-se evidentes apenas recentemente. Foi uma surpresa para muitos, nesta década de encerramento do século XX, saber que o maior fator de risco para doença cardíaca coronária (CHD) não é colesterol nem o cigarro, mas sim a natureza do trabalho de um indivíduo, o controle que eles possuem sobre o seu trabalho e o apoio social que eles têm disponível para si mesmos (Marmot, 2006; Wilkinson, 1996, 2000). Ainda mais interessante é o crescente corpo de pesquisa sugerindo que os riscos para muitas doenças crônicas na vida adulta são definidos muito cedo: durante a primeira década de vida ou mesmo na tenra infância (Barker, 1990; Power & Hertzman, 1997). Um estudo relativamente recente nos informou sobre as respostas dadas por 17.421 membros do plano de saúde para adultos Kaiser Permanente. Eles foram rotineiramente solicitados a dar informações sobre suas experiências de infância adversas (ACEs, do inglês, *adverse childhood experiences*) enquanto eram avaliados por problemas médicos e físicos. A maioria dos tipos de problemas foram precisamente prodiagnosticados pela ACE (Felitti, 2002; Felitti et al., 1998). Em estudos como as investigações de Michael Marmot sobre doenças cardiovasculares entre funcionários públicos em Whitehall, a ideia de autocontrole apareceu repetidamente como um fator fundamental na prevenção de quase todas as doenças vivenciadas pelos funcionários de níveis mais elevados no serviço, em comparação com os indivíduos que compartilhavam seu espaço de trabalho, mas com muito menos controle sobre os recursos disponíveis. Uma sensação de controle garante a longevidade; a sua ausência cria riscos para a saúde na maioria dos sistemas de órgãos. Esse fenômeno desafia a compreensão, a menos que apreciemos as ideias de Melanie Klein sobre as experiências emocionais primitivas e frustrantes que são recriadas pela observação de uma outra pessoa tendo controle sobre algo bom que permanece além da própria esfera de ação. Só podemos assumir que, em tais casos, ataques de inveja não-mentalizados se voltam contra o corpo e a mente.

Apego e gratidão

A principal objeção de Bowlby à psicanálise clássica está na injustificada pressuposição da relação inicial do objeto estar baseada na mera gratificação das necessidades orais. Seria exigir demais de um único trabalho que ele revolucionasse toda a natureza do amor assim como a do ódio. No entanto, acho que o conceito clássico de "gratidão" da sra. Klein traz implicações para uma conceituação moderna de apego. Klein estava em consonância com Freud, Abraham, Anna Freud e todos os outros ao considerar o desenvolvimento do amor enraizado na gratificação oral: "quanto mais frequentemente é sentida e plenamente aceita a experiência de gratificação proporcionada pelo seio, mais frequentemente são sentidas a satisfação e a gratidão e, por conseguinte, o desejo de retribuir o prazer." (p. 189). No entanto, ela faz uma impressionante contribuição a esse pressuposto quando qualifica que o desenvolvimento da confiança e da gratidão se deve, no bebê, "à capacidade de aceitar e assimilar o objeto originário amado sem que a voracidade e inveja interfiram demais" (p. 188). Ela assume a existência de diferenças constitucionais entre os bebês ao levar em conta suas capacidades individuais de processar psicologicamente (metabolizar) as experiências vivenciadas. Em outras palavras, o amor não pode conquistar tudo. Diante do cenário de uma inveja destrutiva, o amor não pode ser ouvido. Certamente o trabalho clínico com a adoção e a angústia dos pais adotivos que esperançosamente tentam, mas não conseguem desfazer a destrutividade invejosa, que foi criada por uma combinação de predisposição genética, privação precoce e maus tratos, nos lembra exatamente essa ausência de complementaridade entre amor e agressividade (Bimmel, Juffer, Van IJzendoorn, & Bakermans-Kranenburg, 2003; Howe, 2006; Lieberman, 2003, O'Connor, Marvin, Rutter, Olrick, & Britner,

2003). A sensibilidade pode ser necessária, mas certamente não é suficiente em condições tão extremas.

Essa também foi uma lição difícil para os teóricos do apego aprenderem. A teoria do apego no início compreendia a agressividade como uma resposta defensiva à frustração das necessidades de apego:

> eu descrevi a repressão do anseio pelo objeto perdido, o deslocamento de repreensões contra ele, a negação da realidade da perda, as cisões no ego, o papel de identificação projetiva e uso defensivo tanto da agressão quanto dos cuidados de uma figura vicária. (Bowlby, 1963, p. 540)

A sra. Klein coloca a bota da violência no outro pé. A agressividade não é vista como puramente uma reação. Na sua teoria, a gratidão (amor) se torna possível graças à assimilação da agressividade inata. A agressividade excessiva desorganizará o apego a um ponto em que sinais de cuidado evolutivamente estabelecidos já não têm mais seu efeito antecipado. A teoria de Klein pode ser lida como uma descrição da desorganização do apego, que é normalmente caracterizada como uma falha em processar sinais positivos de ter sido emocionalmente compreendido ou afetivamente contido. Klein poder ter se enganado em sua ênfase a respeito da gratificação oral como base do sistema de apego (sabemos hoje em dia que o sistema de apego tem gatilhos biológicos, os neuropeptídios de vasopressina e oxitocina, que são específicos na ativação dos laços entre pais-filhos, filhos-pais e nos vínculos românticos (ver Insel, 2003; Lim & Young, 2004; Lim, Wang, Olazabal, Ren, Terwilliger, & Young, 2004), mas ela estava desenhando novos rumos quando deu ênfase à qualidade complementar do apego e da destrutividade, com a última não sendo redutível à frustração da primeira (Fonagy, 2003). Com base em estudos de observação longitudinal em grande escala, os desenvolvimentistas agora reconhecem amplamente que a agressividade tem seu pico na infância e que é o fracasso em se abster dela que leva a problemas de conduta, e não a agressividade que emerge *de novo* enquanto uma resposta a um ambiente de adversidade (NICHD Early Child Care Research Network, 2004; Tremblay et al., 2004). Os processos sociais que anteriormente eram pensados enquanto geradores ou promotores de agressividade, na verdade, atuam interferindo na socialização da agressividade, como Klein sugeriu. Isso, naturalmente, tem implicações importantes para a prevenção como para a terapia.

A sensibilidade, o cuidado e a sintonia não fornecerão um antídoto à destrutividade em algumas pessoas, precisamente porque isso estimula os seus desejos de ataque e de destruição, em vez de atender às suas necessidades frustradas, contra as quais a agressividade e a violência são assumidas como reações defensivas. De fato, quanto mais cuidados esses indivíduos recebem, mais uma reação de destrutividade invejosa se fortalece. Aqueles cujo sistema de apego não está desorganizado (a maioria de nós) acham essa reação inexplicável, mas também sabemos que ela é tão universal quanto qualquer fenômeno incluído por Freud (1901b) na "Psicopatologia da vida cotidiana". Isso nos ajuda a entender por que alguns pacientes reagem a uma interpretação conveniente, que claramente traz alívio, com críticas destrutivas e, principalmente, não é permitido ao analista um momento de satisfação como aqueles que levavam Freud a acender seu charuto e exclamar apocrifamente que aquilo era apenas um charuto (Elms, 2001). A sra. Klein apontou que quanto melhor for o contato que fizermos com o paciente invejoso, quão mais sensível e sintonizada for nossa intervenção, mais seremos criticados. Nós devemos esperar o momento em que a profunda verdade de nossa interpretação seja decantada antes de responder. Mas, em última instância, temos que levar a afirmação a sua máxima impertinência e provocatividade . Um mundo como o de *Alice no País das Maravilhas* é evocado, onde cada ato de bondade recebe sua justa punição. Em outra história apócrifa, uma incomodada diretora diz que exclamou: "Não sei por que X está me atacando! Eu nunca fiz nada por ele!".

Conclusão

Neste capítulo, planejei celebrar as contribuições de Melanie Klein, mostrando sua relevância para o pensamento atual no desenvolvimento da psicopatologia. Os analistas kleinianos são muitas vezes acusados de não possuírem um modelo de desenvolvimento, coisa que alguns (os membros mais autocríticos do grupo, por exemplo, Spillius, 2001) assumem. Apesar de a teoria kleiniana ser corajosamente adultomórfica e nunca ter pretendido ser validada experimentalmente em laboratórios de observação, ironicamente e diferente do que a maioria de nós poderia esperar, o que acabou acontecendo foi que as ideias ficcionais da sra. Klein sobre o desenvolvimento vieram a ser mais relevantes para a base científica da disciplina, mais próximas à realidade, do que aquelas comprovadas em laboratório.

14. Círculos viciosos de inveja e punição

Henry F. Smith

Tradução de Nina Lira

A atenção do analista

Nas últimas décadas, em ambos os lados do Atlântico, houve uma mudança da atenção do analista para o movimento que acontece, a todo instante, na sessão clínica, especialmente dentro da transferência. Nos Estados Unidos, percebemos essa mudança no advento da psicologia do *self*, com seu foco na detalhada experiência consciente do paciente; na escola relacional, com a ênfase na contínua interação encenada [*enacted*] com o analista; e na teoria contemporânea do conflito, em que Gray (1994) introduziu o foco "durante a hora" (*inside the hour*) nos momentos de interferência conflituosa, especialmente na transferência, e em que Brenner (2002) argumentou, desde outra perspectiva, que todo evento mental – todo pensamento, afeto ou ação – é, quando observado analiticamente, uma formação de compromisso, constituída pelo conflito entre desejos (ou derivados pulsionais), defesas, tendências autopunitivas e afetos dolorosos. Na opinião dele, são esses fenômenos clínicos imediatos que controlam a atenção do analista, e não as grandes agências abstratas da mente – o id, o ego e o superego –, que deveriam ser descartadas por serem enganosas nas suas simplificações.

A mudança também é evidente entre os kleinianos britânicos contemporâneos que, diferentemente de seus predecessores, são menos inclinados a oferecer ao paciente reconstruções do desenvolvimento inicial ou a apontar evidências de grandes abstrações, como a pulsão de morte, como se elas não fossem somente inferidas, mas estivessem representadas concretamente no material clínico. Em vez disso, eles oferecem um exame muito mais imediato do uso que o paciente faz do analista e das intervenções dele, se comparado ao que tem sido associado à técnica kleiniana tradicional. A atenção especial às nuances na transferência aqui e agora que reconhecemos no trabalho de Joseph (1989) ou Feldman (2007) contrastam com a seguinte descrição de Klein (1991[1957]) sobre seu próprio trabalho em "Inveja e gratidão":

> *O cerne da minha interpretação foi que seu ressentimento quanto às sessões analíticas perdidas relacionava-se com as mamadas insatisfatórias e com a infelicidade na tenra infância. Os dois bolinhos dentre "dois ou três" representavam o seio do qual ela sentia ter sido privada duas vezes ao faltar às sessões analíticas. (Klein, 1991[1957], p. 205)*

Em certo sentido, "Inveja e gratidão" contempla tanto as formas mais antigas quanto as mais novas em seu foco retórico. Ao ler esse artigo nos dias de hoje, não se pode escapar à sensação de estar ouvindo um drama moral encenado entre o bem e o mal, entre os objetos internos persecutórios e os bons ou, nesse caso, entre a inveja e a gratidão. Em sua maioria, as entidades em guerra parecem representar culturas puras, como se a mente estivesse dividida em uma série de entidades e afetos cindidos: objetos puramente bons e puramente maus, inveja pura e gratidão pura. Eu acho que essa cisão retórica provém do interesse de Klein nos estados primários da mentação [*early states of mentation*], nos quais, a princípio, a cisão faz parte do desenvolvimento, mas também provém do interesse kleiniano, de longa data, nas pulsões que conflitam umas com as outras. Isso, aliás, opõe-se ao que diz Brenner (1982), para quem as pulsões ou, mais precisamente, os derivados das pulsões (desejos) – ele pontua que as pulsões são apenas abstrações, jamais observáveis – nunca estão em conflito umas com as outras, a menos que o derivado de uma pulsão esteja defendendo-se de outro. Ambos os derivados das pulsões, o libidinal e o agressivo, são expressos em todos momentos psíquicos, encontrando expressão em cada formação de compromisso.

Por outro lado, o constante reconhecimento de Klein de que não existem estados puros funciona como um *Leitmotiv* ao longo de "Inveja e gratidão": "Isso não quer dizer que um certo elemento de culpa não entre nos mais genuínos sentimentos de gratidão" (p. 189) ou "Como a necessidade de um objeto bom é universal, a distinção entre objeto idealizado e objeto bom não pode ser considerada como absoluta" (p. 193). Ao lado de Brenner, Klein não parece acreditar que exista qualquer estado sem conflito, até mesmo na infância: "A ausência de conflito no bebê, se é que tal estado hipotético pudesse ser imaginado, privá-lo-ia de enriquecimento em sua personalidade e de um importante fator no fortalecimento de seu ego. Pois o conflito (e a necessidade de superá-lo) é um elemento fundamental na criatividade" (p. 186).

Klein é levada a essas observações cada vez mais complexas por conta da sua própria experiência clínica, o que faz com que ela modifique suas categorias puras em nome da verdade clínica. Mas o canto da sereia dos estados puros ou idealizados é quase irresistível já que, pouco antes de nos dizer que não existe gratidão sem culpa, ela fala da *"gratificação plena"* que a inveja impede, observando que "o bebê só pode sentir *satisfação completa* se a capacidade de amar é suficientemente desenvolvida... tal *unidade* significa ser *plenamente compreendido*" (p. 188, grifo meu). Aqui ela não dá nenhuma pista de que a plenitude e a completude são elas mesmas idealizações ou de que "a satisfação completa" é uma impossibilidade já que o conflito está sempre em cena. Nessas primeiras páginas, expressões como "união plena... plenamente compreendido... plenamente aceita... plenamente manifesta... satisfação completa... fruir plenamente de suas mamadas" (pp. 188-192) ecoam insistentemente ao longo de todo o texto. No final de "Inveja e gratidão", Klein escreve de forma emocionante, "quando o amor pode ser suficientemente reunido ao ódio e à inveja que estavam excindidos, essas emoções tornam-se toleráveis e diminuem porque são mitigadas pelo amor" (p. 232). Aqui, o resultado final é um estado misto, mas o drama já foi travado internamente, o drama entre a cura do poder do amor e o poder destrutivo do ódio e da inveja, sendo eles mesmos estados puros ou idealizados. Esta é uma psicologia básica expressa na linguagem da moral judaico-cristã.

No espectro dos qualificadores que estão neste trabalho – com maior incidência no início do que no final – encontra-se a sensação de bondade como um estado puro. Nesse sentido, Klein afirma: "Uma gratificação plena ao seio significa que o bebê sente ter recebido do objeto amado uma dádiva especial que ele deseja guardar. Essa é a base para a gratidão" (p. 188). Ela continua: "A esperança e confiança na existência da bondade, como pode ser observado na vida cotidiana, auxiliam as pessoas em meio a grandes adversidades e contrabalanceiam eficazmente a perseguição" (p. 194). Sabemos o que ela quer dizer, mas as categorias morais idealizadas – "gratificação plena" na primeira passagem, "existência da bondade" na segunda – são apresentadas aqui, de novo, como se não houvesse conflito algum inerente a elas ou nenhuma ambivalência inevitável para atenuá-las.

Na concessão feita por Klein de que a culpa entrará até mesmo "nos sentimentos mais genuínos de gratidão", nota-se o uso da palavra *genuíno*, que é mais uma expressão de um estado ideal ou puro. Embora todos nós adotemos palavras como *genuíno, autêntico, pleno, real* e *total* (como na relação de objeto total) para qualificar o estado de mente do paciente ou do analista, a "genuinidade" da apresentação do paciente – ou a falta dela – é algo que os kleinianos contemporâneos ensinaram-nos a observar. A palavra é quase uma patente em seus discursos, que provou um aspecto único e durável da escuta do analista. O meu ponto, no entanto, é o de que existe um tom moral sedutor nessa linguagem que nos obriga a procurar por momentos que pareçam genuínos e a estar atentos aos outros que não parecem ser; existem alguns riscos contratransferenciais ao se fazer isso e é o que eu discuto abaixo, com a ajuda do material clínico que apresentarei. Por mais útil que seja a terminologia, é importante ter em mente o aviso de Klein de que, assim como não há gratidão pura sem culpa, certamente não há um estado puramente genuíno.

É provável que seja impossível analisar ou mesmo pensar sem utilizar idealizações como *genuíno* e *real*. Assim que observamos e nomeamos qualquer coisa, rapidamente ela torna-se reificada e idealizada; nossa cultura psicanalítica, como qualquer outra, é construída sobre elevados padrões morais. Assim, o moralmente sedutor conceito de perdão está frequentemente desfrutando seu lugar ao sol, até mesmo na psicanálise – embora não sem críticas (Smith, 2007a) –, e toda abordagem analítica pode ser dada como tendo suas idealizações próprias, desde a idealização da neutralidade atualmente tão debatida à noção sacrossanta de empatia (uma vez argumentei que não existe um estado puro de empatia e que todo estado como este deveria ter sua função defensiva, tanto para o paciente como para o analista, e um psicólogo do *self* me disse que eu estava sendo hipocondríaco). Meu ponto aqui é que, enquanto os estados puros e as categorias idealizadas são da natureza da formação dos conceitos em geral e representam um problema em nosso campo em particular, há algo sobre o caráter moral das categorias de Klein (por exemplo, *bondade, ódio, inveja, voracidade* e qualificadores como *pleno, completo* e *inteiro*) que inevitavelmente adentra a dimensão clínica como forças morais.

Não tenho intenção de enfatizar essas preocupações às custas do verdadeiro poder e significado da abordagem de Klein – o que representaria "perder a floresta por focar nas árvores". Isso porque é na estrutura reveladora de "Inveja e gratidão" que seus estados idealizados demonstram ser parte de um padrão muito mais complexo, pois Klein gira em torno de uma narrativa teórico-clínica tão precisa e intrincada nas voltas que dá em si mesma, que reconhecemos ali uma complexidade realística, até o ponto em que finalmente conclui: "a integração completa e permanente, na minha opinião, nunca é possível" (p. 233).

Uma das maiores contribuições do trabalho de Klein está no ponto em que explana sobre aquilo que chama de "círculos viciosos", que se revelam tanto no desenvolvimento quanto na sessão clínica como um resultado da inveja: a pessoa desvalorizada e invejosa ataca aquele que ele/ela inveja, incluindo o analista e as interpretações do analista, mas esse ataque só leva à culpa e ao autoataque em resposta, o que agrava o estado desvalorizado da pessoa, despertando mais inveja e, dessa forma, conduzindo a mais ataques. Também implícito neste trabalho está o "círculo virtuoso", que resulta quando um indivíduo internalizou o objeto bom e pode sentir e expressar amor e gratidão como resultado, o que por sua vez "torna possível introjetar um mundo exterior mais amigável" (p. 189), aumentando, assim, a bondade interna.

Observe como a própria estratégia e estrutura do trabalho conduzem o leitor aos círculos que Klein está descrevendo. Digo isso tendo em mente a maneira como ela continua circulando por assuntos já abrangidos, reafirmando continuamente a busca por plenitude e completude e, depois, restringindo-a com advertências quanto a sua improbabilidade, de um jeito que o leitor fica imerso em um padrão semelhante aos círculos clínicos sobre os quais ela fala. A recursividade da escrita de Klein parece nos atrair para o próprio processo cíclico de análise. Assim, o leitor experimenta em primeira mão, até mesmo visceralmente, o debate entre o próprio desejo de Klein por estados puros de bondade e amor e sua percepção de que eles são impossíveis: o mesmo conflito que ela está explicando.

Nós percebemos esse conflito desenrolando-se também nas ilustrações clínicas de Klein, o trabalho estando ainda a contemplar dois tempos: um mais antigo, mais simples e mais claro, e outro posterior, mais complexo e detalhado. Klein começa explicando sua visão constitucional e de desenvolvimento em que abundam estados literais fixos, e em que a condição de nutrição determina aspectos importantes do caráter adulto. Na interpretação que citei anteriormente, podemos notar um risco potencial desse compromisso teórico, na medida em que encoraja os analistas a imaginar que os pacientes podem fazer uso direto da interpretação de símbolos universais e concretizados ("os dois bolinhos representavam o seio") e de reconstruções do desenvolvimento inicial ("nutrição insatisfatória na infância"). Em contraste, outras intervenções indicam uma visão nitidamente diferente e mais contemporânea, focada no momento transferencial, por exemplo: "Interpretei que isso era apenas uma característica menor do sonho: o principal significado era que ele tinha rasgado meu trabalho e o estava destruindo" (p. 221), ou a observação de Klein sobre a aparição em um sonho da frase "isso me manteve em movimento" (p. 221) como evidência de quão essencial a análise havia se tornado para o paciente.

Brenner e Klein

Podemos perceber mais claramente a natureza do raciocínio e da retórica de Klein se a contrastarmos, um pouco arbitrariamente, com a de Brenner. Ali onde o pensamento de Klein em "Inveja e gratidão" é cíclico, aprofundando o território cada vez que repete suas ideias com nuances adicionais e atraindo o leitor para uma experiência de complexidade clínica, a abordagem de Brenner é ilusoriamente concisa e precisa. Ele simplesmente repete e demonstra que tudo o que o analista observa é uma formação de compromisso e deve ser analisada como tal; ele repete isso continuamente em sua escrita, até que o leitor finalmente entenda. Se Brenner é o porco-espinho nesta dupla, Klein é a raposa ("A raposa sabe de muitas coisas, mas o porco-espinho sabe de uma muito importante" – Archilochus, 700 a.C.).

A teoria de Brenner não admite a ideia de nada puro, em qualquer estado – nem amor nem ódio. Até mesmo a genuinidade deve ser uma formação de compromisso que se defende contra um afeto doloroso, e todo objeto bom, todo momento de gratidão, deve ser constituído tanto por desejos agressivos quanto amorosos, defesas e autopunição; o estado de mente em questão é simplesmente o resultado desses componentes subjacentes disputando por expressão. Em um sistema assim, não pode haver cultura pura de objetos bons e maus, nenhuma gratidão que não seja vinculada à inveja, nem inveja sem gratidão e nenhuma punição pura: cada aspecto da vida psíquica – punição e ódio, não menos que o amor – é uma mistura de derivados de impulsos eróticos e agressivos, e cada momento tem a sua medida de punição a ser aplicada tanto ao *self* quanto ao objeto.

Com certeza, nesse ponto, uma comparação entre Klein e Brenner não é justa para nenhum dos dois: a abordagem teórica de Brenner, quando colocada a teste na clínica, produz um campo observacional de complexidade amplamente maior, uma cadeia de compromissos a serem analisados; quanto à Klein, ela poderia ser, de forma eficaz e positiva, como o porco-espinho, quando nos referimos a sua persistência em relação ao seu ponto de vista teórico e prática clínica. Além disso, Klein frequentemente usa os termos "*bom*" e "*mau*" – como "*amor*" e "*ódio*" – em um sentido metapsicológico, como forças ou entidades que operam dentro das estruturas profundas da mente, enquanto o foco de Brenner é sobre aquelas entidades conscientes e inconscientes que são o resultado final dessas forças e, portanto, sempre misturadas e sempre ambivalentes. Por isso, estou comparando-os, de uma forma meio equivocada, em dois níveis diferentes de abstração. (Por vezes, não fica claro qual a dimensão da vida psíquica que Klein está abordando em "Inveja e gratidão" – às vezes ela parece estar falando da inveja e gratidão conscientes, outras vezes parece estar supondo uma inveja descritivamente inconsciente que é profundamente defendida; já em outros momentos, parece entender a inveja como uma espécie de força metapsicológica e um derivado da pulsão de morte que, como o ódio, está em guerra com outras forças que são boas e que afirmam a vida.)

Contudo, acredito que seja possível enxergar os diferentes caminhos tomados por Brenner e Klein para resolver o problema dos estados puros: Brenner postulando nas especificidades da sua teoria que eles são impossíveis, e Klein demonstrando que um estado é continuamente modificado por outro, ao passo que ambos estados permanecem bloqueados dentro dos círculos viciosos, os quais fundamentam a argumentação do trabalho. O meu ponto é o de que, sem alguma averiguação das propostas que esses analistas desenvolvem, o clínico será levado, assim como todos nós, a assumir que as coisas são apenas o que elas parecem ser.

Versões sobre a punição

Talvez possamos apreciar de forma mais nítida a distinção que estou delineando entre Brenner e Klein – e, portanto, entre certos aspectos das abordagens norte-americana e inglesa – se compararmos suas perspectivas sobre a punição. Já indiquei que Brenner entende a autopunição e o medo da punição como um componente de toda formação de compromisso e, portanto, de todo evento psíquico. Embora a questão da punição esteja implícita no decorrer do texto de "Inveja e gratidão", Klein a menciona somente no fim do trabalho, no ponto em que fala primeiramente do "superego invejoso", que é "sentido como perturbando e aniquilando todas as tentativas de reparar e criar [e] fazendo exigências constantes e exorbitantes à gratidão do indivíduo". Note que, neste caso, a inveja está em conflito com a própria gratidão. Em seguida, ela diz que "à perseguição acrescentam-se os sentimentos de culpa de que [decorrem do sentido de que] os objetos internos persecutórios são resultantes dos próprios impulsos invejosos e destrutivos que estragaram primariamente o objeto bom". Finalmente, ela acrescenta que "a necessidade de punição, que encontra satisfação no aumento da desvalorização do *self*, leva a um círculo vicioso" (p. 231). Nesse cenário, observamos as forças do bem e do mal batalharem, como em uma peça medieval sobre paixão (ou exercício na filosofia moral), sendo a punição uma atriz que sobe ao palco para atuar seu indispensável papel no drama.

Em contraste com a abordagem de Brenner, que é dizer que a punição está em toda parte e em tudo, Klein encena o drama que se revela em teoria – e, como constatou-se na prática – descrevendo (a) um superego invejoso interferindo poderosamente nos esforços de criatividade; (b) sentimentos de culpa por espoliar os objetos bons internos e criar os persecutórios, levando à (c) necessidade de punição, que pode encontrar satisfação em uma desvalorização aumentada do *self*, que então desencadeia (d) um círculo vicioso, pois a defesa contra a inveja leva a mais autopunição, que conduz a uma maior desvalorização do *self*, que, por sua vez, resulta, inevitavelmente, em mais inveja. Eu sugeriria que a ocorrência simultânea, ou de rápida mutação, desses sentimentos, impulsos e ansiedades conflitantes, observáveis nos movimentos de cada momento na relação entre paciente e analista – as sutis mudanças na sessão que despertam inveja ou ansiedade persecutória – é a pedra angular da técnica kleiniana contemporânea. E acredito que podemos identificar um círculo vicioso ainda mais rígido, insinuado, porém não especificado no texto, que é a punição do *self* levando à punição dos outros, que levaria à punição do *self*, e assim por diante. É neste último círculo, que serve simultaneamente a múltiplos propósitos, que eu gostaria de me concentrar agora. Começo com uma ilustração de *Hamlet* (Shakespeare, 1603).

Hamlet e a punição

Na cena final do Ato III, Hamlet, buscando vingar a morte de seu pai, equivocadamente mata Apolônio e depois ataca sua mãe verbalmente, punindo-a por seu relacionamento incestuoso com seu tio:

> *Não, mas viver*
>
> *No suor fétido de um leito infecto,*
>
> *imerso em corrupção, trocando carícias e fazendo amor*
>
> *sobre a pocilga obscena!*
>
> (Hamlet, III.i, v.91-94)[1]

Em seguida, ele é visitado pelo fantasma de seu pai, e na sequência, com toda a paixão amorosa de uma criança no ápice edípico, implora para sua mãe que, naquela noite e para sempre, se arrependa e "não vá para a cama do meu tio". E então ele diz (e este é o meu ponto):

> *Quanto a este senhor [Apolônio]*
>
> *Arrependo-me; mas foi vontade de Deus,*
>
> *Servindo-se dele para punir-me, e de mim para puni-lo,*
>
> *Que eu fosse ambos: o tormento e o torturador.*
>
> (Hamlet, III, i, v.174-177)[2]

"Servindo-se dele para punir a mim, e de mim para punir a ele": Hamlet é punido por sua ação, mesmo quando sua ação pune a outros. Assim, nesta breve sequência, Shakespeare captura múltiplas verdades referentes à punição: primeiramente, que cada ato de punição é ao mesmo tempo punição do outro e punição de si

---

[1] *"Nay, but to live / In the rank sweat of an enseamed bed, / Stew'd in corruption, honeying and making love / Over the nasty sty!"*

[2] *"For this same lord [Polonius] / I do repent; but heaven hath pleas'd it so, / To punish me with this, and this with me, / That I must be their scourge."*

mesmo; em segundo lugar, assim como Hamlet que está tentando equacionar a sua relação com um pai perdido e com uma mãe moralmente perdida, a quem ele ainda ama apaixonadamente, a punição é um pedido desesperado, embora insensato, de amor; e, em terceiro lugar, essa punição, como o sadomasoquismo de forma geral, é em si mesma uma defesa contra a perda do objeto. No entanto, observa-se que, se a punição for *simultaneamente* a punição do *self* e dos outros, ela cria seu próprio círculo vicioso, com a punição dos outros exigindo a punição do *self* (por culpa), e com a punição do *self* exigindo a punição dos outros (em decorrência da inveja). Assim, o círculo vicioso é posto em movimento por um único ato de punição.

Podemos ver essas verdades em suas formas mais puras na análise do masoquismo, em que a miséria é ao mesmo tempo punidora-dos-objetos e punidora-do-*self*, e também o masoquismo moral é sempre um sadismo moral – uma tentativa simultânea de preservar e destruir o objeto –, conforme aquilo que é projetado e aquilo que é introjetado trocam de lugares, contínua e instantaneamente. Tais complexidades tornam-se mais claras na contratransferência.

Uma sessão analítica

Estou pensando em uma psiquiatra, por volta de seus trinta e poucos anos, agora em sua segunda análise. A srta. H (que é como vou chamá-la) reclama amargamente que precisa de mim para amá-la, mas o faz num tom de tamanho autoataque, que me sinto atacado tanto por seu pedido quanto por seu próprio autoataque, ao mesmo tempo que acabo me tornando o atacante e sentindo culpa como resultado. Parafraseando Hamlet, servindo-se de mim para se autopunir e de sua autopunição para punir a mim. E dou-me conta de que eu também, nesse meu trabalho com ela, desejo punir e ser punido.

O ataque de minha paciente contra si mesma também é um apelo para que eu a detenha. Muitos anos atrás, ela tentou tirar a própria vida com a esperança de que seu primeiro analista viria em seu resgate. Agora, ela até se imagina rasgando a pele do próprio rosto, mas está menos manifestamente autodestrutiva em suas ações – ao menos até vocês ouvirem sobre a ação que ocorreu durante a sessão e o uso que ela fez de mim e de meus comentários.

A sessão de que vou apresentar se passa seis anos após o início da análise e dois dias antes de eu fazer uma pausa de duas semanas. Esta minha pausa intensifica a sensação de perda de objeto para nós dois.

A srta. H chega e diz: "Estou indo muito rápido. Acho que nunca me senti dessa maneira, desde a minha análise anterior". Me senti advertido: ela está se referindo a quando tentou se matar. "Eu sinto que vou morrer. Eu realmente não entendo por que estou me sentindo tão completamente desamparada em relação as suas férias". Ela diz isso com uma voz que parece estar mais exausta e resignada do que zangada para comigo, embora apresentando uma pergunta analítica que eu supostamente deveria responder. Sua questão, de entonação acadêmica, soa falsa, dado que a tônica é a própria sobrevivência. Ela precisa de algo meu em troca de minha partida, algo para mantê-la viva. Mas qualquer sentimento de raiva ou pânico precisa ser meu: ela está muito cansada para senti-los.

Ela continua: "Eu digo a mim mesma, olha, eu ficarei bem, porque tenho um escritório no andar de cima cheio de coisas para serem arquivadas neste tempo que terei livre" – reduzindo nosso relacionamento a uma operação de arquivamento. "Terei que ligar para cinco pessoas. Este é o tipo de coisa que eu faço bem. Tenho que pessoalmente ligar para elas. Sinto que estou numa corrida e que não há nada sob mim, o que, é claro, não é verdade, mas há essa sensação de estar indo tão rápido que nada está me segurando".

O que a srta. H diz é, em certo sentido, verdade: ela não tem nada embaixo dela – mas assim que ela faz essa observação ela a nega na sequência, sendo isso um ataque implícito a seu próprio *insight* e a qualquer contribuição que eu possa fazer. A essa altura, ela começa a chorar, mas não me parece um choro genuíno (esse é um aspecto da minha contratransferência que discutirei a seguir).

"Eu não entendo o que estou fazendo e a razão pela qual estou me sentindo tão péssima. Eu me vi nesta situação com a minha impressora. Ela ficou sem tinta e eu disse ao meu marido: 'Acabou a tinta. Não entendo. Estava funcionando perfeitamente até agora mesmo'. Ele disse: 'Apenas dê uma sacudida'. Odeio pedir-lhe qualquer coisa". Ela odeia solicitar qualquer coisa a ele ou a mim, e eu me sinto momentaneamente satisfeito por ela enxergar isso e perceber que seu ódio é tão acessível. "Ele sempre diz: 'Eu vou te mostrar, e você fique aqui e observe, para que da próxima vez você mesma possa fazer'. Então ele foi lá e fez, e, é claro, não funcionou.". Afora essa dependência abjeta de seu marido, ele, como eu, é ineficaz. "Esta manhã ele disse: 'Se você me disser qual é o modelo da sua impressora, vou à loja e resolvo'. Mas eu não sei qual modelo é, e se eu fosse parar para olhar, acabaria me atrasando para vir aqui te ver, então eu digo (e eu não aguento ter que dizer isso), 'Você poderia olhar minha impressora enquanto estou fora, ou isso pode esperar até eu voltar do Smith'. E ele disse: 'Preferiria que você subisse as escadas agora mesmo e me dissesse, daí eu já saía e resolvia'. Eu disse: 'Foda-se. Não dá pra eu fazer isso agora.'"
Uma vez mais, sinto-me motivado a acreditar que a raiva dela soa genuína, mas isso desaparece no instante seguinte, quando ela recua para uma espécie de conformidade autopunitiva. "Eu disse a

ele: 'Eu posso resolver isso no sábado. Eu sei que você quer que eu seja responsável'. Ao que ele responde, 'Sim. Eu quero'", e bem neste ponto ela se vira novamente e, numa voz suplicante, me diz: "Por que sinto que a sua pausa é tão insuportável? Não sei por que, sinto que vou morrer, como se eu estivesse abandonando a fonte de vida."

Nesta mistura, há uma oscilação repetitiva, pendular, entre uma raiva mais genuína dirigida a mim e ao marido, tal como a experimento, e um ataque autopunitivo que é, simultaneamente, um ataque contra mim e uma forma desesperada de se agarrar a mim. Na verdade, a própria maneira como ela fala sobre tudo isso, em seu jeito familiar sofrido e defensivo, parece um ataque de punição contínuo sobre nossa capacidade de trabalhar juntos. A srta. H sente que ela, em seu sofrimento, é insuportável para mim ao mesmo tempo que seu sofrimento é sentido como insuportável para ela mesma – "Servindo-se dele para punir a mim, e de mim para punir a ele".

A srta. H passa, então, a me falar sobre um encontro com uma supervisora, a quem ela estava apresentando seu tratamento de uma jovem muito ansiosa. Sua supervisora disse que em vez de interpretar a transferência diretamente, ela deveria lidar com a transferência em deslocamento. Minha paciente frequentemente se queixa de que eu interpreto a sua transferência muito diretamente. Da sua supervisora, ela diz: "Eu a odeio. Ela tem esse moralismo que me faz subir as paredes. Não a suporto. Há algo nela de muito severo, mas eu me sinto péssima logo em seguida. Eu digo a mim mesma: 'Você está sendo paranoica. Ela faz você se preocupar por estar pressionando demais a paciente; porém existe um relacionamento absolutamente sólido com essa paciente. Ela simplesmente cai neste lugar de medo'".

Ouvindo sobre tantas figuras pressionadoras e punitivas aqui – sua supervisora, ela mesma e eu, as mesmas pessoas que estão simultaneamente sendo punidas –, eu digo (e este é o meu primeiro comentário na sessão): "Eu acho que você está me dizendo que você cai neste lugar de medo quando estou prestes a sair de férias, mas este não é o único lugar que você habita".

A srta. H começa a chorar novamente, mas, novamente, não parece ser genuíno. Ela sabe que eu tenho sua raiva em vista, mas com suas lágrimas forçadas, quem acaba sentindo raiva sou eu, não ela. Em vez de estar junto dela em seu lugar de medo, eu me torno o punidor, e me sinto culpado pensando que eu posso ter simplesmente não escutado o seu ponto de vista. Ela continua: "Eu sei que vou ficar bem, mas estou tão panicada". E, aqui, as lágrimas desapareceram completamente, tendo sumido tão rapidamente quanto apareceram, conforme ela reafirma o seu medo.

Ela continua: "Estou com medo do fim de semana, com medo de voltar ao antigo lugar de querer rasgar a minha pele. Parece insuportável. Estou tentando descobrir como lidar com o pânico da sua saída. É a sensação de morrer que é estranha. Não sou alguém que tem medo de morrer. É como morrer por dentro, o que não é tão ruim quanto o autoataque. Isso é que é o pior".

Eu digo: "Acho que você quer que eu sinta que estou deixando você morrer, deixando você completamente sozinha neste mundo assustador, para rasgar a sua pele".

A Srta. H, distraidamente, ignora meu comentário: "Não sei. Quer dizer, eu gostaria de dizer; mas eu não vou, porque sei que não deveria" – algo que parece um ataque tanto ao seu impulso de dizer algo quanto ao nosso relacionamento – "Quero dizer: 'Onde é que você estará?' Me dê algo para que eu possa me segurar. Sinto-me tão limítrofe [borderline]. Me dê algo para me apoiar. Você diria que me contaria caso achasse que eu realmente precisasse.

Mas então eu penso: eu não preciso disso. Pergunto-lhe isso desde um lugar de audácia. Eu realmente gostaria de saber". Em outras palavras, ela realmente não precisa dessa resposta, ela simplesmente está sendo atrevida ao perguntar, e eu deveria contar-lhe, pois, é claro, eu quero apoiar a sua ousadia. Então eu paro, e nessa pausa – ela conhece essa dança – ela retoma novamente a coisa toda, e a cada retomada ela volta mais autopunitiva e punidora de mim do que antes: "Só que agora, isso está se tornando tão embaraçoso que não quero perguntar mais". E, então, ela pergunta novamente: "Mas eu não quero dar conta sem um apoio. Quero que você me dê algo para conter o ataque ao meu rosto, algo que eu possa usar para me consolar".

E, de repente, ela diz com a sua voz mais doce: "Você não pode imaginar o quanto eu gostaria de simplesmente pintar quadros de onde você estará. Se eu pudesse imaginar para onde está indo, talvez para a Inglaterra, talvez você esteja levando alguém que se formou para um tour pela Europa, ou indo para a Toscana, ou algo assim. Isso seria tão legal. Consigo sentir todos esses prazeres vicários".

Sentindo-me confinado por sua doçura, com sua raiva e privação que ela deixou para eu suportar, e digo: "Mas você paga um preço por esses prazeres vicários. Você ressente-se terrivelmente pela outra pessoa. Estou dando a coisa para outra pessoa e não para você".

Mais uma vez ela responde desdenhosamente: "Não sei. É difícil sentir isso que você diz, porque o que sinto me dá tanto prazer. Eu não estou em contato com minha parte agressiva que quer que você se sinta culpado" – ah, então ela de fato ouviu a minha mensagem anterior –, "porque, na verdade, a minha grande vontade é me agarrar a você. É meio patético, não é?".

Em seguida, a srta. H fala sobre algo que a faria querer me contatar enquanto eu estiver fora, mas diz que não fará isso, pois: "Essa é a única maneira que eu poderia sentir minha raiva por você. Eu cuidarei de tudo sozinha. Prefiro fazer tudo sozinha em vez de pedir qualquer coisa. Vou aprender a ser responsável na marra. Não vou pedir nada. E não voltarei a pedir mais. Vou fingir que tudo está bem. Acho isso muito injusto e cruel. Privarei você de mim. E não deixarei você ser uma fonte de conforto para mim. Veja você, eu preferiria ficar com a minha fantasia vicariante bonitinha em vez de sentir-me nesta posição. Odeio isso. Eu odeio essa pessoa irritada. Esta é a raiva que eu odeio sentir; eu sinto isso em relação ao meu marido. Odeio isso. Eu simplesmente odeio, porque a partir daí não resta mais nada de bom. E você está vendo, eu consigo me livrar de todo o conforto. Não sei como parar de fazer isso".

Nota-se que, ao fazer essas observações "analíticas" convincentes, ela continua a me punir "fazendo tudo sozinha", ao mesmo tempo que se observa fazendo exatamente isso. De fato, ela odeia a raiva punitiva que sente por ela e por mim, e eu digo: "Eu acho que você está me dizendo que eu causo em você essa dor desesperada, fazendo você se lembrar do seu ódio e do seu ressentimento".

A srta. H responde: "Talvez", mais uma vez retendo qualquer pensamento real sobre o meu comentário. "Eu não quero sentir isso, porque é muito solitário estar nesse lugar ruim que eu consigo me ver criando. Não sei como sair disso."

Neste momento, considero sua "criação" desse estado interior como moeda de troca, e digo: "Não sabe, porque, como você disse, você não só aboliu coisas boas de mim, como também aboliu qualquer coisa boa em você e criou esse exagerado 'eu só vivo com ódio'".

Talvez eu tenha sido muito combativo – isto é, muito punitivo –, mas agora ela fala com convicção: "Sim. É exatamente assim que a coisa é. E ela se torna intolerável"; Srta. H até é capaz de sustentar isso brevemente, antes de abandonar: "Oh meu Deus, isso está me assustando tanto. Eu acho que isso é importante, mas está me assustando muito. Estou com tanto medo do que você acabou de dizer. É exatamente verdade, mas neste momento eu não consigo encontrar nenhuma maneira de diminuir o exagero, nem de achar qualquer saída, tampouco nenhuma maneira de deixar você ou minha parte boa entrar". E então ela parece começar a repetir mecanicamente as minhas palavras, transformando-as novamente em perguntas: "Por que isso fica tão exagerado? Eu queria que você consertasse este lugar de forma rápida. Conserte. Não quero ficar presa aqui", agora, um pedido claro e ousado, não menos punitivo e, em última instância, condenatório. "Faça isso melhorar. Você que arruinou". Fim da sessão.

Discussão

"Servindo-se dele para punir a mim, e de mim para punir a ele." Durante esta sessão, podemos entender o círculo vicioso dentro do qual minha paciente e eu somos capturados, e o quanto a sua infelicidade autopunitiva também se vale como uma punição a mim, o que agrava a sua necessidade de se castigar, resultando em um castigo adicional a mim e, subsequentemente, numa autopunição compensatória. Às vezes, sinto como se eu fosse um espectador observando uma espécie de fenômeno de movimento-contínuo gerado pela minha paciente sozinha. Mas, à medida que isso se apresenta, me torno um participante necessário, porque a punição que sofro em decorrência dos seus ataques autopunitivos tem o efeito de me manter preso no lugar enquanto o objeto que ela está prestes a perder. É uma punição que implora por amor e consolo ao passo que impossibilita que isso seja feito, e, em tudo isso, eu me *sinto* punido por sua autopunição ao mesmo tempo que me sinto como aquele que pune a ambos, a ela e a mim.

Uma das maneiras pelas quais eu participo da sua punição é no uso da palavra *genuíno*, que vocês devem ter observado surgir várias vezes na minha descrição da sessão. Por mais precisa que seja a caracterização da experiência que tenho, em certos momentos, diante dos afetos da paciente, trata-se de um julgamento – *real* ou *autêntico* – que traz um tom moral, ao qual a minha paciente é hábil em capturar, mesmo que eu não o esteja articulando, e isso acaba por reforçar sua percepção de mim como um acusador. E ela está certa: há um certo grau de crítica expresso no mero pensamento de que ela não parece ser genuína. Além disso, eu aprendi que, enquanto ela experimenta muitas variações de raiva e de tristeza, todas elas são sentidas como genuínas por ela e precisam ser exploradas em seus significados individuais. Por isso, há um risco nessa nossa qualidade analítica específica e importante de estarmos sempre atentos em saber se o paciente está em contato genuíno consigo mesmo ou com o analista – quer dizer, esta atenção pode cegar o analista a ponto de ele não questionar de que forma um afeto em especial, por mais não genuíno que ele possa soar, é *genuinamente* uma expressão de alguma condição interna do paciente. Esse dilema é uma reminiscência do tempo em que costumávamos dizer que um paciente estava "evitando a transferência", até descobrirmos que essa evitação *era* a transferência. Nossa consciência sobre o que soa ser genuíno ou não é algo que, inevitavelmente, tem significado contratransferencial.

Nesta sessão, enfatizei principalmente aquilo que está sendo encenado [*enacted*] entre nós e o uso que minha paciente faz de mim e de meus comentários. Ainda que elas possam estar no pano de fundo de minha mente, não tenho ciência de estar assumindo ou conscientemente buscando alguma das ideias teóricas mais importantes e mais abstratas que podem estar por trás da visão psicanalítica "norte-americana" ou "inglesa" do material. *Estou* ciente de que a minha impressão de que cada momento é uma mistura de elementos conflitantes silenciosamente deflagra a minha escuta. E, enquanto vou continuamente avaliando a genuinidade das respostas que minha paciente me dá, a consciência visceral que tenho em relação ao círculo vicioso que está ocorrendo entre nós lembra-me de que eu nunca estou lidando simplesmente com estados puros de genuinidade, gratidão ou inveja.

Em tudo isso, tanto a inveja que minha paciente tem dos outros – isto é, de qualquer outro que seja bondoso e saudável para consigo mesmo – quanto a sua inveja de mim, e de meus comentários, são bastante palpáveis e, por muitas vezes, nítidas para nós dois. Às vezes, ela expressa algo que me parece como uma gratidão verdadeiramente sentida pelo trabalho que fiz com ela. Mas, logo na sequência, seu ataque autopunitivo reaparecerá. Seria isso uma forma de evitar sentir a própria inveja? Ou seria uma forma de se privar de algo que acredita não merecer, estragando a possibilidade de sentir a minha bondade e a própria? Creio que as duas coisas ocorrem, pois ela realmente não chega a sentir a inveja naquele instante, já que rapidamente esta é sobreposta pela vergonha e autopunição. Ela não sente nenhuma gratidão pura, nenhuma gratidão que não esteja misturada com culpa ou que não sofra a interferência da inveja; e tampouco sente qualquer inveja pura, nenhuma inveja que não seja concomitantemente também uma súplica para ser amada e poder sentir amor e gratidão, como ela imagina que os outros sentem.

Em meio a toda a turbulência da sessão, a paciente retorna de novo, e de novo, ao seu medo da perda e da separação do objeto, repetidamente girando neste círculo vicioso e me arrastando para dentro dele também, de modo que nós dois ficamos permanentemente colados um ao outro nesta unidade sadomasoquista, nesta unidade de punição-do-*self*-e-do-objeto. Sinto isso em sua transferência, o que sugere que eu seja ambos: ou muito condescendente ou muito sádico. Não há saída, meu papel está fixado, seja como um objeto odiado seja como um objeto amado. Tanto o castigo quanto a amabilidade são desenhados para evitar qualquer sensação de separação – somos igualmente unidade de punição e de condescendência –, de modo que, enquanto toda a discussão se dá *sobre* uma separação, a paciente certifica-se de não permitir a tomada de consciência de sequer um único momento de separação dentro da sessão presente.

Desse modo, o sadomasoquismo é atuado por mim sobre ela, e por ela sobre mim e, simultaneamente, de cada um de nós sobre nós mesmos. Mas esse funcionamento está parcialmente destinado a me impedir de me afastar dela *na sessão*. Assim, a posição de impotência que ela assume, na verdade, é extremamente poderosa, punitiva e suplicante de amor, ao mesmo tempo que é uma defesa bem-sucedida contra a perda do objeto. Presos juntos neste lugar em que não há separação, torna-se impossível uma real experiência da inveja – ou, nesse caso, do real amor pelo objeto.

Quero dizer algo sobre a confusão de minha paciente. Geralmente, penso nisso como algo tanto defensivo quanto gratificante; refiro-me a essa sua necessidade de evitar saber qualquer coisa, essa necessidade dela de destruir o seu próprio pensamento, de satisfazer seu masoquismo e de manter viva a esperança de que vou preenchê-la com conhecimento, com todas as implicações sadomasoquistas e eróticas envolvidas nisso. É também uma defesa contra a inveja. Estando tão confusa, ela não consegue sentir inveja; e sua confusão também serve como autopunição, bem como uma punição ao analista que ela inveja. No entanto, não podemos deixar de nos perguntar se a confusão também resulta, como Klein descreve, da "incerteza quanto ao fato de o analista ainda permanecer como uma figura boa, ou terem, o analista e o auxílio que está dando, se tornado maus em decorrência da crítica hostil do paciente" (p. 216).

Com o passar do tempo, talvez a minha paciente me dissesse: "Eu entro em confusão porque a certa altura não consigo mais distinguir o que é você e o que sou eu". Klein observa que, quando o predomínio da inveja impede a identificação com um objeto bom e inteiro, "a identificação projetiva excessiva, pela qual as partes excindidas do *self* são projetadas para dentro do objeto, leva a grande confusão entre o *self* e o objeto, o qual também passa a representar o *self*" (p. 224). Isso parece ser importante em relação aos medos da minha paciente referentes à real separação da pausa que farei. A confusão entre ela e eu, resultado da constante identificação projetiva de partes dela mesma para dentro de mim – para me controlar, me paralisar – deixa-a destituída não só de mim, mas também das partes de sua própria mente, partes que ela precisaria para pensar e lidar com a própria perda.

Tudo isso poderia ser qualificado como uma demonstração da visão de Klein acerca da reação terapêutica negativa, de modo que as defesas ilustradas se tornam "um obstáculo poderoso à capacidade de internalizar o que o analista tem a dar" (p. 252), incluindo quaisquer comentários potencialmente úteis que eu pudesse fazer. Eu só acrescentaria que, a julgar pelo material que descrevi, a reação terapêutica negativa está presente tanto no analista quanto na paciente, como parte de um círculo infinito no qual ambos estão envolvidos, e que não poderá haver nenhum tipo de resolução ou elaboração que não atravesse este lugar de tormento mútuo. Nesse sentido, a reação terapêutica negativa *é* o trabalho em si, analogamente ao que costumava ser chamado de neurose de transferência, agora encenada [*enacted*], com toda a sua precisão, entre os dois participantes.

Somada à punição viciosa existente nesse processo, está também uma intensa gratificação: a gratificação dos desejos sádicos e masoquistas – algo que Joseph (comunicação pessoal) chama de "masoquismo feliz" –, vividos em um intercâmbio que não pode ser evitado. Nesse sentido, qualquer interpretação que eu faça, não importando quão desapaixonada seja, gratificará os desejos sádicos e masoquistas que estão sendo interpretados, de tal maneira que toda interpretação deverá ser entendida como uma interpretação inserida em um *enactment* (Smith, 2006, 2007b). Não haverá avanço no trabalho sem uma maior compreensão daquilo que minha paciente está fazendo comigo e com meus comentários – e eu com ela –, sem que examinemos os repetidos *enactments* que estão ocorrendo entre nós, momento a momento, no aqui-e-agora da sessão.

Nota

Uma versão ligeiramente alterada deste artigo foi publicada em 2008 no *The Psychoanalytic Quarterly*, 77(1), 119-218.

Referências

Abraham, K. (1919). A particular form of neurotic resistance against the psycho-analytic method. In: *Selected Papers of Karl Abraham*, trad. D. Bryan & A. Strachey. London: Hogarth Press, 1927.

Abraham, K. (1924). The influence of oral erotism on character formation. In: *Selected Papers of Karl Abraham*, trad. D. Bryan & A. Strachey. London: Hogarth Press, 1927.

Abraham, K. (1927). A short history of the development of the libido viewed in the light of mental disorders. In: *Selected Papers of Karl Abraham*, trad. D. Bryan & A. Strachey. London: Hogarth Press, 1927.

Alexander, F. (1950). Analysis of the therapeutic factors in psychoanalytic treatment. *Psychoanalytic Quarterly, 19*: 482-500.

Allen, N. (1968). *Shakespeare Survey 21*. London: Cambridge University Press.

Baker, R. (1993). The patient's discovery of the psychoanalyst as a new object. *International Journal of Psychoanalysis, 74*: 1223-1233.

Balint, M. (1959). *Thrills and Regressions*. London: Hogarth Press.

Barker, D. J. (1990). The fetal and infant origins of adult disease. *British Medical Journal, 301*: 111.

Bergen, S. E., Gardner, C. O., & Kendler, K. S. (2007). Age-related changes in heritability of behavioral phenotypes over adolescence and young adulthood: A meta-analysis. *Twin Research and Human Genetics, 10* (3): 423-433.

Bimmel, N., Juffer, F., Van IJzendoorn, I. M. H., & Bakermans-Kranenburg, M. J. (2003). Problem behavior of internationally adopted adolescents: A review and meta-analysis. *Harvard Review of Psychiatry, 11* (2): 64-77.

Bion, W. R. (1948). *Experiences in Groups and Other Papers*. London: Tavistock, 1961.

Bion, W. R. (1959). Attacks on linking. *International Journal of Psychoanalysis, 40*: 308-315. Também em: *Second Thoughts. Selected Papers on Psycho-Analysis* (pp. 93-109). London: Heinemann, 1967; reimpresso em London: Karnac, 1984.

Bion, W. R. (1962a). *Learning from Experience*. London: Heinemann; reimpresso em London: Karnac, 1984.

Bion, W. R. (1962b). A theory of thinking. *International Journal of Psychoanalysis, 53*. Também em: *Second Thoughts. Selected Papers on Psycho-Analysis*. London: Heinemann; reimpresso em London: Karnac, 1984.

Birksted-Breen, D. (1996). Phallus, penis and mental space. *International Journal of Psychoanalysis, 61*: 39-52.

Birksted-Breen, D. (2002). Time and the après coup. *Bulletin of the British Psychoanalytic Society, 38* (8): 12-21.

Bléandonu, G. (1994). *Wilfred Bion: His Life and Works, 1897-1979.* New York: Other Press.

Bloom, H. (1999). *Shakespeare: The Invention of the Human.* London: Fourth Estate.

Bolton, D., Rijsdijk, F., O'Connor, T. G., Perrin, S., & Eley, T. C. (2007). Obsessive-compulsive disorder, tics and anxiety in 6-year-old twins. *Psychological Medicine, 37* (1): 39-48.

Bowlby, J. (1963). Pathological mourning and childhood mourning. *Journal of the American Psychoanalytic Association, 11:* 500-541.

Bradley, A. C. (1904). *Shakespearean Tragedy.* London: Penguin, 1991. Brenman, E. (1985). Cruelty and narrow mindedness. *International Journal of Psychoanalysis, 66*: 273-281.

Brenman-Pick, I. (1985). Working through in the counter-transference. *International Journal of Psychoanalysis, 66*: 157-166. Também em: E. Bott Spillius (Ed.), *Melanie Klein Today, Vol. 2* (pp. 34-47). London: Routledge, 1988.

Brenner, C. (1982). *The Mind in Conflict.* New York: International Universities Press.

Brenner, C. (2002). Conflict, compromise formation, and structural theory. *Psychoanalytic Quarterly, 70*: 397-417.

Britton, R. (1998). *Belief and Imagination: Explorations in Psychoanalysis.* London: Routledge.

Britton, R. (2003). *Sex, Death, and the Superego.* London: Karnac.

Cavell, M. (1998). Triangulation, one's own mind and objectivity. *International Journal of Psychoanalysis, 79* : 449-467.

Cavell, S. (2003). *Disowning Knowledge in Seven Plays of Shakespeare*. Cambridge: Cambridge University Press.

Cohen, W. (1997). Othello. In: *The Norton Shakespeare: Based on the Oxford Edition*. New York: W. W. Norton.

Coleridge, S. T. (1813). Marginalia on Othello. In: J. Wain (Ed.), *Shakespeare: Othello (Casebook)*. London: Macmillan, 1971.

Damasio, A. (1999). *The Feeling of What Happens: Body and Emotion in the Making of Consciousness*. New York: Harcourt Brace.

Davis, M., & Wallbridge, D. (1981). *Boundary and Space*. New York: Brunner/Mazel.

Doolittle, H. (1977). *Visage de Freud*. Paris: Denoël.

Elms, A. C. (2001). Apocryphal Freud. *Annual of Psychoanalysis, 29*: 83-104.

Empson, W. (1951). Honest in Othello. In: J. Wain (Ed.), *Shakespeare: Othello (Casebook)*. London: Macmillan, 1971.

Erlich, H. S. (2003). Experience: What is it? *International Journal of Psychoanalysis, 84*: 1125-1147.

Erlich, H. S., & Felsen, I. (1990). Identification patterns of offspring of Holo- caust survivors with their parents. *American Journal of Orthopsychiatry, 60*: 506-520.

Etchegoyen, R. H., Lopez, B. M., & Rabih, M. (1987). On envy and how to interpret it. *International Journal of Psychoanalysis, 68*: 49-60.

Fairbairn, W. R. D. (1954). Observations on the nature of hysterical states. *British Journal of Medical Psychology, 29* : 112-127.

Feinberg, M. E., Button, T. M., Neiderhiser, J. M., Reiss, D., & Hetherington, E. M. (2007). Parenting and adolescent antisocial behavior and depression: Evidence of genotype x parenting environment interaction. *Archives of General Psychiatry, 64* (4): 457-465.

Feldman, M. (1998). "Why Patients Tell Us Their Dreams." Unpublished lecture, Westlodge Conference, London.

Feldman, M. (2000). Some views on the manifestation of the death instinct in clinical work. *International Journal of Psychoanalysis, 81*: 53-65.

Feldman, M. (2007). Addressing parts of the self. *International Journal of Psychoanalysis, 88*: 371-386.

Felitti, V. J. (2002). The relation between adverse childhood experiences and adult health: Turning gold into lead. *The Permanente Journal, 6*: 44-47.

Felitti, V. J., Anda, R. F., Nordenberg, D., Williamson, D. F., Spitz, A. M., Edwards, V., et al. (1998). Relationship of childhood abuse and house- hold dysfunction to many of the leading causes of death in adults: The Adverse Childhood Experiences (ACE) study. *American Journal of Preventive Medicine, 14*: 245-258.

Fonagy, P. (2003). Towards a developmental understanding of violence. *British Journal of Psychiatry, 183*: 190-192.

Fonagy, P., & Target, M. (2007). The rooting of the mind in the body: New links between attachment theory and psychoanalytic thought. *Journal of the American Psychoanalytic Association, 55*.

Freud, S. (1901b). *The Psychopathology of Everyday Life. S.E., 6* (pp. 1-190). Freud, S. (1905d). *Three Essays on the Theory of Sexuality. S.E., 7* (pp. 123-230).

Freud, S. (1911b). Formulations on the two principles of mental functioning. *S.E., 12* (pp. 218-226).

Freud, S. (1912b). The dynamics of transference. *S.E., 12* (pp. 97-108). Freud, S. (1914g). Remembering, repeating and working--through (Further recommendations on the technique of psycho-analysis, II). *S.E., 12* (pp. 147-156).

Freud, S. (1915c). Instincts and their vicissitudes. *S.E., 14* (pp. 117-140). Freud, S. (1915e). The unconscious. *S.E., 14.*

Freud, S. (1916a). On transience. *S.E., 14* .

Freud, S. (1920g). *Beyond the Pleasure Principle. S.E., 18* (pp. 3-64). Freud, S. (1923b). *The Ego and the Id. S.E., 19.*

Freud, S. (1926e). *The Question of Lay Analysis. S.E., 20* (pp. 177-250). Freud, S. (1930a). *Civilization and Its Discontents. S.E., 21* (pp. 59-145).

Freud, S. (1933a [1932]). *New Introductory Lectures on Psycho--Analysis. S.E., 22* (pp. 3-182).

Freud, S. (1937c). Analysis terminable and interminable. *S.E., 23* (pp. 211- 253).

Freud, S. (1941f [1938]). Findings, ideas, problems. *S.E., 23* (p. 299). Gabbard, G. O. (2000). On gratitude and gratification. *Journal of the American Psychoanalytic Association, 48* (3): 697-716.

Gammill, J. (1989). Some personal reflections on Melanie Klein [trad. M. Meloche]. *Melanie Klein and Object Relations, 7*: 1-15.

Gergely, G., Bekkering, H., & Kiraly, I. (2002). Rational imitation in pre- verbal infants. *Nature, 415*: 755.

Gergely, G., & Csibra, G. (2006). Sylvia's recipe: Human culture, imitation, and pedagogy. In: N. J. Enfield & S. C. Levinson (Eds.), *Roots of Human Sociality: Culture, Cognition, and Human Interaction* (pp. 229-255). London: Berg Press.

Gray, P. (1994). *The Ego and the Mechanisms of Defense*. New York: Jason Aronson.

Green, J., & Goldwyn, R. (2002). Annotation. Attachment disorganisation and psychopathology: New findings in attachment research and their potential implications for developmental psychopathology in child- hood. *Journal of Child Psychology and Psychiatry, and Allied Disciplines, 43* (7): 835-846.

Grosskurth, P. (1987). *Melanie Klein: Her World and Her Work*. Cambridge, MA: Harvard University Press.

Guignard, F. (1994). Sigmund Freud et Wilfred Bion: Filiation et commensalité. *Revue Française de la Psychanalyse, 58* (Spécial Congrès): 1619- 1637.

Guignard, F. (1995). Le maternel et le féminin: Deux espaces de la vie psychique. *Psychologie Clinique et Projective, 95* (1).

Guignard, F. (1996). *Au vif de l'infantile. Champs psychanalytiques*. Lausanne: Delachaux & Niestlé.

Guignard, F. (1997). Position dépressive et position schizo-paranoïde aujourd'hui. In: *Le mal*-être *(angoisse et violence)*. Coll. Débats de psychanalyse. Paris: Presses Universitaires de France.

Guignard, F. (2001). "Communication à l'atelier sur 'Le genre dans la situation analytique."" Apresentado em: Pré-Congrès International des Analystes Formateurs de l'API, Nice, 21 July.

Guignard, F. (2002a). Apories de la transformation dans l'activité psychique du psychanalyste en exercice: Taches aveugles et interprétations-bouchons. *Revue Française de la Psychanalyse* (Spécial Congrès).

Guignard, F. (2002b). Intrication pulsionnelle et fonctions du sadisme primaire. *Revue Française de la Psychanalyse, 4*: 1103-1116.

Guignard, F. (2002c). *La relation mère-fille. Entre partage et clivage*, ed. T. Bokanowski & F. Guignard. Coll. de la SEPEA. Paris: Editions In Press.

Guignard, F. (2006a). "Le psychanalyste et l'enfant dans la société occidentale actuelle." Apresentado em: First International Conference of COCAP, Buenos Aires, August.

Guignard, F. (2006b). Mais où sont les neiges d'antan? *Revue Française de la Psychanalyse, 5* (Spécial Congrès): 267-273.

Hanly, C. (1984). Ego ideal and ideal ego. *International Journal of Psychoanalysis, 65*: 253.

Hart, C. (1916). *The Student's Catholic Doctrine*. London: Burns Oates & Washbourne.

Hegel, G. W. F. (1812). *Wissenschaft der Logik, I*. Frankfurt a.M.: Suhrkamp, 1990.

Hesse, E., & Main, M. (2000). Disorganization in infant and adult attachment: Description, correlates and implications for developmental psychopathology. *Journal of the American Psychoanalytic Association, 48*: 1097-1127.

Horney, K. (1936). The problem of the negative therapeutic reaction. *Psychoanalytic Quarterly, 5*: 29-44.

Howe, D. (2006). Developmental attachment psychotherapy with fostered and adopted children. *Child and Adolescent Mental Health, 11* (3): 128- 134.

Insel, T. R. (2003). Is social attachment an addictive disorder? *Physiology & Behavior, 79* (3): 351-357.

Isaacs, S. (1943). The nature and function of phantasy. In: M. Klein, P.

Heimann, S. Isaacs, & J. Riviere (Eds.), *Developments in Psycho--Analysis* (pp. 67-121). London: Hogarth Press, 1952.

Joffe, W. G. (1969). A critical review of the status of the envy concept. *Inter- national Journal of Psychoanalysis, 50*: 533-545.

Joseph, B. (1959). An aspect of the repetition compulsion. *International Journal of Psychoanalysis, 40*: 213-222. Também em: *Psychic Equilibrium and Psychic Change: Selected Papers of Betty Joseph*, ed. M. Feldman & E. Bott Spillius. London: Routledge, 1989.

Joseph, B. (1982). Addiction to near death. In: *Psychic Equilibrium and Psychic Change: Selected Papers of Betty Joseph*, ed. M. Feldman & E. Bott Spillius. London: Routledge, 1989.

Joseph, B. (1989). *Psychic Equilibrium and Psychic Change: Selected Papers of Betty Joseph*, ed. M. Feldman & E. Bott Spillius. London: Routledge.

Kendler, K. S., Gatz, M., Gardner, C. O., & Pedersen, N. L. (2006). A Swedish national twin study of lifetime major depression. *American Journal of Psychiatry, 163* (1): 109-114.

Kim-Cohen, J., Moffitt, T. E., Taylor, A., Pawlby, S. J., & Caspi, A. (2005). Maternal depression and children's antisocial behavior: Nature and nurture effects. *Archives of General Psychiatry, 62* (2): 173-181.

Klein, M. (1924). An obsessional neurosis in a six-year old girl. In: *The Writings of Melanie Klein, Vol. 2: The Psycho-Analysis of Children*. London: Hogarth Press, 1975; reimpresso em London: Karnac, 1998.

Klein, M. (1932). *The Psycho-Analysis of Children*. London: Hogarth Press, 1975; reimpresso em London: Karnac, 1998.

Klein, M. (1935). A contribution to the psychogenesis of manic--depressive states. In: *The Writings of Melanie Klein, Vol. 1: Love, Guilt and Reparation and Other Works, 1921-1945* (pp. 262-289). London: Hogarth Press, 1975; reimpresso em London: Karnac, 1992.

Klein, M. (1940). Mourning and its relation to manic-depressive states. In: *The Writings of Melanie Klein, Vol. 1: Love, Guilt and Reparation and Other Works, 1921-1945* (pp. 344-369). London: Hogarth Press, 1975; reimpresso em London: Karnac, 1992.

Klein, M. (1946). Notes on some schizoid mechanisms. In: *The Writings of Melanie Klein, Vol. 3: Envy and Gratitude and Other Works* (pp. 1-24). London: Hogarth Press, 1975; reimpresso em London: Karnac, 1993.

Klein, M. (1952). The origins of transference. In: *The Writings of Melanie Klein, Vol. 3: Envy and Gratitude and Other Works* (pp. 48-56), ed. R. Money- Kyrle, B. Joseph, E. O'Shaughnessy, & H. Segal. London: Hogarth Press, 1975; reimpresso em London: Karnac, 1993.

Klein, M. (1955). On identification. In: *The Writings of Melanie Klein, Vol. 3: Envy and Gratitude and Other Works* (pp. 141-175). London: Hogarth Press, 1975; reimpresso em London: Karnac, 1993.

Klein, M. (1957). Envy and Gratitude. In: *The Writings of Melanie Klein, Vol. 3: Envy and Gratitude and Other Works* (pp. 176-235). London: Hogarth Press, 1975; reimpresso em London: Karnac, 1993. [Publicado pela primeira vez como: *Envy and Gratitude: A Study of Unconscious Sources*. London: Tavistock Press, 1957.]

Kubie, L. S. (1939). A critical analysis of the concept of a repetition compulsion. *International Journal of Psychoanalysis, 20*: 390-402.

Lacan, J. (1977). *The Four Fundamental Concepts of Psycho-Analysis*, trad. A. Sheridan. London: Penguin.

Laufer, M., & Laufer, E. (1984). *Adolescence and Developmental Breakdown*. London: Yale University Press.

Leavis, F. R. (1952). Diabolic intellect and the noble hero. In: J. Wain (Ed.), *Shakespeare: Othello (Casebook)*. London: Macmillan, 1971.

Leowald, H. (1971). Some considerations on repetition and repetition compulsion. *International Journal of Psychoanalysis, 52*: 59-64.

Lieberman, A. F. (2003). The treatment of attachment disorder in infancy and early childhood: Reflections from clinical intervention with later- adopted foster care children. *Attachment and Human Development, 5* (3): 279-282.

Lim, M. M., & Young, L. J. (2004). Vasopressin-dependent neural circuits underlying pair bond formation in the monogamous prairie vole. *Neuroscience, 125* (1): 35-45.

Lim, M. M., Wang, Z., Olazabal, D. E., Ren, X., Terwilliger, E. F., & Young, L. J. (2004). Enhanced partner preference in a promiscuous species by manipulating the expression of a single gene. *Nature, 429* (6993): 754-757.

Lorca, F. G. (1987). *Poem of the Deep Song*. San Francisco, CA: City Lights Books.

Madigan, S., Moran, G., & Pederson, D. (2006). Unresolved states of mind, disorganised attachment relationships and disrupted interactions of adolescent mothers and their infants. *Developmental Psychology*, 42 (2): 293-304.

Marmot, M. G. (2006). Status syndrome: A challenge to medicine. *Journal of the American Medical Association*, 295 (11): 1304-1307.

Milton, J. (1975). *John Milton: Paradise Lost* (2nd edition), ed. S. Elledge. New York: W. W. Norton.

Money-Kyrle, R. (1956). Normal counter-transference and some of its deviations. *International Journal of Psychoanalysis*, 37: 360-366. reimpresso em in: *The Collected Papers of Roger Money-Kyrle* (pp. 330-342); and in: E. Spillius (Ed.), *Melanie Klein Today, Vol. 2* (pp. 22-33). London: Routledge, 1988.

Money-Kyrle, R. (1968). Cognitive development. *International Journal of Psychoanalysis*, 49: 691-698. Reimpresso em in: *The Collected Papers of Roger Money-Kyrle* (pp. 416-433). Perthshire: Clunie Press, 1978.

Money-Kyrle, R. (1971). The aim of psycho-analysis. *International Journal of Psychoanalysis*, 49 : 691-698. Reimpresso em: *The Collected Papers of Roger Money-Kyrle* (pp. 416-433), ed. D. Meltzer & E. O'Shaughnessy. Perthshire: Clunie Press, 1978.

NICHD Early Child Care Research Network (2004). Trajectories of physical aggression from toddlerhood to middle childhood: Predictors, correlates, and outcomes. *Monographs of the Society for Research in Child Development*, 69 (4): vii, 1-129.

Nuttall, A. D. (2007). *Shakespeare the Thinker*. New Haven, CT: Yale University Press.

O'Connor, T. G., Marvin, R. S., Rutter, M., Olrick, J. T., & Britner, P. A. (2003). Child-parent attachment following early institutional deprivation. *Development and Psychopathology, 15* (1): 19-38.

O'Shaughnessy, E. (1992). Enclaves and excursions. *International Journal of Psychoanalysis, 73*: 603-611.

O'Shaughnessy, E. (1999). Relating to the superego. *International Journal of Psychoanalysis, 80*: 861-870.

Onishi, K. H., & Baillargeon, R. (2005). Do 15-month-old infants understand false beliefs? *Science, 308* (5719): 255-258.

Onishi, K. H., Baillargeon, R., & Leslie, A. M. (2007). 15-month--old infants detect violations of pretend scenarios. *Acta Pychologica, 124* (special issue): 106-128.

Orstavik, R. E., Kendler, K. S., Czajkowski, N., Tambs, K., & Reichborn- Kjennerud, T. (2007). Genetic and environmental contributions to depressive personality disorder in a population-based sample of Norwegian twins. *Journal of Affective Disorders, 99* (1-3): 181-189.

Petot, J. N. (1993). *Melanie Klein, Vol. 2: The Ego and the Good Object, 1932-1960*. Madison, CT: International Universities Press.

Pines, D. (1988). Adolescent pregnancy and motherhood: A psychoanalytic perspective. *Psychoanalytic Inquiry, 8*: 234-251.

Power, C., & Hertzman, C. (1997). Social and biological pathways linking early life and adult disease. *British Medical Bulletin, 53*: 210-221.

Riviere, J. (1932). Jealousy as a mechanism of defence. In: *The Inner World and Joan Riviere*, ed. A. Hughes. London: Karnac, 1991.

Riviere, J. (1936). A contribution to the analysis of the negative therapeutic reaction. *International Journal of Psychoanalysis,*

17: 304-320. Reimpresso em: *The Inner World and Joan Riviere*, ed. A. Hughes. London: Karnac, 1991.

Riviere, J. (1937). Public lectures: Hate, greed, and aggression. In: *The Inner World and Joan Riviere*, ed. A. Hughes. London: Karnac, 1991.

Rosenfeld, H. (1959). An investigation into the psycho-analytic theory of depression. *International Journal of Psychoanalysis, 40*: 105-129.

Rosenfeld, H. (1964). On the psychopathology of narcissism: A clinical approach. *International Journal of Psychoanalysis, 45*: 332-337. Reimpresso em: *Psychotic States*. London: Hogarth Press, 1965.

Rosenfeld, H. (1965). *Psychotic States: A Psychoanalytic Approach*. New York: International Universities Press.

Rosenfeld, H. (1971). A clinical approach to the psychoanalytic theory of the life and death instincts: An investigation into the aggressive aspects of narcissism. *International Journal of Psychoanalysis, 52*: 169-178. Reimpresso em: E. Bott Spillius (Ed.), *Melanie Klein Today, Vol. 1: Mainly Theory*. London: Routledge, 1988.

Rosenfeld, H. (1975). Negative therapeutic reaction. In: P. L. Giovacchini, A. Flarsheim, & L. B. Boyer (Eds.), *Tactics and Techniques in Psychoanalytic Therapy, Vol. 2: Transference* (pp. 217-228). New York: Jason Aronson.

Rosenfeld, H. (1987). *Impasse and Interpretation*. New Library of Psychoanalysis. London: Tavistock Publications.

Roughton, R. (1993). Useful aspects of acting out: Repetition, enactment, and actualization. *Journal of the American Psychoanalytic Association, 41*: 443-472.

Sandler, J. (1983). Reflections on some relations between psychoanalytic concepts and psychoanalytic practice. *International Journal of Psychoanalysis, 64*: 33-45.

Sandler, J., & Joffe, W. G. (1969). Towards a basic psychoanalytic model. *International Journal of Psycho-Analysis, 50*: 79-90.

Segal, H. (1957). Notes on symbol formation. *International Journal of Psychoanalysis, 38*: 391-397.

Segal, H. (1964). *Introduction to the Work of Melanie Klein*. London: Hogarth Press.

Segal, H. (1979). *Klein*. Brighton: Harvester Press; reimpresso em London: Karnac, 1989.

Segal, H. (1983). Some clinical implications of Melanie Klein's work: Emergence from narcissism. *International Journal of Psychoanalysis, 64*: 269- 276.

Segal, H. (1991). *Dream, Phantasy and Art*. London: Routledge.

Segal, H. (1993). On the clinical usefulness of the concept of the death instinct. *International Journal of Psychoanalysis, 74*: 55-61. Reimpresso em: J. Steiner (Ed.), *Psychoanalysis, Literature and War*. London: Routledge, 1997.

Shakespeare, W. (1603). *The Tragedy of Hamlet, Prince of Denmark*. The Arden Shakespeare. London: Routledge.

Shakespeare, W. (2006). *Othello*. New York: Oxford University Press.

Silberg, J. L., Rutter, M., Tracy, K., Maes, H. H., & Eaves, L. (2007). Etiological heterogeneity in the development of antisocial behavior: The Virginia Twin Study of Adolescent Behavioral Development and the Young Adult Follow-Up. *Psychological Medicine, 37* (8): 1193-1202.

Slade, A., Sadler, L., Dios-Kenn, C., Webb, D., Currier-Ezepchick, J., & Mayes, L. (2005). Minding the baby: A reflective parenting program. *Psychoanalytic Study of the Child, 60*: 74-100.

Smith, H. F. (2006). Analyzing disavowed action: The fundamental resistance of analysis. *Journal of the American Psychoanalytic Association, 54*: 713-737. Smith, H. F. (2007a). "Is the Concept of Forgiveness Useful?". Apresentado em: 45th IPA Congress, Berlin.

Smith, H. F. (2007b). Voices that changed psychoanalysis in unpredictable ways. *Psychoanalytic Quarterly, 76*: 1049-1063.

Solomon, J., & George, C. (1999). *Attachment Disorganization*. New York: Guilford Press.

Spillius, E. B. (1993). Varieties of envious experience. *International Journal of Psychoanalysis, 74*: 1199-1212.

Spillius, E. B. (2001). Freud and Klein on the concept of phantasy. *International Journal of Psychoanalysis, 82* (2): 361-373.

Spillius, E. B. (2007a). On the influence of Horney's "The Problem of the Negative Therapeutic Reaction". *Psychoanalytic Quarterly, 76*: 59-74.

Spillius, E. B. (2007b). Varieties of envious experience. In: *Encounters with Melanie Klein: Selected Papers of Elizabeth Spillius* (pp. 140-161), ed. P. Roth & R. Rusbridger. London: Routledge.

Steiner, J. (1993). *Psychic Retreats: Pathological Organisations in Psychotic, Neurotic, and Borderline Patients*. London: Routledge.

Steiner, J. (2006). Seeing and being seen: Narcissistic pride and narcissistic humiliation. *International Journal of Psychoanalysis, 87*: 939-951.

Stern, D. (1985). *The Interpersonal World of the Infant.* New York: Basic Books. Strachey, J. (1934). The nature of the therapeutic action of psychoanalysis. *International Journal of Psychoanalysis, 15*: 127-159.

Surian, L., Caldi, S., & Sperber, D. (2007). Attribution of beliefs by 13- month-old infants. *Psychological Science, 18*: 580-587.

Tremblay, R. E., Nagin, D. S., Seguin, J. R., Zoccolillo, M., Zelazo, P. D., Boivin, M., et al. (2004). Physical aggression during early childhood: Trajectories and predictors. *Pediatrics, 114* (1): e43-50.

Trevarthen, C., & Aitken, K. J. (2001). Infant intersubjectivity: Research, theory, and clinical applications. *Journal of Child Psychology and Psychiatry, and Allied Disciplines, 42* (1): 3-48.

Trollope, A. (1861). *Framley Parsonage.* London: Everyman's Library, J. M. Dent, 1906.

Trollope, A. (1866). *The Last Chronicle of Barset.* London: Penguin Classics, 1967.

Trollope, A. (1883). *An Autobiography.* Oxford: Oxford University Press, 1950.

Tronick, E. (2007). *The Neurobehavioral and Social-Emotional Development of Infants and Children.* New York: W. W. Norton.

Vanier, A. (2000). *Lacan,* trad. S. Fairfield. New York: Other Press.

Von Klitzing, K., Simoni, H., & Bürgin, D. (1999). Child development and early triadic relationships. *International Journal of Psychoanalysis, 80* (1): 71-89.

Wain, J. (1971). *Shakespeare: Othello (Casebook).* London: Macmillan. Wamboldt, M. Z., & Reiss, D. (2006). Explorations of parenting environments in the evolution of psychiatric problems in children. *American Journal of Psychiatry, 163* (6): 951-953.

Weiß, H. (2002). Reporting a dream accompanying an enactment in the transference situation. *International Journal of Psychoanalysis, 83*: 633- 645.

Wilde, O. (1898). "The Ballad of Reading Gaol." In: C. Ricks (Ed.), *The New Oxford Book of Victorian Verse*. Oxford: Oxford University Press.

Wilkinson, R. G. (1996). *Unhealthy Societies: From Inequality to Wellbeing*. London: Routledge.

Wilkinson, R. G. (2000). Social relations, hierarchy and health. In: A. R. Tarlov & R. F. S. Peter (Eds.), *The Society and Population Health Reader: A State and Community Perspective, Vol. 2* (pp. 211-235). New York: New Press.

Wilson Knight, G. (1930). The *Othello* music. In: J. Wain (Ed.), *Shakespeare: Othello (Casebook)*. London: Macmillan, 1971.

Winnicott, D. W. (1947). Hate in the countertransference. In: *Collected Papers: Through Paediatrics to Psycho-Analysis*. London: Tavistock Publications, 1958. Reimpresso em: *Through Paediatrics to Psycho-Analysis*. London: Hogarth Press; reimpresso em London: Karnac, 1992.

Winnicott, D. W. (1948). Primary introduction to external reality in society and the growing child. In: *The Maturational Processes and the Facilitating Environment: Studies in the Theory of Emotional Development*. London: Hogarth Press & Institute of Psychoanalysis, 1965; reimpresso em London: Karnac, 1990.

Winnicott, D. W. (1950). Aggression in relation to emotional development. In: *Collected Papers: Through Paediatrics to Psycho--Analysis*. London: Tavistock Publications, 1958. Reimpresso em as: *Through Paediatrics to Psycho-Analysis*. London: Hogarth Press; reimpresso em London: Karnac, 1992.

Winnicott, D. W. (1954). The depressive position in normal emotional development. In: *Collected Papers: Through Paediatrics to Psycho-Analysis*. London: Tavistock Publications, 1958. Reimpresso em: *Through Paediatrics to Psycho-Analysis*. London: Hogarth Press; reimpresso em London: Karnac, 1992.

Winnicott, D. W. (1960a). The theory of the parent-infant relationship. In: *The Maturational Processes and the Facilitating Environment: Studies in the Theory of Emotional Development*. London: Hogarth Press & The Institute of Psychoanalysis, 1965; reimpresso em London: Karnac, 1990.

Winnicott, D. W. (1960b). The true and the false self. In: *The Maturational Processes and the Facilitating Environment: Studies in the Theory of Emotional Development*. London: Hogarth Press & The Institute of Psychoanalysis, 1965; reimpresso em London: Karnac, 1990.

Winnicott, D. W. (1962). Ego integration in child development. In: *The Maturational Processes and the Facilitating Environment: Studies in the Theory of Emotional Development*. London: Hogarth Press & The Institute of Psychoanalysis, 1965; reimpresso em London: Karnac, 1990.

Winnicott, D. W. (1963a). The development of the capacity for concern. In: *The Maturational Processes and the Facilitating Environment: Studies in the Theory of Emotional Development*. London: Hogarth Press & The Institute of Psychoanalysis, 1965; reimpresso em London: Karnac, 1990.

Winnicott, D. W. (1963b). The mentally ill in your caseload. In: *The Maturational Processes and the Facilitating Environment: Studies in the Theory of Emotional Development*. London: Hogarth

Press & The Institute of Psycho- analysis, 1965; reimpresso em London: Karnac, 1990.

Winnicott, D. W. (1965). *The Maturational Processes and the Facilitating Environment: Studies in the Theory of Emotional Development.* London: Hogarth Press & The Institute of Psychoanalysis; reimpresso em London: Karnac, 1990.

Winnicott, D. W. (1969). Physiotherapy and human relations. In: *Psycho-Analytic Explorations,* ed. C. Winnicott, R. Shepherd, & M. Davis. London: Karnac, 1989.

Winnicott, D. W. (1970). The basis for self in body. In: *Psycho-Analytic Explorations,* ed. C. Winnicott, R. Shepherd, & M. Davis. London: Karnac, 1989.

Yorke, C. (1971). Some suggestions for a critique of Kleinian psychology. *Psychoanalytic Study of the Child, 26,* 129-155.

Zetzel, E. R. (1958). Review of *Envy and Gratitude*: A study of unconscious sources, by Melanie Klein. *Psychoanalytic Quarterly, 27*: 409-412.

Zimmer, C. (2006). Silent struggle: A new theory of pregnancy. *The New York Times,* 14 March.

Sobre as organizadoras e os autores

Irma Brenman-Pick é analista didata e analista infantil da Sociedade Psicanalítica Britânica e autora de vários artigos, em particular "Elaboração na contratransferência".

Ronald Britton é bastante conhecido internacionalmente enquanto psicanalista, escritor, professor e clínico. Seus livros incluem *O Complexo de Édipo hoje*, *Crença e imaginação*, e *Sex, Death and the Superego* [Sexo, morte e o superego]. Além de seus artigos clínicos, ele escreveu sobre a relação da psicanálise com a literatura, com a filosofia e com a religião. Foi catedrático do Departamento de Filhos e Pais da Clínica Tavistock, presidente da Sociedade Psicanalítica Britânica e vice-presidente da Associação Psicanalítica Internacional.

Robert Caper é professor clínico assistente de psiquiatria na Faculdade de Medicina da UCLA; o autor de *Immaterial Facts: Freud's Discovery of Psychic Reality and Klein's Development of His Work* and *A Mind of One's Own* [Fatos imateriais: a descoberta de Freud da realidade psíquica e o desenvolvimento kleiniano do trabalho de Freud]; instrutor no Departamento de Psicanálise na California Graduate Institute; e atende em consultório particular em Beverly Hills, Califórnia.

H. Shmuel Erlich foi presidente e professor catedrático do Comitê de Formação da Sociedade Psicanalítica de Israel. É analista didata e membro do corpo docente do Instituto Psicanalítico de Israel; recebeu o título emérito de Professor Sigmund Freud de Psicanálise e é ex-diretor do Centro Sigmund Freud na Universidade Hebraica de Jerusalém. Trabalhou como Representante Regional Europeu no Conselho da IPA por dois mandatos e atualmente é Presidente do Comitê de Educação. Em sua prática psicanalítica privada trabalha em Jerusalém e Tel Aviv.

R. Horacio Etchegoyen, doutor em Medicina pela Universidad Nacional de La Plata, é um supervisor e analista didata da Associação Psicanalítica de Buenos Aires. Anteriormente, atuou como professor catedrático da Psiquiatria e da Psicologia Médica da Universidad Nacional de Cuyo e foi doutor Honoris Causa (Universidad Nacional de San Luis), ex-presidente da Associação Psicanalítica de Buenos Aires e presidente da IPA, 1993-1997. Ele é autor de numerosos artigos. Seu livro *Fundamentos da técnica psicanalítica*, além da publicação original em espanhol, foi publicado em inglês, português, italiano e francês, e sua edição em alemão está em preparação.

Michael Feldman é um analista didata e supervisor da Sociedade Psicanalítica Britânica. Além de seu trabalho clínico e do ensino em Londres, ele trabalha regularmente com analistas em vários países europeus e nos Estados Unidos. Seus trabalhos exploraram alguns dos problemas teóricos e técnicos que surgem na interação da transferência e da contratransferência, além do uso dos mecanismos projetivos pelo paciente e das pressões que empurram, igualmente, paciente e analista na direção da ação defensiva em vez do pensar. Ele publicou vários artigos e, com Elizabeth Bott Spillius, co-editou *Equilíbrio psíquico e mudança psíquica: Artigos selecionados de Betty Joseph* (1989).

Peter Fonagy é Professor Memorial-Freud de Psicanálise e Diretor do Sub-Departamento de Psicologia Clínica de Saúde no University College London; Chefe Executivo do Anna Freud Centre, em Londres; e Consultor do Programa Criança e Família no Departamento de Psiquiatria e Ciências do Comportamento Menninger na Baylor College of Medicine. É presidente do Comitê de Educação da Pós-Graduação da Associação Psicanalítica Internacional e um membro da Academia Britânica. É psicólogo clínico, analista didata e supervisor na Sociedade Psicanalítica Britânica, na análise de crianças e adultos. Ele publicou mais de 300 trabalhos, divididos em capítulos e artigos, e também foi autor e editor de vários livros.

Florence Guignard foi eleita membro titular da Sociedade de Paris em 1979 e didata em 1982. Ela é membro do COCAP (Comitê de Psicanálise da Criança e do Adolescente) desde sua fundação e foi eleita diretamente pela IPA como analista infantil em 1997. Realiza vários seminários clínicos e teóricos, tanto no Instituto da Sociedade de Paris quanto na prática privada. Junto com Annie Anzieu, ela criou em 1983 a Association pour la Psychanalyse de l'Enfant (APE) e, em 1993, uma organização europeia, a Société pour la Psychanalyse de l'Enfance et de l'Adolescente (SEPEA). Ela é a Chefe do Conselho Editorial da L'Psychanalytique Internationale. É colaboradora em conferências, seminários e supervisões em diversos países. Ela publicou mais de 200 artigos e dois livros: *Infantil ao vivo* (1996) e *Cartas ao objeto* (1997).

Alessandra Lemma é psicanalista e psicóloga clínica consultora, trabalha no Departamento de Adolescentes do Tavistock e Portman NHS Foundation Trust, onde também é Diretora de

Psicologia. Ela é membro sênior da Associação Britânica de Psicoterapeutas e Membro da Sociedade Psicanalítica Britânica. Publicou vários livros sobre psicoterapia e psicanálise.

Edna O'Shaughnessy é uma analista didata de crianças e adultos e *fellow* da Sociedade Psicanalítica Britânica. É supervisora do Departamento da Criança e da Família e também trabalha para o Departamento de Adultos da Clínica Tavistock, em Londres. Publicou muitos artigos sobre a análise de adultos e crianças.

Caroline Polmear é analista didata da Sociedade Psicanalítica Britânica. Ela trabalhou no passado no Brent Center for Young People e mantém interesse no trabalho psicanalítico com jovens através da supervisão de terapeutas em serviços de aconselhamento de estudantes universitários. Ela co-escreveu (com Milton, Polmear e Fabricius) *A Short Introduction to Psychoanalysis* [Uma breve introdução à psicanálise] e também publicou sobre a temática do tratamento psicanalítico da síndrome de Asperger. Atualmente está envolvida especialmente à Formação Psicanalítica no Instituto de Psicanálise em Londres.

Priscilla Roth é analista didata e supervisora da Sociedade Psicanalítica Britânica, onde atualmente é coordenadora da formação. É autora de diversos artigos psicanalíticos, editora de *Bearing Unbearable States of Mind: The work of Ruth Malcolm* [Lidando com estados de espírito insuportáveis: o trabalho de Ruth Malcolm] e co-editora, com Richard Rusbridger, de *Encounters with Melanie Klein: The Work of Elizabeth Spillius* [Encontros com Melanie Klein: A obra de Elizabeth Spillius].

Henry F. Smith, MD, é analista didata e supervisor no Psychoanalytic Institute of New England, East (PINE) e membro da Boston Psychoanalytic Society & Institute. Um constante colaborador da literatura sobre a teoria e a prática da psicanálise, ele atualmente é editor-chefe da The Psychanalyalytic Quarterly e presidente do Committee of the American Psychoanalytic Association.

Ignês Sodré é analista didata da Sociedade Psicanalítica Britânica. Lecionou extensivamente no Reino Unido e no exterior. Escreveu vários artigos sobre psicanálise e literatura e é co-autora do livro (com A. S. Byatt), *Imaginando personagens*.

John Steiner é analista didata da Sociedade Psicanalítica Britânica e trabalha em consultório particular como psicanalista. Ele é o autor de diversos trabalhos psicanalíticos e de um livro intitulado *Refúgios psíquicos* (1996).

Heinz Weiß, professor doutor em Medicina, psicanalista (DPV, DGPT, membro convidado da Sociedade Psicanalítica Britânica), é diretor do Departamento de Medicina Psicossomática, Robert-Bosch-Krankenhaus, Stuttgart, Alemanha. Trabalhou como cientista visitante no Departamento de Adultos da Clínica Tavistock, Londres (1992/1993) e é membro do Conselho Editorial da *Psychoanalytic Psychotherapy*. Como autor e co-editor, ele publicou vários livros: *Der Andere in der Übertragung* [O outro na transferência] (1988), *Ödipuskomplex und Symbolbildung* [Complexo de Édipo e Formação de Símbolos], *Festschrift for Hanna Segal* [Comemorativo de Hanna Segal] (1999), *Perspektiven Kleinianischer Psychoanalyse* [Perspectivas da Psicanálise Kleiniana], Vols. 1-12 (1997-2004) e *Projektive Identifizierung. Ein Schlüsselkonzept der psychoanalytischen Therapie* [Identificação projetiva. Um conceito-chave da psicoterapia psicanalítica] (2007).

Índice remissivo

Abraham, K., 66-7, 73, 105, 133, 135, 193-4, 313
acting out, 76
adoção, 313
adolescente(s), mãe(s), 149-71
adultos invejados, 177-8
agressão/agressividade, 18, 32, 44, 81, 96, 113, 120, 157, 304-5, 314-5
oral, 120
Aitken, K. J., 311
Alexander, F., 120
Allen, N., 62
alteridade, 20, 22, 24-5, 39
ambiente:
 facilitador, dependência do bebê de um [Winnicott], 109
 importância do, 116
 mãe-, 113
 parental, influência do, 307
amor (*passim*):
 capacidade de, 71, 72, 92-3, 107, 173, 265, 320
 degradação do, como defesa contra a inveja, 53-61
 desinteressado, 36
 e gratidão, 37-8, 43, 66, 72, 93-7, 107, 129, 149, 236, 265, 322, 338
 primário, 117
análise:
 ataques hostis à, 261
 processo cíclico de, 323
 trabalho de, 29, 175
analista:
 áreas sem acesso do, 139
 ataques hostis ao, 95, 170, 261, 285
 atenção do, 317-24
 engodo sadomasoquista para o, 27
 e gratidão, 138-48
 identificação com o, 29
 como objeto invejado, 178
 como objeto novo, 119
 pare-siga ("*stop-go*"), 143, 144, 147
 qualidades do, papel das, 21
aneurisma da aorta, 297, 298

aniquilação, 110, 230, 311
defesas contra a, 107
terror de, 107
ansiedade(s) (*passim*):
  depressiva, 306
  edípicas, 154
  esmagadora, 18, 26
  paranoide(s), 100, 277
  persecutória(s), 68, 71, 92, 107, 115, 150, 236, 327
  primária, 182
  primitivas, 152
antivida, instinto, 17, 86, 217, 230
apego, 310
  e gratidão, 313-6
  sistema de, desorganização do, 310
Archilochus, 324
argumentação retrospectiva do bebê, 308
assimilação, 97, 314
Associação Psicanalítica Argentina, 12
ataque(s):
  invejoso(s), 52-4, 73, 94, 126, 166, 205, 259, 304, 310-1, 322
  ao analista, 95, 170, 261, 285
  ao bom objeto, 155, 306
  ao casal analítico, 35
  ao casal mãe-bebê, 35
  ao casal parental, 75
  inconscientes, 42
  à independência de pensamento e à criatividade, 38
  medo de, 300
  não-mentalizados, 312
  qualidade anal do, 301
  ao seio, 44, 107
  ao vínculo [Bion], 38, 51, 74, 75
    histérico(s), 79
    psicótico(s), 80
atemporalidade, 28

e inveja, 235-54
perversão romântica da, 27
atenção e interpretação, 133
atuação (*acting in*), pelo analista, 120, 133, 138
Austen, J., 196
autopunição, 326, 327, 329, 336, 338-9
auxiliar, superego, 119

Baillargeon, R., 308
Baker, R., 119
Bakermans-Kranenburg, M. J., 313
Balint, M., 117
Ballad of Reading Gaol, The [Wilde], 296, 300
Barker, D. J., 312
bebê:
  relação do, com o ambiente, 20
  total dependência do, 108
Bekkering, H., 308
Bergen, S. E., 308
Bimmel, N., 313
Bion, W. R., 12, 38, 73, 195
  O aprender com a experiência, 22, 152, 157, 237, 253, 310
  ataques ao vínculo, 32, 51, 74, 76, 211, 218, 219-20, 230
  criatividade, 75
  "elementos" de psicanálise, 140
  Experiências com grupos e outros trabalhos, 176
  –K, 237
  –L, 253
  preconecpção, 22, 209
  rêverie da mãe, 181
  "A teoria do pensar", 181
Birksted-Breen, D., 147, 220
bissexualidade psíquica, 180, 192
Blake, W., 69

Bléandonu, G., 74
Bloom, H., 53, 283, 287
Bolton, D., 306
bom e mau, comparação entre, 49
bom(ns) objeto(s), 16, 19-20, 35, 70-3, 80, 93-4, 99, 102, 108, 124, 130, 143, 145-7, 150-2, 155, 175, 194, 219-21, 236-7, 263-4, 306, 309, 319, 324
estrago do, 326
internalização do, círculo virtuoso de, 322
interno(s), 145-6
e maus objetos, confusão entre, 71, 76
narcísico, 71
primário, 71, 262
bom seio, 19, 46, 48, 51, 74, 97, 107, 115, 151, 218, 263
bondade:
como estado puro, 320
materna, 32, 68, 69, 217, 230
Bowlby, J., 313, 314
Brabantio: ver Otelo
Bradley, A. C., 56
Brenman, E., 291
Brenman-Pick, I., 20, 26, 27, 29, 33-4, 138, 281-302, 343
Brenner, C., 317, 319, 324-7
Britner, P. A., 313
Britton, R., 17, 26, 27, 31, 33, 37, 39, 193-213, 220, 235, 343
Bürgin, D., 311
Button, T. M., 306

Caldi, S., 308
capacidade de concernimento, 106, 113
Caper, R., 18, 24, 26, 32, 38, 65-86, 343-4
casal analítico, criatividade do, 220
invejada, 175

casal parental:
criatividade e exclusividade do, 17
identificação com o, 188
introjeção do, como continente, 75
Caspi, A., 306
Cassio: ver Otelo
castração, 120, 191
catexia:
erótica, 256
libidinal, 177
Cavell, M., 64
Cavell, S., 311
cena primária, 34, 42, 44, 48, 50-64, 173
Chaucer, G., 80, 144
Cícero, 144
cisão, 23, 48, 75-6, 80, 94, 101, 107-8, 132, 174-5, 177-8, 183-5, 189, 221, 231, 233, 235-40, 252, 254, 264-5, 306, 308, 310, 319-20, 340
binária, 19
bipolar, 18
primária, 71, 194
patológica, 236-7
ciúmes, 21, 30, 33, 34, 43-5, 56, 64, 82, 104, 108, 173, 183, 185, 251, 288, 292, 300, 311
delirante, 53
e inveja, 13, 47, 282, 288, 302
perverso, 53
sexual, 42, 53, 56
delirante, 42
Cohen, W., 81-2
Coleridge, S. T., 55-6, 82
complexo de Édipo, 31, 43, 108, 146, 180, 190, 191
complexo invejoso potencialmente patológico, 18, 211
compulsão à repetição, 17, 25, 28, 39, 215-34
demoníaca, 218

comunicação virtual/realidade virtual, 24
   impacto da, sobre o funcionamento psíquico, 189-90
   concernimento, capacidade de, 106, 113
   continuidade do ser, 109
   contratransferência, 102-3, 178, 185-6, 329, 331, 344
"Controvérsias", 90
crianças invejadas, 178-9
criatividade, 13, 16-7, 24, 38, 68, 86, 184, 185, 186, 191, 217, 230, 308, 319, 327
   artística e científica, 75
   combinada dos pais, 17, 74
   inveja da, 74
Csibra, G., 308
culpa (*passim*):
   inconsciente, 174, 175, 177, 260, 266
   e inveja, círculos viciosos de, 281-2
   persecutória, 29, 108
   sentimento de, 33
      inconsciente, 204, 256, 269
Czajkowski, N., 308

dadivosidade, 133-4, 138, 140
Damasio, A., 304
Davis, M., 111
defensiva, identificação, 78
defesa(s), 25-30, 33, 88, 221, 231, 233-4, 236, 262, 266, 314, 317, 324, 340
   contra a aniquilação, 107
   contra a inveja, 76-7, 304-5
   maníaca(s), 28-9, 51, 220
   narcísica(s), 78, 304
   pós-edípica(s), 189
   primária(s), 107, 188-9
dependência, estado fusional de, 117
depressão, 122, 131, 133, 144, 158, 264, 308

depressiva, ansiedade, 306
Desdêmona: ver *Otelo*
desejo suicida, 278
desenvolvimento:
   edipiano, 176, 178
   infantil, 23, 181, 194
   teoria de:
      Klein, 107-8, 114-128
      Winnicott, 108-128
   da inveja, 195
   do pensamento, 175, 190
   do *self*, 112, 121, 123
deslocamento, 314, 332
desprezo, 25, 51-4, 64, 132, 229, 232-3, 258-9, 279
destrutiva, inveja, 42, 48, 313
destrutividade, 13, 17-8, 38, 44-6, 57, 101, 103, 113, 171, 196, 206, 220, 230, 233, 239, 287, 294-5, 306, 315
   inata, 150, 194
   invejosa, 291, 296, 313
desvalorização, 78, 85, 264, 286, 304
   do objeto, como defesa, 76
   do *self*, como defesa, 76, 264, 326-7
desvalorizar, inerente à inveja, 78, 264, 277
DiCaprio, L., 243
difamação, 51, 304
dimensão:
   Being, 97-8
   Doing, 98
   feminina primária, 181
      inveja da, 181-7
   materna primária, 181, 185
      inveja da, 181-7
distúrbios narcísicos, 25-6, 194
doença, encontrando satisfação na, 256
Doolittle, H., 180
dor psíquica, 151-2, 155

Eaves, L., 306
edípicas, ansiedades, 154
ego (*passim*):
   apoio-egoico, 109
   cisão do, 314
   -destrutivo, superego, 220, 232
   estrutura do, 173
   e estruturação do, 18
   fortalecimento do, 19, 43
   funcionamento do, 88
   ideal, 33, 176, 207-9, 213
   integração do, 113, 116
   ausência de, 108
   organização do, 112
   pós-edípico, 176
   elaboração, 108, 177, 306, 340
Elegias de Duíno [Rilke], 78
elementos [Bion]:
   alfa, 182
   beta, 182
Eley, T. C., 306
Elms, A. C., 315
Emília: ver Otelo
empatia, 110, 321
   materna, 100
Empson, W., 55
engodo sadomasoquista para o analista, 27
engrandecimento:
   do *self*, 25
   autoengrandecimento, 302
Erlich, H. S., 17, 21-4, 38, 87-104, 344
Erna [paciente de Klein], 34, 38, 44, 52, 63, 64, 193, 197, 210
erotização, 33, 53, 56
   como defesa, 33
escola:
   Independente, 18, 106, 117, 125
   kleiniana, 25, 65, 89, 106, 316, 327

britânica, 318
relacional, 317
esfera:
   feminina primária, 182
   materna primária, 182
estádio do espelho [Lacan], 209
estrago, inerente à inveja, 25-6, 34, 75, 107, 115, 122, 125, 137, 151, 157, 159-60, 168, 170, 262-4, 284, 288, 309, 311, 326-7
estrutura edipiana, primado da, "descasamento" do, 187
Etchegoyen, R. H., 11-3, 305, 344
"eu" e "não eu", separação, 106, 109-10

Fairbairn, W. R. D., 306
falo:
   idealizado, 221
   onipotente, 220
falsas crenças, 308
fantasia:
   primitiva, 28, 183-4
   inconsciente, 92
fase feminina primária, 181
Feinberg, M. E., 306
Feldman, M., 17, 21, 26-9, 32, 34, 217, 230, 239, 250, 255-80, 318, 344-5
Felitti, V. J., 312
Felsen, I., 99
feminilidade, repúdio da, 218-9
Fonagy, P., 17, 21, 24, 35, 38, 303-16, 345
formação do caráter, vicissitudes da, 303
fragmentação do *self*, 154
Framley Parsonage [Trollope], reverendo sr. Crawley, 33, 199-205
Freud, A., 313, 345
Freud, S., 11, 12, 16, 63, 85, 90, 95, 100, 112, 132-3, 140, 165, 183, 194, 204, 222, 256, 308, 313, 344
"Achados, ideias, problemas", 91

Além do princípio do prazer, 85, 216, 229
"Análise terminável e interminável", 189, 218, 219
compulsão à repetição, 215-6
"A dinâmica da transferência", 186
O ego e o id, 111, 255-6
"Formulações sobre os dois princípios do funcionamento mental", 73, 187
O mal-estar na civilização, 216-7
modelo de neurose infantil, 188
Novas conferências introdutórias sobre psicanálise e outros trabalhos, 183
Psicopatologia da vida cotidiana, 315
pulsões, 307
"As pulsões e suas vicissitudes", 24, 94-5
A questão da análise leiga, 180
reação terapêutica negativa, 255-6, 260, 261
"Recordar, repetir e elaborar", 215
Três ensaios sobre a teoria da sexualidade, 188, 307
"O inconsciente", 307
"Sobre a transitoriedade", 147, 148
frustração, tolerância à, 73
funcionamento paranoico, 176

Gabbard, G. O., 140, 305
Gammill, J., 195
Gardner, C. O., 308
Gatz, M., 308
gênero, identidade de, 185-6, 189, 192
  estabelecimento da, 174-5
  e inveja, 179-81
generosidade:
  como característica oral, 133
  como estado puro, 18
  genial, seio, 285

genital, gratificação, 52
genitalidade infantil, 191
George, C., 310
Gergely, G., 308
Goldwyn, R., 310
gratidão (*passim*):
  e amor, 37-8, 43, 66, 72, 93-7, 107, 129, 149, 236, 265, 322, 338
  e analista, 138-48
  e apego, 313-6
  base da [Klein], 133
  conceito de, 35-9
  conflito entre, 73
  e gratificação no seio, 320
  e inveja, 12, 22-4, 38, 73, 129, 236, 303, 307, 318-9
  invejando a, 303-16
  e paciente, 129-38
  "pai das virtudes" [Cícero], 144
  como principal força contra a inveja, 75
  como variação do amor, 95
gratificação:
  genital, 52
  invejosa, 132
  oral, 52-3, 108, 313, 314
Gray, P., 317
Green, J., 310
Grosskurth, P., 305
grupo(s):
  identificação narcísica em, 79
  mentalidade de, 189
  e inveja, 176
  da sociedade ocidental, 187
Guignard, F., 20, 24, 26, 34, 173-92, 345

Haig, D., 69
Hamlet [Shakespeare], 141-2, 146, 327-9
Hanly, C., 207

Hart, C., 196-7
Harvey, N., 134
Hegel, G. W. F., 239
Hertzman, C., 312
Hesse, E., 310
Hetherington, E. M., 306
histerectomia, 183
holding:
    conceito de [Winnicott], 23, 106, 109
    falhas no, 123
    fracasso precoce do, 117
    materno, 23
    suficientemente bom, 122
homossexualidade, 182, 186, 213
Horney, K., 259-61
hostilidade inata, 18, 211
Howe, D., 313

Iago, como representação da inveja pura e maliciosa, 81-6
    ver também Otelo
id, 112, 318
    impulsos do, 119
    pulsões do, 113-4
ideal, ego, 33, 207-9, 213
    infantil, 176
idealização(ões), 25, 49, 68, 71, 76, 140, 176, 189, 210, 236, 238, 247, 252, 304-5, 320-1
    defensiva, 179
    destrutiva, 103
idealizado:
    falo, 221
    objeto, identificação projetiva com, 30
    self, 209
identidade:
    de gênero, 174-5, 179-81, 185-6, 189, 192

    sexual, 180
identificação(ões), 37, 64, 102, 144, 153, 157, 182-3, 192, 218, 256, 266, 290, 340
    com o casal parental, 188
    defensivas, 78
    introjetivas, 270, 278, 278
    mimética, 178
    movidas pelas defesas, 24
    narcísica, 76, 178
    em grupos, 79
    com o objeto bom (ideal) internalizado, 19-20
    com o objeto externo invejoso, 21
    primária, 175
    processo de, 180
    projetiva, 28, 30, 52, 65, 69, 77, 94, 98, 108, 110, 165, 167, 174, 181, 184, 189, 198, 221, 230, 232, 235-7, 285, 305, 314, 340
    relação de objeto expressa por, 91
    vorazes e indiscriminadas, 94
imitação racional do bebê, 308
imortalidade, ilusão de, 239
impasse(s), 50, 188, 238-54
impulso(s):
    destrutivos, 16, 43, 65, 93, 95, 100, 107-8, 156, 180, 236, 263-5, 326
    sádico-orais e sádico-anais, 93, 95
    xenocida, 211
inacessibilidade do paciente, 258-9
inata, inveja, 46, 56, 151
inconsciente, 92, 103
    dinâmico, 100
infantil, desenvolvimento, 23, 181, 194
Insel, T. R., 314
insônia, 290, 293
instinto(s) antivida, 17, 86, 217, 230
Instituto Psicanalítico de Israel, 89

integração, 24, 43, 71, 76, 102, 109, 111, 121, 124, 180, 189, 191-2, 233, 264-5, 322
  do ego, 108, 113, 116
  fracasso na, 116
  ruptura da, 113
internalização(ões), 15, 20, 96, 152, 171
  de experiências boas, 20
  do objeto, como defesa, 76
  do objeto bom, 20
  precoces, 107
  voraz, 76, 96, 236
internet, efeito da, 189
interno(s):
  objeto(s), 21, 33, 34, 37, 47, 50, 73, 93, 94, 107, 128, 130, 139, 146, 160, 173, 180, 190, 218, 270, 327
    bom(ns), 16, 19-20, 35, 70-3, 80, 93-4, 99, 102, 108, 124, 130, 143, 145-7, 150-2, 155, 175, 194, 219-21, 236-7, 263-4, 306, 309, 319, 324
    ataque ao(s), 150
    catastroficamente danificados, 257
    danificado, 256
    eterno, 145
    materno invejoso, 179
    mau(s), 19, 71, 88, 89
    persecutório(s), 318, 326
  pênis, 34, 288
interpretação(ões):
  importância da, 120
  profundas, 88
  de transferência, 223
introjeção(ões), 15, 19, 21, 47-8, 73, 107, 112, 119, 178, 182, 221, 329
  destrutiva, 253
  de experiências boas, 19
  do objeto originário, 66
introjetiva, identificação, 270, 278, 279

inveja (*passim*):
  e atemporalidade, 235-54
  círculos viciosos da, 282-9
  e ciúme, 13, 47, 302
  círculos viciosos de, 33, 282, 287-8, 322-3, 326
  colonização da, 21
  como composto, 211
  conceito de, 22, 176, 192, 195-207, 303, 304
    uso na literatura, 304-5
  conceito kleiniano de, 44, 65
  como conceito psicanalítico, 173
  controle e vida, 311-2
  da criatividade, 74
  e culpa, círculos viciosos de, 281-2
  defesa(s) contra, 25, 53, 76-7, 108, 289, 304-5, 327, 339
    degradação do amor como, 53-61
  definição, 107, 236
  como desejo de possuir o objeto, 90
  destrutiva, 42, 48, 55, 313
  da dimensão feminina primária, 181-7
  da dimensão materna primária, 181-7
  dinâmica da, 304, 306
  elaboração da, 306
  excindida, 132, 320
  experiência inconsciente da, 266-80
  como expressão sádico-oral e sádico-anal de impulsos destrutivos [Klein], 43, 65, 108
  fenomenologia clínica da, 194
  fonte da, 152-7
  força destrutiva da, 107
  e a genética da patologia, 305
  e gratidão, 12, 22-4, 38, 73, 129, 236, 303, 307, 318-9
    conflito entre, 73

e identidade de gênero, 179-81
inata, 46, 56, 151, 302
inconsciente, 56, 325
invejando a, 303-16
maligna, 54, 62
manifestações de, 17
e mentalidade grupal, 24, 176
e narcisismo, 13, 77-9
narcisismo da, 309-10
natureza da, 12, 75, 233, 307
natureza projetiva da, 179, 231
oral, 44, 46
patológica, 193-213, 237
origens da, 207-13
"pior pecado" [Chaucer], 80, 144
poder destrutivo da, 16, 106
predisposição biológica à, 306
primária, 11, 18, 19, 42, 52, 107, 150, 152, 263, 281, 304-5
e privação, 150-2
e pulsão destrutiva, 79-86
e punição, círculos viciosos de, 317-41
pura, 18, 319, 338
qualidade constitucional da, 16, 92
e reação terapêutica negativa, 50-61, 255-80
e ressentimento, 149, 150
do seio, 16, 179, 186, 281
sem motivo, 85
na sociedade ocidental, 173-92
teoria do desenvolvimento da, 195
triangular edípica, 104
triangularidade da, 43
vicissitudes da, na maternidade adolescente, 149-71
e voracidade, 13, 101
invejado(s), objeto(s), 78, 158, 174-5, 230, 236, 309, 311

analista como, 178
invejoso(s):
ataque(s), 52-4, 73, 94, 126, 166, 205, 259, 304, 310-1, 322
ao analista, 95, 170, 261, 285
ao bom objeto, 155, 306
ao casal analítico, 35
ao casal mãe-bebê, 35
ao casal parental, 75
inconscientes, 42
à independência de pensamento e à criatividade, 38
medo de, 300
não-mentalizados, 312
qualidade anal do, 301
ao seio, 44, 107
objeto interno materno, 179
superego, 264, 326-7
irrealidade psíquica, 235, 253
Isaacs, S., 78, 307

Joffe, W. G., 305, 307
Joseph, B., 133, 219-21, 230, 233, 318, 341
Juffer, F., 313
Julieta (*Romeu e Julieta*), 63

Kaiser Permanente, 312
Karumanchi, A., 69
Kendler, K. S., 308
Kim-Cohen, J., 306
Kiraly, I., 308
Klein, M. (*passim*):
categorias de, caráter moral das, 322
contrastada com Brenner, 324-6
"Uma contribuição à psicogênese dos estados maníaco-depressivos", 65, 146, 182
"Controvérsias", 90

"Um estudo sobre inveja e gratidão", 11
genitalização precoce, como defesa contra a inveja primitiva, 42
Inveja e Gratidão (passim)
"Sobre a identificação", 77, 98
"O luto e suas relações com os estados maníaco-depressivos", 65
"Neurose obsessiva numa menina de seis anos", 44, 193, 197
"Notas sobre alguns mecanismos esquizoides", 65, 181
"As origens da transferência", 89
A psicanálise de crianças, 30-1, 44, 180-2

Lacan, J., 207, 209
Last Chronicle of Barset, The [Trollope], 199, 201
Läufer, E., 152
Läufer, M., 152
Leavis, F. R., 56
Lemma, A., 12, 20-1, 26, 32-3, 35-7, 39, 149-71, 345-6
Leslie, A. M., 308
libido, 96, 180, 189, 308
Lieberman, A. F., 313
Lim, M. M., 314
Lopez, B. M., 305
Lorca, F. G., *Poema del Cante jondo*, 147-8
luto, 146, 148, 177, 239, 246, 254

Madigan, S., 152
mãe(s) *(passim)*:
　adolescentes, 152-3
　-bebê, relação *(passim)*:
　　precoce, significado da, 66
Maes, H. H., 306
Main, M., 310

mania, 135, 140, 296
maníaca(s), defesa(s), 28-9, 51, 220
Marmot, M. G., 312
Marvin, R. S., 313
masoquismo, 243, 329, 341
material clínico, 117-9, 124-7, 130-2, 134-7, 141-3, 157-69, 212-3, 222-34, 240-54, 268-80, 289-302, 330-6
materna, bondade, 32, 69, 217, 230
　seio como, 68
maternagem:
　boa, privação da, 287
　suficientemente boa [Winnicott], 109
maternidade adolescente, e vicissitudes da inveja, 149-71
mau(s):
　objeto(s), 19, 71, 88-9
　e bons objetos, confusão entre, 71, 76
　excindido, 71
seio, 74, 263
mecanismos introjetivos, 175
melancolia, 200, 206, 256
Meltzer, D., 75
Milton, J., *Paraíso perdido*, 33, 37, 41, 49, 64, 69, 86, 198-9, 205-9
mito do Prometeu, 252, 253
Moffitt, T. E., 306
Money-Kyrle, R., 139, 237-8
Moran, G., 152
morte:
　do objeto, 48
　pulsão/instinto de, 13, 22, 93, 107, 115, 120, 151, 180, 189, 215-34, 237, 263, 311, 318, 325
　como pulsão destrutiva, 17, 43, 65-7, 79-86, 194, 211, 308
mudança, resistência à, 216, 219, 222, 234

Nachträglichkeit [posterioridade], 188
narcísica(s):
    defesa(s), 78, 304
    identificação, 76, 178
    em grupos, 79
    onipotência, 198
    organização, 24, 26, 28, 221, 230
    relações objetais, 73
narcisismo, 13, 22-6, 38, 106, 177-80, 198, 207
    do analista, 77, 84, 138-40
    destrutivo, 17, 194
    da inveja, 309-10
    e inveja, 13, 77-9
    em perigo, 18, 85
    primário, 132
    e pulsão destrutiva, 65-86
narcisista, *self*, 209
natureza projetiva da inveja, 179
negação, 104, 108, 133, 178, 183, 185, 189, 191, 258-9, 314
negativa, transferência, 101-2, 186
Neiderhiser, J. M., 306
neurose:
    infantil, 188
    obsessiva, 141-2
neuroses, modelo das, 191
neutralidade, idealização da, 321
NICHD Early Child Care Research Network, 315
Nuttall, A. D., 55

objeto(s):
    amor pelo, 38, 70-1, 78, 339
    desvalorização do, como defesa, 76
    extremamente mau, 236
    idealizado, identificação projetiva com, 30
    internalização do, como defesa, 76
    interno(s), 34, 37, 47, 50, 72-3, 93-4, 107, 128, 130, 145, 160, 180, 218, 270
    ataque ao, 150
    bom, 16, 19-20, 35, 70-3, 80, 93-4, 99, 102, 108, 124, 130, 143, 145-7, 150-2, 155, 175, 194, 219-21, 236-7, 263-4, 306, 309, 319, 324
    danificado, 256
    eterno, 145
    materno invejoso, 179
    mau, 19, 71, 88, 89
    persecutório, 318, 326
    mãe-, 113
    morte do, 48
    originário introjetado, 66
    parcial imaginário, 45
    perda do, 25, 91, 177, 329, 330, 338-9
    luto pela, 146
    posse do, 91
    primário, 12, 21, 178-9, 211, 220
    invejoso internalizado, 21, 178
    relação(ões) de, 12, 15, 66, 89, 99-100, 113-4, 116, 128, 133, 151, 178, 181, 192, 210, 221, 256, 258
    esboços de, 109
    expressa por identificação, 91
    narcísicas, 73
    primeira, 107
    primitiva, 111
    e *self*, 209
    e sujeito:
        conceitualização de Klein da relação entre, 89
        separatividade entre, 90, 96-7
        unidade, 97
O'Connor, T. G., 306, 313
Olazabal, D. E., 314
Olrick, J. T., 313

onipotência, 25, 108, 111-2, 258, 264, 286, 290
    infantil, 177
    narcísica, 198
onipotente, falo, 220
Onishi, K. H., 308
oral:
    agressão, 120
    erotismo, 135
    gratificação, 52-3, 108, 313, 314
    inveja, 44, 46
    ordem simbólica [Lacan], 209
    organização(ões):
        defensiva(s), 23, 25, 241, 254
        primária, 20
        narcísica(s), 26, 28, 221, 230
        patológica(s), 26, 253-4
Orstavik, R. E., 308
O'Shaughnessy, E., 20-1, 29, 35, 38-9, 129-48, 241, 346
Otelo [Shakespeare], 13, 41-2, 53-64, 81-6, 282-92, 302

paciente(s):
    borderline, 116-8, 124, 333
    esquizofrênico(s), 116
    esquizoide(s), 116
    maníaco-depressivo(s), 66
    narcisicamente prejudicado(s), 116
    neurótico(s), 141, 257
pai, papel do, 112
Paraíso perdido [Milton], 33, 41, 69, 198-9, 205-9
    Satã, 33, 37, 64, 198-9, 205-9
paranoide, ansiedade, 277
parcial imaginário, objeto, 45
patologia, genética da, e inveja, 305
patologias uterinas, 183

patológica:
    cisão, 236-7
    inveja, 193-4, 237
    origens da, 207-13
    organização, 26, 253-4
Pawlby, S. J., 306
Pedersen, N. L., 308
Pederson, D., 152
pênis:
    interno, 34, 288
    inveja do, 173, 179, 186, 219, 220
    do pai, 33, 45, 174, 182
    período de latência, desaparecimento no Ocidente, 174, 188, 191
Perrin, S., 306
persecutória, ansiedade, 68, 71, 92, 107, 115, 150, 236, 327
persecutoriedade, como defesa, 33
personalidade:
    "faz de conta", 179
    invejosa, 20
    patologicamente invejosa, 193-213
personalização, 109, 111
perversão(ões), 27, 235, 238, 254, 296
    romântica, 235-54
    sexuais, 238
Petot, J. N., 36, 44-7
Pines, D., 152, 153
Piovano, M., 12
Poema del Cante jondo [Lorca], 147-8
Polmear, C., 18, 20-1, 23, 30, 33, 105-28, 346
pós-edipiana, repressão, 174
pós-edípicas, defesas, 189
posição:
    depressiva, 18, 49, 65, 95, 108, 121, 175, 182, 206, 209, 210-1, 220, 306
    imanente, 146
    trabalho da, 175

esquizoparanoide, 65, 176, 194, 211, 306
positiva, transferência, 95, 101-2
posterioridade [*Nachträglichkeit*], 188
Power, C., 312
preconcepção [Bion], 22
pré-consciente, 183
conceito de, 105
primária(s):
ansiedade, 182
defesa(s), 107, 188-9
identificação, 175
inveja, 11, 18, 19, 107, 150, 152, 263, 281, 304-5
primário(s):
amor, 117
narcisismo, 132
objeto(s), 12, 21, 211, 220
invejoso internalizado, 21, 178
sadismo, 191-2
primitiva(s):
ansiedade(s), 152
fantasia, 28, 183-4
princípio:
do prazer, 73, 85, 216
-desprazer, 188, 190
de realidade, 73, 188, 190
privação, 20, 44, 46, 47, 52, 100, 101, 115, 150-2, 153, 282, 292, 313, 334
processos:
introjetivos, 107, 121-2
projetivos, 107, 121-2
projeções, 21-2, 46, 53-4, 60, 101, 103, 112, 119, 124, 152, 156, 222, 264-5, 284, 287, 308
pornográficas, 42, 56
projetiva, identificação, 28, 52, 65, 69, 77, 94, 98, 108, 110, 165, 167, 174, 181, 184, 189, 198, 221, 230, 232, 235-7, 285, 305, 314, 340

intrusiva, 237
com o objeto idealizado, 30
patológica, 235
pseudociúme, 52, 56
psicanálise (*passim*):
clássica, 89
"elementos" da [Bion], 140
psicose, 198, 306
psicóticos, ataques, ao vínculo, 80
psíquica, bissexualidade, 180, 192
pulsão(ões), 307-8
derivado(s) da(s), 24, 319, 321, 325
destrutiva:
como instinto/pulsão de morte, 17, 43, 65-7, 79-86, 194, 211, 308
e inveja, 79-86
e narcisismo, 65-86
como fantasia inata, 307
de vida, 16, 237
punição, 33, 204, 241, 252-6, 264, 316
e inveja, círculos viciosos de, 317-41
perspectiva de Klein e Brenner sobre, 326-7
do sofrimento, 256

Rabih, M., 305
reação terapêutica negativa, 13, 28-9, 240, 289, 290, 340
e inveja, 50-61, 255-80
em série, 50
realidade psíquica, 69, 99, 133, 140, 202, 257, 307
falsas concepções da, 237-8
recusa onipotente da, 258
refúgio(s) psíquico(s) [Steiner], 221, 233, 235, 241, 254
registro:
imaginário, 207, 209

simbólico, 207
regressão, 117, 142, 146
Reichborn-Kjennerud, T., 308
reintrojeção, 264
Reiss, D., 306
relação fóbica, 179
Ren, X., 314
reparação, 13, 114, 145-6, 257, 264, 326
 capacidade de, 258
repressão, 181, 314
 pós-edipiana, 174
 secundária, 189, 191
 teoria da, 188
re-projeções, 21
repúdio da feminilidade, 218-9
resistência, 27, 43, 100, 216-9
retaliação:
 invejosa, 166, 171
 medo de, 170, 253, 260
rêverie:
 função analítica da, 185
 da mãe [Bion], 181, 185
Ricardo III [Shakespeare], 82-3
Rijsdijk, F., 306
Rilke, R. M., Elegias de Duíno, 78
rivalidade edipiana, 184, 186
 com a dimensão feminina da mãe, 183
Riviere, J., 46, 49, 146, 256-9, 261
romântica, perversão, 235-54
Romeu (Romeu e Julieta), 63
Rosenfeld, H., 26, 32, 194-5, 221, 230, 236-7, 265, 304, 308-9
Roth, P., 12, 15-39, 346
Rutter, M., 306, 313

sadismo, 258, 305, 329
 primário, 191-2
sadomasoquismo, 27, 28, 232, 338-9

Sandler, J., 105, 307
satisfação, 36, 52, 93-4, 115, 143-8, 232, 313, 320
 e gratidão, 94
 secundária, repressão, 189, 191
Segal, H., 79, 95, 132, 158, 190, 195, 210-1, 237, 250, 309, 311
seio (passim):
 bom, 19, 46, 48, 51, 74, 97, 107, 115, 151, 218, 263
 como bondade, 31, 50
 materna, 68
 bondade do, 16-7, 22, 46, 231
 que amamenta, 17
 ódio da, 16
 cisão entre bom e mau, 107-8
 fantasia de um, inexaurível, 150
 genial, 285
 gratificador, 67
 inveja do, 16, 179, 186, 281, 305
 mau, 74, 263
 representado como bolinhos, 318, 323
 sexual, 154
self:
 desenvolvimento do, 112, 121, 123
 desvalorização do, como defesa, 76, 264, 326-7
 fragmentação do, 154
 idealizado, 209
 narcisista, 209
 parte invejosa do, 32, 47
 psicologia do, 317
separação, ausência de, 239
separatividade, 17, 22-4, 27, 31, 37, 46, 48-9, 51, 90-2, 96-9, 112-3, 120, 146, 149, 221, 233, 239, 251-2, 254, 338-9
 intolerância à, 237
 entre self e objeto, 210
 entre sujeito e objeto, 90, 96-7

sexual:
    identidade, 180
    seio, 154
sexualidade infantil, 100, 180, 188
Shakespeare, W.:
    Hamlet, 141-2, 146, 327-9
    Otelo, 13, 41-2, 53-64, 81-6, 282-92, 302
    Ricardo III, 82-3
    Romeu e Julieta, 63
Silberg, J. L., 306
simbolização, 175, 178, 186, 190
Simoni, H., 311
sintonia, falta de, 122
sistema:
    autístico, 85
    narcisista, 69, 70
situação edípica, 74, 104, 152-4, 175-6, 178, 181-7, 191-2, 254, 328
Slade, A., 153
Smith, H. F., 18, 21, 26-30, 317-41, 346-7
sobreviventes do Holocausto, 99
sociedade ocidental:
    inveja na, 173-92
    mentalidade grupal da, 187
    mudanças na, impacto da inveja sobre, 187-91
Sodré, I., 21, 26-9, 31-5, 38, 41-64, 347
sofrimento, punição do, 256
Solomon, J., 310
Sperber, D., 308
Spillius, E. B., 25, 30, 27, 261, 265-6, 305, 316
Steiner, J., 17, 21, 26-8, 30, 32, 38-9, 315-34, 235, 347
Stern, D., 91
Strachey, J., 119
suficientemente boa, maternagem [Winnicott], 109

suficientemente bom, holding, 122
superego, 33, 37, 39, 119, 125, 188, 205, 207, 210, 232, 257, 308, 318, 326-7
    auxiliar, 119
    cruel, 37, 291
    ego-destrutivo, 220, 232
    invejoso, 264, 326-7
Surian, L., 308

Tambs, K., 308
Target, M., 310
Taylor, A., 306
tempo:
    inevitabilidade do, 238
    limites do, 27
    realidade do, 235, 238, 243, 254
teoria:
    do conflito, 317
    kleiniana, 98, 114, 195, 307, 316, 318
terror sem nome, 310
Terwilliger, E. F., 314
teste de realidade, 304
Tracy, K., 306
transferência, 95, 118, 140, 151, 155-6, 159-60, 165, 178, 180, 186, 215-6, 228, 235-6, 263, 317, 332, 338, 344
    aqui e agora, 120, 318
    aspectos paternos da, 186
    erótica, 185-6
    evitação da, 337
    interpretação de, 223
    negativa, 101-2, 186
    neurose de, 188, 340
    positiva, 95, 101-2
    repetição da, 216
    sistema romântico quase delirante na, 238-54
    traumatizante, papel da, 119
transitoriedade, 39, 147, 148

Tremblay, R. E., 315
Trevarthen, C., 311
triangulação, 45, 311
triangularidade, 42, 50, 53, 56
   da experiência invejosa, 30-5
   na inveja, 43-50
Trollope, A., *Framley Parsonage*, *The Last Chronicle of Barset*, 33, 199, 201-5
Tronick, E., 311

unidade, 20, 22-5, 67, 69-70, 92, 97-9, 104, 320
   sujeito e objeto, 97

Vanier, A., 207
Van IJzendoorn, I. M. H., 313
vínculo, 127, 167, 292
   ataques ao, 51, 74, 75
      histéricos, 79
      psicóticos, 80
Von Klitzing, K., 311
voracidade, 13, 35-6, 92, 96, 101, 103, 112, 115, 150, 195, 313, 322
   e inveja, 13, 101

Wain, J., 57
Wallbridge, D., 111

Wamboldt, M. Z., 306
Wang, Z., 314
Weiß, H., 27-8, 32-3, 38, 235-54, 347
Wilde, O., *The Ballad of Reading Gaol*, 296, 300
Wilkinson, R. G., 312
Wilson Knight, G., 59
Winnicott, D. W., 108-28, 306
   "A agressão e sua relação com o desenvolvimento emocional", 120-1
   "Introdução primária à realidade externa: os estágios iniciais", 109
   "O ódio na contratransferência", 120
   "A posição depressiva no desenvolvimento emocional normal", 152
   "O *self* verdadeiro e o falso *self*", 109
   "Teoria do relacionamento paterno infantil", 109-11

Yorke, C., 307
Young, L. J., 314

Zetzel, E. R., 305, 307
Zimmer, C., 69